남명극 수상록

삶의 여백과 명상의 숲

삶의 여백과 명상의 숲

초판 1쇄 인쇄 2024년 2월 6일
초판 1쇄 발행 2024년 2월 13일

지은이 | 남명극
펴낸이 | 김경옥
디자인 | 류요한
펴낸곳 | 도서출판 온북스

등록번호 | 제 312-2003-000042호
등록일 | 2003년 8월 14일
주소 | 서울시 은평구 은평로 194-6, 502호
전화 | 02-2263-0360
팩스 | 02-2274-4602

ISBN 979-11-92131-25-2 03810

잘못 만들어진 책은 교환해 드립니다.
이 출판물은 저작권법에 의하여 보호받는 저작물이므로
무단 전재와 무단 복제를 할 수 없습니다.

삶의 여백과 명상의 숲

남명극 수상록

온북스
ONBOOKS

머리말

나의 수상록
〈삶의 여백과 명상의 숲〉을 내면서

　생은 요람에서 무덤까지 각자에게 주어진 제한된 시간을 일련의 체험들로 채워가는 실존의 과정이고, 그 자체가 하나의 시도이며 도전이자 모험입니다. 그러나 소심했던 나는 본래적인 삶의 모습에서는 자주 비켜섰고, 제대로 된 모험을 하지도 못했으며, 그래서 아무것도 얻지도 잃지도 못했다는 씁쓸한 후회를 남깁니다.

　나의 기억이 닿는 한, 글을 쓰기 시작한 것은 초등학교 4학년 때쯤이었습니다. 툭하면 불이 나서 초가삼간 아니면 피난길의 판잣집을 홀랑 태워버리던 가혹한 시절이었습니다. 불조심 어린이 글짓기 대회에 학교 대표로 참가하게 되었습니다. 몇 년 전 이웃집에 불이나 온 동네가 소동하며 불을 끄던 장면을 회상하면서 나름 멋진 글을 생생하게 써서 제출했지요. 며칠 후 조회 시간에 교장선생님께서 우리를 불러내어 상장을 주시며 칭찬까지 해주셨습니다. 집에 돌아와 자랑스럽게 상장을 펴 보였더니 어머니께서도 대견하신 듯 흐뭇해하시고 곁에서 보고 있던 형은 빙그레 웃기만 했습니다. 상장 제목은 참가상이었습니다. 그것은 상이 아니라 격려의 체면치레인 것을 알아차리는 데는 그리 오랜 시간이 걸리지 않았지만, 이 참가상이야말로 정말로 대단한 가치를 지닌 소중한 상임을 깨달은 것은 오랜 세월이 흐른 후였습니다. 글은 내가 쓰지만 후에는 그 글이 나의 삶과 의식을 규정하고 정리해 주었습니다.

어릴 적 뒤뜰에서 풍겨오던 들깨 향기와 메밀꽃 핀 고향의 풍경과 언덕을 달려가던 갈바람 소리가 그립습니다. 푸른 하늘을 배경으로 선회하는 고추잠자리들이 어릴 때 뛰놀던 동무들처럼 눈에 선합니다. 사치요 욕심이지 싶었던 글쓰기가 어느새 내가 호흡하는 새로운 공기가 되었습니다. 맑지만 치열하고 순수하지만 희망이 가득한 글을 쓰고 싶었습니다.

단순하고 막연한 어린 시절의 꿈들이, 눈이 뜨이고 철이 들면서 점점 정열로 바뀌더니 이윽고 나의 생에 골격을 만들어주고 내면에 살을 붙여 자아의 틀을 형성하기 시작합니다. 사랑에 대한 막연한 동경이 생겨났고, 지성적 삶에 대한 선망이 뒤따랐으며, 신앙의 신비에 대한 갈망이 솟아났습니다. 이러한 열정이 청년기의 나를 생의 한가운데로 내몰아, 폭풍의 언덕에서 문학의 바람과 음악의 비를 맞으면서, 논리적 사고에 메마른 철학의 황야를 방황케 하다가, 실존적 사유의 수렁을 거쳐 끝내는 종교적 진리를 찾는 순례자의 길을 떠돌게 했습니다.

느지막하게라도 등단하여 일단 작가라는 호칭을 얻었으면 문학에 호령을 내릴 수 있어야 하는데, 마지막 열차에 오른 나는 이젠 좀 늦었나 봅니다. 은총의 불꽃에 존재를 사르기 위해 이제 막 은둔과 안일의 알에서 깨어난 한 마리의 작은 새에 지나지 않습니다. 섬세한 의식으로 현실을 들여다보고, 깊이 사유하며, 타는 가슴으로 아득한 이상을 동경하지만, 캄캄한 밤하늘에서 가장 빛나는 별을 잡으려는 어린 영혼의 황당한 시도와 몸짓에 불과할지도 모르는 일입니다.

하지만 누구에게나 아무도 흉내 내지 못할 생의 감격이 있고, 아무도 모방하지 못할 내면의 추구가 있습니다. 죽음이 가까이 올수록 흐릿한 생명의 등불은 마지막이라 더 처절하게 타오르는 법입니다. 젊음과 정력은 이미 나를 버렸고, 일생 동안 나를 피해 다니던 영특한 재주와 번쩍이는 지성은 오래 전에 이미 나를 포기하고 미련 없이 떠나버린 듯합니다. "언어는 존재의 집(Die Sprache ist das Haus des Seins)"이라고 말합니다. 존재를 밝히는 언어의 선택에는 더 치열한 고민과 인고의 시간이, 문장의 완성에는 더 성실한 고뇌와 깊이 있는 사색이 있어야 했습니다. 적합한 언어와 느슨한 어휘 사이에는 햇빛과 달빛의 차이가 있음을 절감하면서 말입니다.

그윽한 문학과 창작의 세계는 늘 내게 열려 있지만, 나의 귀가 막혀 있고 눈이 멀어 있으며 나의 가슴이 멍들어 있어 손에 잡히지 않았습니다. 이렇게 나는 70여 년을 시간의 베틀 위에 앉아 기껏해야 삼베를 짜서 헐거운 존재의 옷을 만들어 입고 추위에 떨며 살아온 셈입니다. 실로 긴 시간은 역사 위로 흘러갔고, 더 많은 강물은 강바닥을 할퀴고 이 가슴에 회오의 흔적을 남기며 흘러갔습니다. 늦게나마 철이 들어 시야에서 일등의 허상을 지우고, 목표에서 우등상을 제거하며, 달리기에서 메달을 포기하고 나니 그제야 나의 발걸음은 새털처럼 가벼워졌습니다. 그리고 이 자유의 녘에 사유의 새가 날아와 나의 의식의 숲에 깃들이더니, 어렴풋이 실존이 보이고 존재가 느껴졌으며, 사물 뒤에 숨은 생의 의미가 직관의 틀에 잡히기 시작했고, 글은 씌어졌습니다.

이제는 실패를 두려워하지 않고 세상의 평판에 연연하지 않는 자유로운 영혼을 추구합니다. 한 생명체의 이야기는 모두 다 그 나름대로 소중하고 진지하며 특수합니다. 지성과 의식을 가지고 늘 깨어 있는 삶, 관념의 세계에서 살고, 질식을 불사하는 진공 속에서, 이슬에 젖고 서리에 창백해진 고독을 느낀 생이라면 더더욱 그러합니다. 그러나 정말로 나의 글이 깊은 존재의 샘에서 우러나온 것이 아니라면, 결코 타인의 마음에 감동을 줄 수 없음이 자명하므로 꽤 오랜 시간을 떨고 주저하며 망설였습니다.

나의 삶과 기억 속에, 나의 회환과 동경 속에 얽히고설켜 있는 덧

없는 생애의 자그마한 기념비로서, 이 조촐한 수상록을 펴냅니다. 절망과 위험과 공포로 가득한 이 세계에 나를 풀어 놓고 가신 어머니의 뜻을 생각하며, 예술의 본질이 그러하듯이 이 수상록도, 한때는 존재했지만 곧 기억에서 사라질 나의 삶을 멸절의 손아귀에서 빼앗아 조금이나마 오래 존속시키려는 일종의 몸부림입니다.

형과 아우의 격려로 시작되고, 가족들의 축복 속에서 성장한 이 문학여정이, 나의 의식을 훑고 지나가면서 깊은 분발의 골을 남겼고, 형제애의 든든한 띠를 울타리로 남겼습니다. 실로 미묘한 생각의 차이가 삶의 무게를 바꾸었습니다. 한때는 중간치가 서러움이었지만, 지금은 위 아래로 바람을 막아주니 오히려 포근하고 훈훈한 온실입니다.

"사유의 본질은 본질의 사유이다"(Das Wesen des Denkens ist das Denken des Wesens)라고 하이데거는 말합니다. 우리의 삶에 가치와 의미를 선사할 본질적 질문을 던지고 싶었습니다. 높은 곳의 맑은 공기를 대변하고, 낮은 곳의 처절한 삶의 논리와 사색의 문법, 나아가 신앙의 차원을 고양하는 글을 쓰고 싶었습니다. 얇아진 자아에게 아담한 살을 입히고, 흐릿해진 생에게 의미를 부여하며, 불투명한 내일에게 목적을 제시하려는 다소 당돌한 의도로, 성실한 마음의 이웃들에게, 시간성의 제약을 넘어 영원을 추구하려는 순수하고 진지한 영혼들에게 삼가 이 책을 정신적 고백의 선물로 드리고 싶습니다. 생과 사, 번뇌와 열반이 그 차이를 버리고 서로를 끌어안으며 화해하는 곳에 이 책을 작은 불쏘시개로 바치고자 합니다.

문장 사이사이 그윽한 웅덩이에는 연한 먹물처럼 그리움이 고여 있고, 지난 생을 간결한 서정으로 회상하는 산문 속에 녹아 있는 언어들은 진지한 사유로 다시 거듭나, 성숙한 노년의 가을을 보여주고 싶었습니다. 골라진 단어의 빛이 기록된 문장의 결에 스며들지 못하고 깊이와 격을 갖추지 못했을망정 나름 끝없이 실험하며 깊이 몰두하고 맹렬하게 집중한 생의 과정으로서의 작은 흔적입니다.

사나운 시대를 만나 험한 일생을 사셨으면서도 부드럽게 생을 긍정했던 분, 언제나 바르고 속 넓은 품으로 우리를 보듬으며, 소녀의 여린 마음과 강철 같은 모성의 마음을 함께 품고 사셨던 어머니의 초상이, 이 수상록의 최초의 섬광이자 동기유발이요 관통하는 사유의 물줄기입니다. 다양한 문학적 상상과 잡다한 철학적 이념들이 난무하는 나의 의식 세계를 다듬고 정리해준 이 수상록을 통해서, 정다운 이웃들이 본래적인 자아의 모습을 발굴하고, 밝고 조촐한 내면의 꿈을 열어갔으면 합니다. 감사합니다.

2024. 1. 1.
저자 **남 명 극**

목차

004 / **머리말**

Ⅰ. 계절의 미학

019 / 1. 5월의 미학
025 / 2. 숙맥의 가을 찬가
031 / 3. 소년과 바다
038 / 4. 가을의 한가운데
043 / 5. 가을에서 겨울로
050 / 6. 낙엽처럼 가버린 친구
057 / 7. 겨울 난상
063 / 8. 자유의 영혼을 꿈꾸며
068 / 9. Camp Au Sable의 새벽
073 / 10. 물 이야기
079 / 11. 여명의 숲에서
081 / 12. 별이 있는 밤

Ⅱ. 삶의 미학

087 / 1. 억울한 중간치의 유감

093 / 2. 통한의 6·25
097 / 3. 청진동의 추억
103 / 4. 석양의 대화방
109 / 5. 나의 초상화
115 / 6. 젊은 날의 초상
121 / 7. 새해의 기도
124 / 8. 선교지에서 생긴 일
　　　　　 - 우리 딸이 이상해졌어요!
128 / 9. 어리숙한 친구
132 / 10. 무뚝뚝한 친구
137 / 11. 별난 우정

Ⅲ. 철학적 명상과 종교적 성찰

143 / 1. 새벽찬가
148 / 2. 슬픔의 미학
155 / 3. 재림 이야기
161 / 4. 기다림의 미학

목차

167 / 5. 쉼의 미학
174 / 6. 진리에의 여정
180 / 7. 율법과 복음
185 / 8. 재림교회와 자유주의 신학
191 / 9. 영원한 어머니 교회여
195 / 10. 기술사회 유감
201 / 11. 죽음의 미학
207 / 12. 하이데거 형 애썼소!
215 / 13. 카를 바르트 유감
220 / 14. 선악나무와 생명나무
228 / 15. 성화를 가능케 하는 칭의의 현재성과 영화를 향한 종말론적 삶의 긴장
235 / 16. 쉼의 찬가
241 / 17. 재림신앙의 역동성

IV. 음악의 물결 위에서

249 / 1. 음악의 재발견

255　/　2. 생의 숨결과 소리의 숲
261　/　3. 생의 숨결과 음률의 파도
268　/　4. 생의 결과 음악의 결
274　/　5. 생의 파도와 음의 물결

V. 눈물로 회상하는 어머니

283　/　1. 어머니
285　/　2. 어머니날에
290　/　3. 어머니의 신앙
297　/　4. 어머니를 그리며 (1)
302　/　5. 어머니를 그리며 (2)
308　/　6. 어머니를 그리며 (3)
312　/　7. 어머니를 그리며 (4)
320　/　8. 어머니를 그리며 (5)
326　/　9. 어머니를 그리며 (6)
335　/　10. 어머니를 그리며 (7)
346　/　11. 어머니를 그리며 (8)

목차

VI. A Portrait of My Mother

359	/	1. My Mother
361	/	2. Yearning for My Mother (1)
364	/	3. Yearning for My Mother (2)
371	/	4. Yearning for My Mother (3)
379	/	5. Yearning for My Mother (4)
389	/	6. Yearning for My Mother (5)
400	/	7. Yearning for My Mother (6)
410	/	8. Yearning for My Mother (7)
421	/	9. Yearning for My Mother (8)
433	/	10. Yearning for My Mother (9)
444	/	11. Yearning for My Mother (10)
456	/	12. What Happened at the Mission Field? My Daughter is Strange!
460	/	13. In the Morning of the New Year

I. 계절의 미학

1

5월의 미학

눈부신 감성의 뜰마다 햇빛은 샘물처럼 고이고, 매화꽃 향기 흩날리는 동산 숲에서 신성의 날개를 타고 창공을 날아가는 꿈을 꿉니다. 오, 밝아오는 신록의 아침이여, 영롱한 자연의 눈부신 광채여.

연한 초록의 잎들과 다양한 색상의 꽃들로 어우러진 산뜻한 계절 5월은, 따로 미학이 필요 없는, 그 자체가 이미 순수한 아름다움입니다. 만물을 양육하는 훈훈한 생명의 바람결에 믿음의 씨앗들이 수줍게 피어나는 봄날, 구김살 없는 햇빛은 아낌없이 은혜로 쏟아지고, 땅속에서 솟아오르는 다부진 생명력은 개나리 꽃잎을 샛노랗게 물들입니다. 따스한 봄바람은 곰살맞게 이마를 쓰다듬으며 스쳐 지나가고, 들녘은 화사한 천연색으로 우리의 영혼을 황홀하게 포옹합니다. 포름한 실버들 가지는 휘휘 봄바람에 그네처럼 흔들리며, 그 사이로 빨간 새 한 쌍이 노래하며 사랑의 숨바꼭질을 합니다.

풀은 부드러운 바람결에 춤추는 꽃에게 말을 걸고, 나무는 햇빛에 반짝이는 잎에게 속삭입니다. 우리는 서로에게 믿음의 씨앗이자 소망의 실과이며, 사랑의 꽃씨이자 생명의 불꽃이라고 고백합니다. 아, 실로 찬란한 봄날입니다. 쉴러/베토벤의 〈환희의 송가〉(An die Freude)가 나도 모르게 내면으로부터 감성의 벽을 타고 〈봄의 송가〉가 되어 올라옵니다.

"환희여, 아름다운 신의 광채여, 낙원의 딸이여, 우리는 정열에 취하여 금빛 찬란한 신의 성소로 들어가노라. 그분의 다정한 날개가 머무는 곳, 거기서 인류는 한 형제가 되고...."

때 묻지 아니한 싱그러운 초봄이 자연의 성소라면, 5월은 그 지성소입니다. 목련꽃 그늘 아래서 회고록을 쓰거나, 젖은 눈으로 베르터의 편지를 읽던, 고와서 서럽던 4월은, 이제 눈물어린 무지개의 계절로 침전되어 물러가고, 눈부시고 장려한 5월의 궁전을 향하여 설레는 가슴으로 눈길을 돌립니다. 봄은 깊은 숲으로부터 짙은 꽃 내음을 풍기며 바람을 타고 날아들고, 5월은 줄송이 장미로 기어오르며, 보석처럼 한 알 두 알 목련으로 피어나, 어느새 계절의 여왕을 위하여 화려한 왕관의 숲을 만들었습니다. 맑은 하늘과 들에 가득 핀 꽃들, 흔들리는 가지들 사이로, 새소리와 바람소리가 앞다투어 생명의 싹을 틔우는 이 아름다운 계절에 어김없이 생각나는 노래가 하나 있습니다. 〈눈부시게 아름다운 5월에〉(Im wunderschönen Monat Mai)라는 5

월의 찬가입니다.

> "이 눈부시게 아름다운 5월,
> 어여쁜 꽃봉오리 피어오를 때,
> 나의 마음속에도 사랑의 꽃은 피어오르고,
> 이 눈부시게 아름다운 5월,
> 정다운 새들이 노래할 때,
> 나도 사랑하는 이에게
> 불타는 그리움 노래하네."

슈만이 하이네의 시에 곡을 붙인 이 노래가 절절히 마음에 와 닿는 마음 산란한 봄입니다. 연둣빛 잎사귀, 눈부신 뜰마다 햇빛은 샘물처럼 고이고, 먼 길섶 어디선가 찔레꽃 향기가 부끄러운 듯 치맛자락을 날리며 흩어져 갑니다. 겨우내 존재의 바깥뜰에서 꽁꽁 숨어 지내던 무화과나무 가지에도 봉긋한 움이 돋고, 석류나무 가지는 따스한 햇볕에 졸고 있습니다.

사막의 불볕과 한겨울의 눈보라를 뚫고 나온 강인한 진실만이 매화의 향기로운 꽃망울로 밝게 빛나듯이, 5월의 긴 여정은 이미 오래 전 겨울부터 시작했을 것입니다. 창조도 깊은 어두움과 차가운 공허에서 시작했고, 존재의 의미와 본질을 살피는 철학적 사유도 겨울같이 차갑고 냉철한 이성에서 출발하지요. 시간이 시작되기 전에는 영원이 흑암 위에 흐르고 있었고, 하얀 눈 밑에서 푸른 보리가 자라듯, 긴 겨울 내내 흰 눈으로 앙상한 가지에 봄을 꽃피우는 연습을 하는 것도 겨울입니다. 겨울 한가운데에 입춘이 있는 태극의 의미와 맥이 닿아 있습니다. 지루한 겨울은 그 냉혹함으로 우리의 멀쩡한 희망을 여지없이 동사시키려 했으나, 절망을 벗하면서도 꿋꿋이 봄을 꿈꾸며 신앙하며 버티어온 우리에게, 드디어 삶을 누리고 생을 노래하는 눈부신 계절이 도래했습니다. 구부러진 길 위에서의 울퉁불퉁한 삶이었지만 투항의 백기를 들지 않고 버티어온 용기가 눈물겹도록 대견스럽습니다.

봄의 숨소리에 대지는 기지개를 켜고 앙상한 나무의 혼은 부활을 꿈꿉니다. 생명의 샘에는 둑이 터지고 샘물은 넘쳐 도랑을 만들어 도도히 흘러갑니다. 깨어 움트는 자연이 들려주는 순수한 시원의 소리에 이토록 섬세하게 반응하는 계절의 예술성은 실로 고상하고 풍요롭습니다. 언어화되지 않아도 마음에 감정의 샘이 계시로 터지면, 누구나 영혼의 날개를 타고 창공을 날아가는 꿈을 꾸는 시인이요 선지자가 되는 5월입니다. 봄은 맑고 고요한 것, 영혼의 수면 위에 잔잔한 호수의 평화로 피어납니다.

젊었을 때의 봄은 기쁨으로만 차 있는 홑겹의 봄이었지만, 노년의 봄은 기쁨과 슬픔을 아우르는 겹겹의 봄입니다. 봄의 소리를 들으면서 잃어버린 젊음을 아지랑이 속에서 다시 그려내기 때문이지요. 나비 앞장세우고 와서 복숭아꽃 살구꽃으로 만발하는 봄, 이러한 꿈 같은 가절을 여든 번 가까이나 누린다는 것은 실로 큰 축복입니다.

어린 시절, 새싹들의 연한 머리를 가지런히 빗질하듯 미풍이 불어

오던 들판 길을 달리던 동심이 퍽이나 그리워집니다. 노을 빛깔을 배경으로, 송아지 울음소리가 서쪽 하늘 위로 구슬프게 흐르던, 그 옛날의 들판을 다시 걷고 싶습니다. 내 고향 남촌에서 봄을 싣고 올라온 바람이 매화 새순에 어릴 적 향기를 불어 넣어, 수줍은 봄은 꽃망울로 터지고, 들은 수채화로 어김없이 피어났었지요. 버들피리 만들어 불며 논둑길을 따라 계절을 밟고 걸어가던 천진스런 목동들이 멀리서 손짓합니다. 따스한 햇살 사이로 스치던 옷깃과 수줍은 미소, 고귀한 인연의 줄기에 맺히던 봉긋한 어린 정감이 이 시간 몹시도 그립습니다. 노년의 허허로운 마음은 어릴 적 꿈과 기억으로 다시 채워집니다.

봄의 환상 속에서 존재는 시간 위에다 집을 짓고, 영혼은 육체 밖에서 호흡합니다. 보람에 목말라하고, 의미에 목을 매는 이 인생의 황혼녘에, 5월의 석양은 더욱 매혹적으로 불타고 있습니다. 감동으로 촉촉이 젖은 눈빛이 머물고, 눈길이 닿는 곳마다 온통 꽃입니다.

고고한 자줏빛으로 덮여 있는 목련꽃 그늘 아래서 잠시 명상에 잠깁니다. 불현듯 내밀한 생의 예감이 꽃의 향기로 마음 밭에 내려앉습니다. 이제 금빛 찬란한 신의 성소로 겸허하게 나아갈 엄숙한 시간이 다가오나 봅니다. 하늘 본향이 저 멀리서 손짓하고 있습니다. 오랜 타향살이, 외로운 여우의 수구초심인가 봅니다. 이 세상 5월의 마지막 소풍이 끝나는 날, 이 세상에서의 마지막 고난의 수업이 마치는 날, 본향으로 돌아가 하늘 궁전에서 영원한 모국어로 〈눈부시게 아름다운 5월〉을 다시 노래하고 싶습니다. 조그만 날개를 얻어 어깨에 달고 온 우주의 5월을 차례로 여행하며 만나보고 싶습니다. 밝아오는 우주의 아침과 자연의 눈부신 광채를 바라보고 싶습니다. 오, 환희여, 영원한 5월이여, 영롱한 신의 광채여….

　이 땅의 어두운 숲을 넘어 진리의 밝은 숲으로, 망각의 강을 건너 윤슬이 눈부신 생명의 강가로, 포근한 신의 날개가 그 위에 머무는 따스한 품 안으로 돌아가는 그 날도, 찬란한 5월의 석양이 이처럼 붉고 눈부시기를 꿈꾸며 기도합니다. 하얀 새 한 마리가 붉은 석양빛을 가로질러 표표히 서쪽 하늘로 사라집니다.

② 숙맥의 가을 찬가

신성의 끝자락을 가늘게 붙들고 처절하게 고뇌하는 영혼의 절규와, 은혜로 내려지는 자유의 축복 속에서, 말씀의 깊이와 깨달음의 폭이, 순종하는 삶의 높이로 승화되는 신실한 숙맥의 삶, 이것이 가을이 던지는 화두이자 암시일 것입니다.

곱게 물든 가을 숲, 그 넉넉한 자락에 안긴 채 조용히 흘러가는 시냇물을 따라, 여름은 단풍잎 위에 실려서 잠시 맴돌다가 아쉬운 듯 떠밀려 내려갑니다. 싱싱하게 잘 자란 소나무들 사이로 준수하게 잘 성장한 아기 사슴들이 뛰놀며, 무성한 나뭇잎들 사이에서 숨바꼭질하던 고운 새들은 떨어지는 붉은 잎새들을 따라서 땅까지 내려와 이별을 아쉬워합니다. 허허로운 노년의 마음자리에도 어느새 가을빛이 수묵져 붉게 물들어 옵니다. 휘적이며 사라져가는 여름의 뒷모습이 서늘한 초가을 바람을 타고 아련히 흩어지고, 희뿌연 아침 안개가 숲을 촘촘히 감싸고 흐릅니다. 가을, 이름만 들어도 불볕더위에 지친 영혼에 파릇파릇 움이 돋고, 퍽퍽한 삶의 대지가 맑은 샘물로 촉촉이 적셔지는 듯합니다.

유난히 뜨겁던 여름이 드디어 퇴각하고 시원한 가을로 접어드는 계절의 초입, 초가을의 서늘한 바람에는 오히려 고뇌와 슬픔의 예감이 배어 있습니다. 가을에는 육체의 꾸밈과 허상은 다 시들어 떨어지고, 고독한 영혼의 단단한 씨앗만이 외롭게 남나봅니다. 거대한 생의 황야에서 보일듯 말듯 소박한 꽃으로 피었다가 말없이 스러져가는 존재의 허무를 사그러드는 들녘에서 보고 있노라면 들꽃의 고운 빛깔과 마지막 향기가 오히려 서럽고 눈물겹습니다. 그들도 한때는 하늘을 향해 함성으로 자신의 존재를 알리며, 별빛 가득 가슴에 안고 찬란한 꿈을 펼치던 푸른 생명들이었습니다. 하늘은 잿빛 구름으로 차 있고 간간이 부슬비를 뿌려 더욱 쓸쓸한 가을의 상념을 재촉합니다. 키 큰 단풍나무 끝자락은 안개에 포근히 안겨 졸고 있는 사이, 황혼의 저린 가슴은 어린 시절의 아름다운 기억과 파란 그리움으로 다시금 설레어옵니다.

가을의 뒤뜰에서 신성의 끝자락을 가늘게 붙들고 처절하게 고뇌하는 영혼의 깊이와, 숲을 송두리째 붉게 물들인 가을 잎들의 불타는 정열, 저녁놀의 눈부신 광휘와, 별빛 찬란한 밤하늘의 숙연한 태곳적 고요는, 인간의 제한된 언어 속에 완전히 담아낼 수 없는 신비의 영역입니다. 짙은 내면의 고뇌와 진지한 사유의 동굴을 그 안에 품고 있는 깊이 있는 글들의 배경에는, 늘 심오한 철학의 풍경이 드리워져 있긴 하지만, 문학적 표현의 그 어떤 섬세한 추상성도 신과 우주의 초월성에는 접근하지 못한 채 그 근처에서 배회하고 있을 뿐, 철학적 사색의 모호함과 언어의 애매함 속에 매몰되어 허공을 맴돌 뿐입니다. 하지만 공간으로서 자연과 시간으로서 이 가을만큼, 창조주의 사랑과 배려가 이토록 눈부시게 표출되고 생생하게 표현되는 살아있는 무대이자, 장엄한 계시의 구체적 현장인 곳은 아마도 없을 것입니다.

나무들이 허구의 옷을 벗는 이 가을날, 자연은 우리에게 무엇입니까? 자연은 우선 깨달음일 것입니다. 비애와 함께 삶에의 애착 또한 집요하게 느껴지는 이 요상한 계절에, 우수수 떨어지는 낙엽에서 초라한 내면의 헐벗음과, 겉껍질에 불과한 삶의 허구를 만나는 것은 바로 이 가을입니다. 가을이 주는 이런 순수한 애수의 본질적 정서가 우리의 뻣뻣한 자만과 뻣뻣한 이성의 고개를 그나마 조금은 숙이게 해줍니다. 이처럼 갸륵하고 기특한 실존적 자의식은 가을이라는 사색의 태에서만 배태되어 자라는 듯이 보입니다. 그래서 가을은 우리가 그 안에서 다시 새롭게 태어나는 사유의 틀이자 요람입니다. 또한 이 가을에 나무들이 촘촘히 어울려 숨쉬는 고요한 숲 속에서의 진지한 명상과 성찰은 우리를 순수한 자아의 경지로 안내하여 내면의 모습을 들여다보게 해줍니다. 이런 의미에서 가을은 우리의 찬사를 받을 만한 필요하고도 충분한 조건을 넉넉히 갖추고 있는 셈입니다.

쉬지 않고 솟아오르는 맑은 샘물과 바쁜 꿀벌은 이 가을에도 슬퍼할 겨를이 없겠지요. 하지만 서산에 기우는 석양이 어쩐지 서럽게 느꺼진다면 우리는 먼 옛 젊은 날의 노을빛 아픔을 보고 있는 것입니다. 슬픔과 고통은 인생이라는 피륙의 씨줄과 날줄이자 위대한 스승이며, 그 숨결 속에서 우리의 영혼은 줄곧 단단하게 여물며 성장해 가는 것입니다. 어린 참나무가 단단한 뿌리를 갖는 것은 사나운 바람과 겨울 때문이듯이, 생의 한 가운데에서 뼈아픈 변곡점이나 한계상황의 절벽에 부딪혔을 때, 나아가 우리의 얄팍한 지성이 거대한 삶의 벽을 넘지 못하고 무너져 내렸을 때, 어김없이 찾아오는 '절망'이라는 〈죽음에 이르는 병〉을 우리는 수도 없이 앓으면서 그래도 묵묵히 견디며 평생을 살아왔습니다. 그럴수록 우리는 더욱 단단히 대지에 뿌리를 박고 "하늘 향해 두 팔 벌린 나무들"처럼 세상과는 전혀 결을 달리한 채 의연히 참고 기도하며 어리숙한 숙맥으로 줄곧 살아왔습니다. 진리는 이런 모자라고 어수룩한 숙맥들을 이 시간까지 빛나는 생명으로 감싸 주었고, 참된 자아로 사는 좁은 길을 보여 주었으며, 겸허한 심성으로 사는 영혼의 자유까지 허락하였습니다.

황혼녘의 하늘은 아랫목에 깔려있는 담요처럼 늘 따스하고 푸근합니다. 누구든 한 번쯤은 황혼을 추억의 이불로 덮고 석양을 눈물로 쳐다보던 때가 있었을 것입니다. 수천의 잎새 위로 저녁별이 돋을 때 가슴의 슬픔을 닦아내고 그 반짝이는 별들의 기쁨 속으로 달려간 적이 있었을 것입니다. 나무 가지에 걸려있는 초승달은 어릴 적 추억을 불러와 모진 세월의 강을 건너는 돛단배가 되어주었고, 우리가 강아지처럼 어리고 여렸을 때, 잠자리처럼 은빛 날개를 달고 망아지처럼 뒤뚱뒤뚱 뛰어 다니던 시절을 생각나게 해주었을 것입니다. 눈물짓던 어린 시절도 이후의 숱한 고난의 세월도 뒤돌아보면 모두가 그리움으로 남는 것이지요.

　인간은 육신적 이(利)로움과 정신적 의(義)로움 사이에서 끊임없이 갈등하며 살아가지만, 이왕 어수룩하게 살기로 마음먹은 이상, 우리는 눈앞의 이로움보다는 영원한 의로움의 가치를 추구하며, 이 생명이 다하도록 세상의 영악한 조류를 거슬러, 부와 권세와 명예에 초연한 삶을 이때까지 고집스럽게 살아왔습니다. 가을은 생뚱맞게도 이런 겸허한 삶의 모습마저도 고운 색깔로 채색하여 숙맥의 계절을 이토록 빛나게 해줍니다. 산과 들에는 바야흐로 가을이 한창이듯이, 우리의 삶에 맑고 시원한 진리의 샘물이 쉬지 않고 흘러내려, 그 잔잔한 물소리로 우리 황혼의 삶이 더 자유롭고 더 여유로우며 더 풍요해지기를 꿈꾸어봅니다.

　행복해야 할 장소는 바로 여기이고, 축복을 누려야 할 시간은 바로 지금이라고 말합니다. 이 소중한 가을을 더욱 의미 있고 아름답게 맞이하며 애틋한 애정과 추억으로 장식해야 하는 이유입니다. 깨어 내면의 소리에 귀를 기울이고, 첫 사랑의 울림으로 콩닥거리던 옛 심장 소리를 다시 듣는 계절이 가을입니다. 자연은 부족한 것도 넘치는 것도 없고, 필요한 것도 탐욕도 없습니다. 봄이 되면 새 잎이 돋고 꽃이 피고 비가 내리듯이, 가을은 익어 결실하면 그 자리를 비우고 다시 내어줍니다. 자연은 그렇게 스스로 존재하면서, 모든 아름다운 것들이 그러하듯이 결코 미련에 오래 머물지 않습니다. 파란 밀어가 촘촘히 담겨있는 가을 하늘이 곱고 청명해서 하늘을 향한 마지막 장정을 다시 시작하기에는 더없이 좋은 때입니다.

푸른 가을 하늘을 배경으로 나뭇가지에 매달려 눈부시게 익어가는 붉은 감들처럼, 우리의 영혼도 가을 햇살을 받으며 십자가에 매달려 석류 알처럼 붉게 진하게 익어가기를 꿈꿉니다. 탄탄한 신앙 위에서 좁은 길을 걸으며, 은혜로 내려지는 평화의 축복 속에서, 말씀의 깊이와 깨달음의 폭이, 순종하는 삶의 높이로 승화되는 신실한 숙맥의 삶, 이것이 가을이 던지는 화두요 암시요 의미일 것입니다.

③

소년과 바다

여명이 밝아오는 수평선, 동해의 아침 고요는 그윽한 어머니의 품이요, 어린 감성의 전율이며, 신비에의 각성이자, 푸른 꿈의 예감이었습니다.

초등학교 2학년 때, 어떤 희생을 치르고라도 남편이 물려준 소중한 세 생명을 그의 품격에 걸맞은 수준으로 교육시키려는 젊은 모정의 다부진 결기로, 어머니는 기어코 이사를 결심하셨습니다. 고향에서 고작 40리 거리였지만, 막상 떠나자니 여인의 몸으로 두려움과 어려움이 이만저만이 아니었습니다. 남편이 태어나 자란 곳, 그가 밟고 뛰놀던 땅, 그의 체온과 삶이 아직도 생생하게 남아있고, 젊은 부부의 꿈과 낭만, 아이들의 웃음소리가 고스란히 스며있는 정든 집과 울타리와 고향 땅을 이렇게 훌쩍 떠나도 되는 것인지 혼란스러웠습니다.

드디어 우리를 태운 버스가 고향을 떠나올 때, 배웅 나온 동네 이웃의 눈물과 동정의 말이, 우려와 걱정의 말과 뒤섞여서, 털털거리는 버스의 흙먼지와 뒤엉켜 한참이나 뒤따라오더니 사라져갔습니다. 차창을 통하여 멀어져가는 고향 산천을 연신 뒤돌아보며 어머니는 한참이나 울먹이셨고, 나도 정든 학교 앞을 지날 때 나의 첫사랑 〈이쁜 소녀〉를 생각하며 슬퍼했습니다. 착하게 웃으며, 늘 맨 앞줄에서 같이 손잡고 교실로 걸어가던 영리하고 귀여운 이 소녀를 그 후 오랫동안 그리워했지요. 이때부터 우리는 숙명적으로 고향을 떠난 타향의 객으로서 밤하늘을 쳐다보며 그렇게 평생을 떠돌이별로 살아가야만 했습니다.

두근거리는 가슴을 안고 버스가 목적지에 접근하자, 생전 처음 보는 거대한 푸른 바다가 마치 공중에 떠 있는 사막의 신기루처럼 눈앞에 불쑥 나타났습니다. 바다에는 흰 돛단배가 백조처럼 떠 있었고, 한없이 평화로운 하늘 아래에는 수많은 갈매기가 한가로이 날고, 해변에는 바닷물이 날카로운 검은 바위에 부딪쳐 하얀 포말로 부서지면서 뭍으로 기어오르려고 귀엽게 안달하며 아우성치는 환상적인 풍경이 우리를 기다리고 있었습니다.

우리의 새 보금자리는 놀랍게도 동해 바다와 직접 맞닿아 있는 조그마한 집이었습니다. 앞마당은 태평양으로 연결되어 있는 망망대해요, 뒤에는 태백산 줄기가 높이 솟아 있는 환상적인 경치의 천연 요새였습니다. 형과 나는 몇 안 되는 이삿짐을 부리자마자 곧장 앞 바닷가로 달려가 바다와 정다운 인사를 나눈 후, 바닷가재와 사귀기를 시작했지요. 미끄러운 검은 돌을 뒤집으면 대여섯 마리의 크고 작은 가재들이 앙증스럽게 줄행랑을 치며 옆에 있는 돌 밑으로 기어들어가던 신기한 광경이 아직도 눈에 선합니다. 간혹 가재에게 찝혀 아프기도 했지만, 그때의 흥분과 즐거움은 이루 말할 수 없었지요.

밤이 되어 잠자리에 들었으나 새로운 환경에의 흥분과 기대, 바로 코앞에서 포효하는 파도소리에 겁이 나서 아무도 잠을 제대로 이루지 못했습니다. 금방 파도가 몰려와 이 허름한 집을 덮칠 것만 같았지요. 그래도 나는 바다가 마음에 들었습니다. 바다의 푸른빛이 풍성한 꿈을 키워 주었고, 저 멀리 보이는 수평선이 동심을 일깨웠으며, 물 위에 떠다니는 고깃배가 어린 낭만을 부추시고, 갈매기의 울음소리가 정겹게 들리더니, 드디어 푸른 바다는 소년의 마음을 사로잡고 어린 영혼 속으로 깊숙이 삼투해 들어왔습니다.

급하게 구한 바닷가의 초라한 단칸 집, 다소 크기는 했지만 누가 보아도 쇠락한 이 집의 주인은 영락없이 가난과 궁핍이었습니다. 겨울이면 어머니께서 손수 빚으신 따끈한 막국수와 수제비로 문풍지를 헤집고 파고드는 엄동의 추위를 막아내며 오순도순 가난을 나누어 먹던 시린 가슴의 그 시절이 눈물겹습니다. 바다의 찬 기운을 다 주워 담은 듯, 동해에서 불어오는 바닷바람은 사납고 매서웠습니다. 몇 군데 꿰맨 자국은 있지만, 고향에서 어머니께서 손수 타셔서 가져오신 따스한 솜뭉치가 알뜰하게 박혀있는 커다란 광목 이불 속으로 온 식구가 한데 얼려 한 덩이가 되어 기나긴 겨울밤을 서로의 체온으로 버티던 시절입니다. 늘 어두운 방이었지만 더 어두운 한 쪽 구석에는 천대를 받으면서도 검은 콩나물시루가 줄기차게 놓여 있었고, 검은 보자기 밑에는 콩나물이 키를 재며 자라고 있었습니다. 그 옆에는 제법 큰 흰 요강이 밤이면 슬며시 들어와 밤새 쉬지 않고 시원한 우리의 물줄기를 받아주었으며, 조금은 따스한 아랫목에는 어김없이 메주덩이들이 발에 차이면서 구박받고 있었고, 어린 막내는 그 곁에서 미지근함을 나누며 잠을 잤습니다.

우리가 잠들 즈음이면 호롱불 밑에서, 파도 소리를 들으시며, 어머니는 누군가에게 글을 쓰셨습니다. 남편에게 쓰는 그리움의 편지도 있었고, 힘들지만 꿋꿋하게 살아가는 모습을 담담하게 일기로도 쓰시고, 아이들의 몸과 지혜가 자라가는 성장의 모습도 기록했으며, 때로는 글을 모르는 이웃 아낙들의 입과 손이 되어 숱한 편지를 대필하는 것이었지요. 낮에 들으신 대충의 사연을 토대로 자신의 체험을 덧입히고, 상상력을 동원하여 늦은 밤까지 온 동네 여인들의 서러운 객지 생활과 애끓는 시집살이의 애환, 편찮으신 친정어머니께 올리는 절절한 효성, 떡두꺼비 같은 아들을 낳은 자랑과 딸을 낳아 서운한 넋두리, 힘겨운 살림의 쓰라림과 도움을 호소하는 애절한 하소연, 가족의 죽음을 알리는 가슴 에이는 부고 등, 심지어는 고도의 격식과 가문의 품위와 명예가 걸려 있는 사돈지까지 마다하지 않으시고 다 써 주셨습니다.

쓰시면서 어머니는 쓴 부분을 소리 내어 읽고 또 읽으시며 분위기를 띄우셨고 운을 맞추며 줄거리를 잡아 나가셨습니다. 저는 자지 않고 어머니의 이 요상한 문학의 밤을 몰래 감상하며, 그 창작과정을 다 듣고 있었고, 다음에 나올 내용을 숨죽이고 기다리며 예상해 보곤 했지요. 내가 알기로 어머니는 내간체 서간문 장르에 있어서는 특출한 문학성을 갖추신 대단한 문장가이셨습니다. 내가 지금 이나마 글을 쓰고 있는 것도 실은 이때의 어머니의 문학 수업과 그분의 유전자 덕분입니다. 이처럼 어머니는 그 힘들고 모험투성이인 자신의 한 많은 삶을 그냥 지나치지 않으시고 그 치열한 삶의 숨 가쁜 와중에서도, 눈물어린 일기와 남편을 향한 담담하면서도 애절한 회고록을 생생한 삶의 궤적으로 알뜰하게 남겨 두셨습니다. 당시 여아를 학교에 보내지 않던 교육 풍토에서 어머니는 성장하신 고향의 유일한 여학생이자 제1호 여성 졸업생이셨지요. 그분은 교육의 가치를 부친으로부터 전통적인 유교의 예법과 한학을 통해서 배웠고, 자신이 받은 학교 교육의 경험으로 알고 있었으며, 높은 교육을 받은 남편의 인격과 품위를 통해 확신하셨기에, 시간이 흘러 자신의 세 아이들의 교육에 주저 없이 전 재산과 신명을 바칠 수 있었던 것입니다.

이 세상 그 누구보다도 더 수고하고 목마른 자이셨던 어머니에게는 "다 내게로 오라!"는 초청은 사막에서 발견한 오아시스였고, 이즈음 발견하신 신앙은 갈급한 어머니의 영혼에 시원한 쉼의 그늘을 제공해주었습니다. 이 때로 부터 어머니의 품은 나에게는 최초의 성소였고, 그 품속에서 나는 알에서 깨어 나와 세상을 사는 이치와 하늘을 나는 비상을 배웠습니다. 누구에게나 그러하듯이, 어릴 때 어머니 곁에 누워 팔에 안겨서 그분의 부드러운 젖가슴을 만지면서 잠이 드는 때가 나에겐 가장 행복한 순간이었습니다. 이것이 오랜 세월 습관이 되어 대학생 때는 물론 졸업 후 교사가 되어서도 방학 때 집에 오면, 으레 그날은 어린 아기로 돌아가 어머니의 젖가슴에 매달려 잠이

드는 것이 애교로 허용되었고 전통으로 묵인되었습니다. 아, 그때의 행복감. 이 세상에서 만난 사람 가운데 가장 너그럽고 따뜻하고 아름다운 여인이신 우리 어머니, 나를 세상에 내어 놓으신 존재의 집이시며, 자신의 처절한 삶을 통하여 실존의 의미를 더욱 뼈저리게 각성시키고 강화해 주신 어머니이십니다. 하늘로부터 받은 숱한 선물 중 어머니보다 더 벅찬 선물은 결코 없을 것입니다.

이토록 어머니 복을 듬뿍 받은 이 소년은, 문 만 열면 앞 바다 수평선 위에 장엄하게 떠오르는 아침 해를 경이로움으로 바라보며 꿈을 키웠고, 여름이면 매일을 수정같이 맑고 찬 바닷물에서 헤엄치며 자랐습니다. 그때 본 바다 속의 경이로운 경치는 이 시간까지도 잊을 수 없습니다. 지금도 그리그(Edvard Grieg)의 음악 〈아침〉을 들으면 이때의 정경이 애틋한 그리움으로 떠오릅니다. 동해의 아침 고요는 그윽한 어머니의 품이요, 신비에의 각성이자, 어린 감성의 전율이며, 수묵으로 번지는 잔잔한 생의 예감이었습니다. 나에게는 "울긋불긋 꽃 대궐"보다는, 새벽빛이 떠오르는 해안 풍경과, 어두워진 바다 위에 별들이 찬란하게 빛나던 때의 엄숙함이 더 깊숙이 보석처럼 가슴에 박혀 있습니다.

어머니의 품에 안겨 응석부리던 어린 시절, 흰 갈매기 낮게 날아가는 맑은 하늘과, 파도소리 시원한 푸른 바다를 배경으로, 풋풋한 서정의 수채화로 그려진 어린 동심과, 백지(tabula rasa)처럼 순수한 그 시절의 〈어린이 정경〉이, 오늘도 슈만의 아련한 〈몽상〉(Träumerei)의 선율을 타고 황혼의 이 가슴에 그리움의 강물로 흘러내립니다. 애틋한 서정으로 적시고 애무하며 쓰다듬고 지나갑니다. 마음은 아직도 어릴 적 바다 위에 저녁놀로 표류하고, 추억은 하나 둘 모여, 바닷가 하얀 모래톱에 존재의 동굴을 짓습니다.

④

가을의 한가운데

　화려한 단풍의 한복판에는 쓸쓸한 고독의 미소가 스며있고, 높고 푸른 하늘의 휘장 안에는 이슬 같은 고운 눈물이 끼어 있습니다. 나의 존재의 집에는 환희와 고독, 기쁨과 슬픔이 교대로 집을 지키나 봅니다.

　시야에 들어오는 온 대지가 가을로 무르익어 여유롭고, 그 풍광은 밝고 붉고 노랗고 산뜻합니다. 높은 산에 머물던 가을이 등성이를 타고 내려와 숲에 내려앉더니, 어느새 호수를 끼고 펼쳐져 있는 들판을 온통 다 휘감아버리고, 우리 집 앞뒤 뜰을 모두 접수한 후 내 마음 밭에까지 닿아 있습니다. 멀게 만 느껴지던 어두운 숲이 밝은 빛깔로 바뀌면서 성큼 가까이 다가와 있고, 나무들의 개성과 잎들의 특징이 더욱 또렷하게 드러나는 계절의 한가운데로 접어들었습니다. 잎들은 떨어져 숲은 부끄러운 듯 속살을 드러내고, 향긋한 풀들이 무성하던 곳에 간간이 서늘한 빗줄기가 내려 이별을 재촉합니다. 빗물처럼 흘러가는 시간에 떠밀려, 자연도 은빛으로 다가올 순수한 휴식의 겨울을 향해 아쉬움과 기대로 마음의 준비를 합니다.

거울같이 맑은 하늘 아래 말없이 서서, 자연의 순리를 따라 어김없이 변해가는 계절의 색채를 바라봅니다. 나무들은 이제 하나씩 둘씩 잎들을 지워나가고, 가을이 짙어 가는 길목에 서서 참으로 위대했던 여름을 기억에 떠올립니다. 가을은 추억의 계절이자 서늘한 현실, 눈물겨운 결별의 계절입니다. 그리움은 짙은 단풍 빛으로 마음에 스며들고, 외로움은 엷고 맑은 하늘빛으로 가슴에 수묵(水墨)집니다. 스산한 가을바람을 안고 계절을 따라 언덕을 넘다가 우수의 이끼가 잔뜩 끼어있는 바위 위에 앉으면, 내면은 실존적 우수 속으로 속절없이 빠져듭니다.

생의 빛나는 색깔이던 초록은 서서히 퇴각하고, 계곡은 자연이 토해낸 가을빛으로 붉게 타며, 비에 젖은 낙엽들이 꽃처럼 곱게 깔려있는 가을 동산이 눈물겹도록 아름답습니다. 갈대는 단풍에 취한 어린 사슴처럼 이리 뒤뚱 저리 뒤뚱 미풍에 흔들리고, 아침 안개를 품고 있는 계곡에는 깊은 상념의 호수가 한 폭의 산수화처럼, 산의 가슴에 안긴 채 얹혀 있습니다. 애틋한 마음을 품고 그들의 고향인 땅으로 떨어지는 낙엽들의 체념의 아우성이 온 산과 들에 메아리칩니다.

두근거리는 마음으로 입장하는 신부의 발걸음에 어여쁜 소녀가 꽃을 뿌리듯, 노년의 홀로 걷는 외로운 산책길에, "사뿐히 즈려 밟고" 갈 붉은 낙엽을 간간이 뿌려주는 나무들이 참으로 고맙고 대견합니다. 주어진 생, 성장의 과정을 따라, 싹으로 태어나 잎으로, 꽃으로 피어나 열매로, 끝내는 낙엽으로 살다가 홀로 길을 떠나는 것이 인생이려니 생각하니, 날 저무는 이 가을 날, 비에 젖은 상념은 퍽이나 숙연해집니다. 가을 언저리에 초막 하나를 짓고 이 풍진 세상을 등지고, 한 잎 낙엽이 되어 붉게 탄 갈잎 속에 함께 묻히고 싶어집니다. 세속의 덧옷과 문명의 겉옷을 다 벗어버리고, 그냥 한 잎 낙엽이 되어 어디론가 바람에 실려 훌쩍 떠나고 싶은 심정입니다. 이제 나이가 드니, 이 시끄러운 세상을 귀 막고 눈 감고 벙어리 되어, 깊은 계곡에 흐르는 물처럼, 자유로운 영혼의 바람처럼, 그렇게 살고 싶어집니다.

비에 젖은 산 빛깔이 더 뚜렷하듯이, 가슴은 향수에 젖은 채, 슬픔이 스며있는 가을 빛 속으로 더 깊이 잠겨듭니다. 허허로운 나그네의 마음을 보듬어주는 듯 냇물이 정답게 속삭이며 흐르고, 허리를 띠처럼 두른 안개에 푸근히 안겨있는 계곡에서는 자유와 평화가 이슬처럼 내리고 있습니다. 이 시원한 계곡에 마음을 담그면 누구나 시를 읊거나, 저 하늘의 흰 구름이 되거나, 산자락 초막에 머무는 바람이 됩니다. 붉게 탄 가을 잎새들이 쓰고 간 고별의 시를 눈물로 읽으며 내 영혼 그들 곁에서 한 밤을 지새고 싶습니다. 세상 어느 시인이 불타는 영혼의 저 붉은 잎새들보다 더 장엄한 서정시를 쓸 수 있을까요?

점점 야위어 가는 가을 숲은 생명현상의 엄연한 현실임을 넘어 엄숙한 진실입니다. 낙엽처럼 떨어져 나가는 생의 서글픈 비밀이자 진리의 순간이 가을입니다. 이제는 생의 참 모습을 꽃도 아니요, 무성한 푸른 잎도 아닌 낙엽을 통해 바라보는 계절입니다. 하늘이 움직이고 땅이 돌고 우주가 꿈틀거리는 어김없는 계절의 변화 속에는 삶의 신비로운 이치가 숨겨져 있습니다. 붉은 단풍잎이 청년의 가을을 표상한다면, 노란 은행잎은 노년의 가을을 상징하는 듯합니다. 은은한 가을의 향을 뿜으며 주황색으로 익어가는 이 계절의 성숙은 아마도 정숙한 여인의 가을일 것입니다.

사라져가는 우리들의 꿈, 낭만, 어릴 적 추억들이 되살아나서 가슴이 절절해지는 계절 또한 가을입니다. 가을이 되면 잊을 수 없는 내 고향 마을 모습이 떠오릅니다. 노을 지는 서편 하늘을 등지고 어린 소년은 배부른 소를 몰고 골목길을 돌아 집으로 돌아오고, 초가지붕 위에는 어머니의 사랑이 담긴 빨간 고추가 널려져 있으며, 온갖 추수로 넓은 마당이 가득 차있던 가을, 무료한 바둑이는 애꿎은 하늘을 향해 멍멍 짖어 쌓고, 가슴이 시리도록 눈부신 하얀 들국화를 바라보던 어린 시절의 향수를 불러옵니다.

영롱한 가을빛에는 한 생을 눈부시게 살다가 마침내는 돌아가야 할 인생의 전환점이 가까워 옴을 알리는 기별이 서려있습니다. 봄, 여름을 멋도 모르고 훌쩍 보낸 후, 이제야 나이가 들어 조금은 철이 든 나를 발견하고, 어디론가 귀의하고 싶은 종교적 향수와 실존적 정서를 느끼는 계절입니다. 의연한 모습으로 먼 길을 떠나야 할 운명의 때를 바람에 날려가는 낙엽들이 보여준 탓일 것입니다.

가을 산에 머물면 마음의 심연은 깊어지고, 가슴에 멍에와 아픔을 간직한 채, 가을의 한가운데서 내 생의 비장한 일몰을 예감하게 됩니다. 짧은 인생 이제부터라도 영원을 사는 경건함으로 조촐하지만 맑고 순수한 삶으로 마무리하고 싶습니다. 불타는 가을 산처럼 진리의 보석을 갈고 닦아 세상을 비추는 한 줄기 빛으로 살 수 있기를 기도합니다.

하루하루가 평범하지만 가을은 축복이 넘치는 순간들이요, 감사가 넘치는 계절이기도 합니다. 날은 저물고 바람은 스산한데 남은 시간의 공터에 서서 황홀한 이 가을을 마지막으로 만끽하고 싶습니다. 가을은 이처럼 일 년 중 생의 가치를 점검하는 최초의 계절이자, 존재의 의미를 확인하는 마지막 성숙의 순간입니다.

불타는 석양에는 돌이킬 수 없는 옛 꿈이 슬프고, 밤에는 달빛이 교교하여 더욱 가슴이 시려오는 계절입니다. 계곡에는 맑은 물이 계속 흘러가고, 바람은 서둘러 길을 떠납니다. 구름 따라, 물 따라, 낙엽과 함께 만물이 어디론가 정처 없이 떠나는 시간입니다. 숲에서 풍겨 오는 억새풀의 향취나 들에서 실려 오는 들국화의 가느다란 향기 까지도 이제는 절절한 소중함으로 아끼고 가슴 깊이 담아둡니다. 가을은 비움으로 오히려 부요해지는 산이요, 침묵으로 더 깊어지는 바다입니다. 나의 존재의 집에는 환희와 고독, 기쁨과 슬픔이 교대로 집을 지키나 봅니다.

5

가을에서 겨울로

〈죽음을 향한 존재〉(Sein zum Tode)를 딛고 〈삶을 향한 존재〉(Sein zum Leben)로 초월하려는 실존의 길목에서 생을 되돌아보니, 끝없는 신앙의 도전과 지적 영적 몸부림이 생존의 동물적 본능과 묘하게 뒤엉킨 생의 한 가운데서, 고작해야 나는 원의 중심을 달렸을 뿐이었습니다.

뒤뜰의 텃밭에서 그토록 행복하게 지저귀며, 줄기에 매달려 그네를 타거나 숨바꼭질까지 하면서, 그 많은 들깨 씨들을 한 달 가까이 알뜰하게 까먹으며 잔치를 벌이던 귀여운 새들은 어디론가 미련 없이 떠나버렸습니다. 잎들은 하나 둘 땅에 떨어져 존재의 무덤을 쌓아가는 애수의 계절이지만, 그 속에 묻혀있는 생의 추억은 온통 아름다움뿐인 두 얼굴의 계절, 가을이 서서히 여물어 갑니다.

곱게 물든 나뭇잎 하나하나는 그 나무의 치열했던 봄과 여름이 그 속에 알알이 녹아있는 추억의 찻잔입니다. 잎들이 이토록 곱게 반짝이는 것은 밝게 빛나는 순수한 생명이 그 안에 소담하게 담겨 있기 때문일 것입니다. 낙엽은 어쩌면 가을이라는 색종이 위에 그들만의 언어로 쓰인 절절한 유서일 수도 있습니다.

나도 그들을 흉내 내어 부끄러운 가을 시 한 편을 유작으로 써서 수북이 쌓인 낙엽들 속에 묻어두고, 석양이 눈부신 들판을 가로질러 생의 끝자락을 향한 귀향길에 오릅니다. 낮은 처마의 시골집에는 저녁 연기가 피어오르고, 텅 빈 들을 달려가는 어릴적 바람 소리가 멀리서 아득하게 들려옵니다. 귀뚜라미의 슬픈 노래에 붉은 노을이 잦아드는 언덕 나루에 나의 조촐한 생을 잠시 내려놓습니다.

쉬 다가올 망각의 어두움과 차디찬 정적의 겨울을 바라보는 인간의 고뇌를 조금이나마 달래주기 위해 가을은 이토록 밝고 화려한 색깔로 눈이 부시나 봅니다. 우리를 향한 어머니 대자연의 자상한 배려가 이토록 따스하고 절실합니다. 그래서 단풍의 빨강은 눈부신 햇살 아래 더욱 붉게 타오르고, 가을을 머금은 은행잎은 석양에 비껴 더욱 샛노랗게 물들어있습니다. 긴 세월이 스쳐간 자리에 동화처럼 되살아난 이별과 한숨과 잊힌 옛 꿈들이 흰 구름과 함께 바람에 흩어집니다.

가을은 푸른 하늘에서 차가운 바람을 앞세우고 서늘한 비애로 내려와 울적한 감성의 소매 끝에 매달려 가늘게 떨고 있습니다. 우리의 기억이 닿는 한 삶의 폭과 깊이에서, 시공의 드넓은 지평 어디에서나 우리는 자연의 신비와 생명의 비밀, 존재의 경이를 보고 느끼며 전율하면서 살아왔습니다. 하지만 가을만큼이나 무상에의 비정과 영원에의 희구를 동시에 촉발하는 상징적 계절은 아마도 없을 것입니다. 한여름 애지중지 키워서 울긋불긋 탐스럽던 살붙이들을 하나하나 낙엽으로 떠나보내고, 외로운 나목이 되어가는 저 나무들은 이 밤 몹시도 가슴이 아픕니다.

    냉정한 이성은 돌같이 차고, 담담한 서정은 줄곧 우수에만 머무는 서늘한 이 가을밤, 잎들이 떨어져 나간 앙상한 가지에 애처로이 걸려 있는 달을 보면서, 허전한 마음과 경건한 자세로, 비록 시간의 호수 위에 던져진 작은 조약돌 같은 수수한 삶이었지만, 지나온 생의 발자취를 곰곰이 되돌아보지 않을 사람이 어디에 있을까요? 〈지금 여기에〉 아직도 살아 있음은 분명 황홀한 은총일 것입니다. 그러나 어릴 적 달밤에 얽혀있는 야릇한 감정과 애틋한 기억, 나아가 소중한 그리움으로, 내 마음은 이미 지나가 버린 〈그때 거기로〉 내달아 젊은 날의 아련한 초상을 찾아갑니다. 시간은 이 순간 밤하늘에 멈춰 서 버린 듯, 어떠한 꾸밈도 허식도 없던 어릴 적 모습이 떠오르고, 그 위에 비추어진 부끄러운 지금의 모습을 뉘우침으로 만납니다.

    되돌아보면, 우리의 봄은 어느 날 파릇파릇 돋아나는 새 순처럼 그렇게 순진하고 푸르게 시작했지요. 심장은 맑은 피를 〈생의 약동〉(élan vital)으로 뿜어내고, 설렘과 기대로 가슴은 뛰었으며, 희망은 해처럼 아침마다 장엄하게 솟아올랐습니다. 많은 세월의 빗줄기는 강물이 되어 흘러갔고, 더 많은 날들은 살같이 우리의 곁을 무정하게 스쳐갔습니다. 세월의 무게를 거스를 수 있는 사람은 아무도 없습니다. 피사의 사탑처럼 기울어진 노년의 피곤한 실존 위에 이제는 쓸쓸한 사양 빛이 무심하게 내리쬐고 있습니다.

무서리 내리는 이 늦은 가을, 숲은 이제 화려하던 채색 옷을 벗고 동면의 잠자리에 들려고 합니다. 그 안에서 노래하던 새들도 곤충도 벌레도 다들 자연의 품, 그 깊은 정적 속으로 잠겨 버린 듯합니다. 나도 바야흐로 나이만큼이나 밀려 있는 비싼 주거세를 이 지구에게 목숨으로 지불하고, 존재의 집을 비워 주어야할 때가 성큼 눈앞에 다가와 있습니다. 이 땅에서 잠들기 전의 마지막 노력으로 홀쭉해진 생의 외벽을 다시금 흙으로 채우고, 흐물흐물해진 존재이유를 든든하게 재정립해야 할 이유가 저 높고 푸른 하늘만큼이나 선명해집니다.

생명현상의 고귀함은 그 자체의 양도될 수 없는 고유한 가치와, 나눠 가질 수 없는 자유의지와 고상한 특성을 말하는 것이지, 도토리 키 재듯이 우열과 높낮이를 가리는 것은 아니었는데, 헤아리지 못하고 양보하지 못하며 베풂에 인색하고, 매사에 키를 겨루듯이 아웅다웅 살아온 옹졸했던 지난 삶이 통한의 뉘우침으로 남습니다. 마음속에 쟁여둔 서운함과, 뱃가죽 아래 쌓아 둔 불룩한 교만을 외면할 수 없어, 이 황혼의 나의 모습이 퍽이나 민망스럽습니다.

이제 누렇게 익은 벼들이 수확되고, 들녘이 서서히 바람에 실려가 텅텅 비어가면, 우리도 나름대로의 삶을 정리하면서 서서히 깊어가는 가을의 씁쓸한 냄새를 익혀가는 것입니다. 실로 가을은 삶의 결과를 있는 그대로 거두고, 초연히 생명을 마감하는 인간 운명의 눈물겨운 은유입니다. 겨울을 눈앞에 둔 늦가을이 이토록 슬프고 무겁고 우수에 젖어있는 이유입니다. 우리가 땀 흘려 얻은 생의 열매는 비록 초라하지만, 그래도 마지막 날에 이 땅 위에 우리를 심으신 분에 의해 겸허한 알곡으로 추수되리라는 은근한 기대와 든든한 예감 그리고 담담한 믿음이 있습니다.

이 가을이 일생의 마지막 광채일지도 모르는 우리 노년에게는, 이 화려한 가을 빛깔은 그들을 싹 틔운 어머니 대지를 배반하지 않고 나름 의미 있는 생을 줄기차게 살아낸 생존의 자랑스러운 고백이자, 삶의 환희요, 존재의 경축이기도 합니다. 하여 다소 무겁고 우울한 마음으로 다가오는 겨울을 맞이하지만, 예리한 채찍을 휘두르며 달려오는 설한풍이라 해도 이제는 그리 무섭지 만은 않습니다. 오늘 하루도 내 생의 축소판이니, 피하는 것이 아니라, 끝까지 집념을 가지고 살아내는 것입니다. 그 속에 도사리고 있는 수많은 부조리와 어두운 이면을 알면서도 생을 경멸하지 않고 살아내는 용기요, 삶의 습지와 험지를 가리지 않고 걸어가는 의연함입니다.

아직은 붉은 단풍잎이 하나 둘 나무에 붙어있으니, 애써 가을이라고 우기고 싶은 늦가을입니다. 해지는 풀섶에서 들리는 희미한 풀벌레들 소리를 자장가로 들으며, 이별과 죽음이 화려한 색깔의 낙엽을 이불 삼아 긴 겨울을 함께 동면할 준비를 하고 있습니다. 꽃이 진 작은 흙길에서 새벽이슬이 내 발등을 적시는 아름다운 마지막 가을의 서정을, 아직은 따스한 남국의 아침 해가 고맙게도 멈추어 비추고 있습니다.

가을은 나의 음악을 서서히 장조에서 단조로 변조시키더니, 슬며시 내 언어의 색채를 어두운 색상으로 교체합니다. 그래도 나는 이 가을에 별을 믿음으로 깎고 석양을 소망으로 다듬어 영원의 보석을 사랑으로 조각하는 꿈을 꿉니다. 이제 장미가 피던 곳에는 서늘한 바람이 불고, 향긋한 풀들이 무성하던 곳에는 싸늘한 비가 내리며, 종달새 우짖던 숲 위로 흰 구름이 허허로이 흘러갑니다. 숲에는 더 이상 황금빛 꿈을 찾을 수 없고, 속살이 다 드러나 신비스러움이 사라졌습니다. 붉은 꽃으로 덮여있던 정원의 장미 덩굴 아래엔 서글픈 종말의 회색 환상만이 맴돌고 있을 뿐입니다.

단풍이 산기슭을 물들이듯 붉어진 나의 가슴은 감탄과 탄식으로 교차하며 고독과 설렘을 반복합니다. 고운 새들의 노래가 정답게 들리던 산골에는 바람소리 스산하고, 한때 희망이 움트던 내 가슴엔 침묵이 흐릅니다. 밤마다 무거운 대지 위에 하늘의 별들로부터 고독이 떨어지듯이, 열매들은 엉겨서 땅 위로 떨어집니다. 이와 같이 우리도 설익은 채로 어디로인지 떨어져 나갈 것입니다. 그래서 가을은 풍요로우면서도 눈물겨운 이별의 계절입니다. 일생을 되돌아보는 나의 마음은 후회로 슬프고, 아쉬움의 가슴을 안고 들판을 가로 질러 노을 지는 곳을 향해 숙연한 마음으로 걸어갑니다. 거기서 머지않아 한 줌 흙으로 돌아가기 전에, 진리가 뿌려주는 영혼의 자유를 마지막으로 노래할 것입니다.

다행하게도 우리는 인생의 숲에서 이리저리 방황하다가 좁지만 곧은 길 하나를 발견하고, 나무들 사이로 비치는 진리의 빛줄기를 따라 조심스럽게 그 길을 걸어왔습니다. 미망의 문을 지나 은혜의 전당으로, 오직 믿음(sola fide)이라는 든든한 울타리를 삶의 지계로 삼고, 보다 높은 가치를 향해 은혜의 보좌 앞으로 한 걸음씩 나아왔습니다. 그리하여 우주적 사랑이라는 한 거대한 원의 중심을 향해 생의 한가운데를 믿음으로 지나고 있는 것입니다. 그리하여 이제는 다가올 쉼의 겨울을 고요한 설렘과 조용한 사색으로 맞이합니다. 어느덧 코끝이 시리고, 소매 끝으로 싸늘한 기운이 스며들어 겨울이 과히 멀지 않은 모양입니다. 파란 밀어가 촘촘히 박혀있는 가을하늘의 새벽빛이 아직은 부드럽고 평화롭습니다.

6

낙엽처럼 가버린 친구

데미안의 죽음을 알려준 섬뜩한 꿈-그의 몸은 여러 조각으로 찢겨져 허공에 흩어지고-전투 중 산화한 친구 이야기

애잔한 그리움과 아련한 아픔이 화사한 꽃으로 피어나는 계절, 훈훈한 바람은 매화 새 순에 풋풋한 향기를 불어넣어, 수줍은 봄은 꽃망울로 터지고, 들녘은 수채화로 피어나, 나의 마음은 어릴 적 꿈으로 다시 채워집니다. 붉은 석양을 등에 지고 버들피리 만들어 불며, 논둑길을 따라 동심을 밟고 걸어가던 〈고향의 봄〉이 사무치게 그리운 계절입니다.

생의 가장 화려한 봄날인 대학 시절에, 슬프게도 나는 가장 친한 친구를 잃었습니다. 너무나 서럽고 순수하며 가슴 아픈 정신적 체험

이자, 손에 잡히지 않는 신비에의 입맞춤이었습니다. 나의 생을 이토록 비현실적인 안개와 경이로움에 젖게 한 상징은 일찍이 없었습니다. 내 심장을 흐르고 있던 붉고 선명한 피는 맥을 놓아 버리고, 초라한 이성은 놀라움의 충격으로 오열하는 감성에게 이토록 속수무책, 자리를 내어준 적도 없었습니다. 막 피어오르는 젊음의 꿈, 손에 잡힐 듯한 삶의 모습이 이제 막 형태를 잡아가려는 꽃다운 나이에, 그는 사라져갔고, 철없는 나에게는 죽음의 색깔이 하얀 색에서 검은 색으로 영구히 바꾸어져 버렸습니다. 다윗과 요나단처럼 생사를 초월한 눈물겨운 우정도 아니었고, 관중과 포숙아의 관포지교나, 오성과 한음의 금란지교는 더더욱 아니었지만, 그와의 우정은 그래도 나에게는 두 번 다시 돌아오지 아니할, 단 하나밖에 없는, 의미 있고 진지하며 소중한 것이었습니다.

고등학교 학창 시절을 생각하면, 먼저 설렘과 달콤한 전율이 나의 등골을 타고 흐릅니다. 미래는 예감과 가능성으로 다가왔고, 눈뜨는 지성은 달콤한 각성과 함께 찾아왔습니다. 밝은 음향과 향기에 둘러싸여 나의 봄날은 어느 날 느닷없이 찾아온 뜻밖의 우정과 함께 먼동이 터 올랐습니다. 두 개의 작은 별은 처음에는 동과 서에서 따로따로 반짝이고 있었지만, 세상은 좁고, 운명의 조명과 내면의 빛을 따라 만날 영혼은 결국 만나게 되나 봅니다. 벽은 허물어지고 다리는 놓아집니다. 갑자기 둘 사이에 연결점이 생기고, 자석처럼 겹쳐지며, 서로를 원하게 되면서 영혼의 교감은 시작됩니다. 두 십대 소년의 삶은 어느 날 이렇게 의미 있게 교차하더니 서로의 생 위에 지울 수 없는 궤적을 남기게 됩니다.

처음부터 그는 다른 소년들과는 사뭇 달랐습니다. 말없이 웃고 있는 그의 모습은 잔잔한 강물처럼 언제나 진지했으며, 걷는 것조차도 당당하고 꼿꼿했습니다. 어떤 확실한 신념이 있기에 저토록 선량하고 자유롭고 확고한지, 같은 영어를 써도, 내가 철없이 외국 가요를 불러댈 때, 그는 워즈워드나 포우의 시구로 나의 기를 죽였지요. 학교가 파하면 늘 나란히 걸어서 집으로 가면서 수많은 이야기와 꿈을 나누면서 이 시기의 소년들이 그러하듯이 서로에게 이끌리며 때로는 경쟁하며 몰두해 갔습니다. 겹치는 지성의 가치를 공유하는 조숙한 친구, 슬기로운 눈빛으로 나를 지켜주던 눈부신 내면을 가진 친구였습니다. 영어에 남다른 매력을 느끼던 그는 결국 영문학을 선택하여 문학청년이 되었습니다. 텅 빈 교정에서 대학 진학에 실패하고 얼굴을 떨군 채 혼자 걷고 있을 때 곁에 와 말없이 걸어주던 친구, 자신의 수석 합격을 무던히도 죄스러워하던 여유스런 친구였습니다. 나의 슬픔을 안고 나란히 흐르는 시냇물 같은 친구였고, 말없는 달빛으로 다가와 처져 있는 나의 어깨를 감싸 안아주는 데미안 같은 친구였습니다.

몇 해가 지나, 대학이 다르고 둘 다 아르바이트를 하는 처지라 바쁘게 살아가던 어느 날, 갑자기 나는 그로부터 한 통의 엽서를 받았습니다. "친구야, 놀라지 마라, 나 월남에 와 있다. 왜 왔느냐고? 싸우러 왔지 뭐. 걱정하지 마, 잘 있으니까." 이 뜻밖의 소식에 나는 무척이나 놀랐지만, 그러면서도 우리는 멀리 떨어진 채 각자의 세계에서 각각의 생의 가치를 추구하며, 끊임없이 서로의 안전을 위해 기도하고, 우정을 그리워하며 열심히 살아가고 있었지요.

교정의 마로니에 나무에 움이 트는 어느 봄날에, 나는 무서운 꿈을 꾸었습니다. 놀라서 깨어보니 시계는 새벽 4시에서 멈춰져 있었고 옷에는 흥건히 땀이 배어 있었습니다. 꿈에서 누군가가 나를 애타게 부르고 있었습니다. 그 꿈에서 나는 친구의 장례를 치루고 있었던 것이 어렴풋이 생각났습니다. 나는 친구의 무거운 관을 힘들게 옮기고 있었고, 다른 여러 사람들도 여러 개의 관을 옮기고 있었습니다. 앞서가는 다리 모양의 긴 관을 지고 가는 사람이 나에게 누구의 관이냐고 물었습니다. 나는 울면서 대답했습니다. 이 관은 나의 고교시절 제일 친한 친구의 주검이라고. 그랬더니 그들도 모두 내 친구의 장례를 치루고 있다는 것이었습니다. 놀라서 자세히 보니 그들이 지고 가는 관들의 모양이 각각 팔 모양이나 다리 모양 또는 몸통 모양을 하고 있었으며, 내가 지고 가는 관이 심장 모양을 하고 있는 것을 발견하고는 흠칫 놀랐습니다. 우리 모두는 내 친구 한 사람의 장례를 치루고 있었던 것입니다.

꿈을 꾼 그날은 수업을 포기하고 친구 집을 찾아가기로 했습니다. 굳이 어젯밤의 꿈을 소박하게 믿어서가 아니라, 꿈을 믿지 않는 감각 없는 사람으로 남기가 싫어서였습니다. 숨을 가다듬고 떨리는 손으로 대문을 두드리니 친구의 누나가 문을 열었습니다. 나를 보더니 깜짝 놀라면서 어떻게 알고 왔느냐는 듯한 표정을 지었습니다. 태연한 척 웃으며 친구가 보고 싶어 왔다고 하니, 그녀의 눈빛이 금세 흐려지면서 나를 붙잡고 흐느끼더니 울면서 친구의 죽음을 이야기해 주었습니다. 지난밤의 무서운 꿈이 차가운 현실이 되는 이 운명의 순간, 목이 메고 아무 말도 할 수가 없었습니다. 어설픈 질문이 도리어 더 큰 상처가 되지 않을까 싶어 말문을 닫았습니다. 방에 들어가 앉은 나의 손에는 얼떨결에 며칠 전에 전해진 군사우편 하나가 쥐어져 있었고, 그 속에는 전사자 통지서가 들어 있었습니다. 간결하고 성의 없이 그의 고귀하고 아까운 삶이 단지 글자 몇 마디로 정리되어 있었습니다. 아, 그 순간의 충격, 몸과 정신이 아찔하고 붕 뜬 느낌이었습니다. 이만큼 가까운 죽음은 나에겐 아직까지 없었으니까요. 친구, 젊음, 죽음이라는 전혀 어울릴 것 같지 않은 세 단어가 이렇게 서둘러 연결된 것이었습니다. 너무 빨리 다른 곳으로, 너무 급하게 해지는 쪽으로 가버린 친구, 그토록 소중한 친구와의 여기/지금은 더 이상 불가능하다는 것이 슬프고 원통했지만, 내가 가고나면 폭발할 누나와 가족들의 슬픔이 머리에 그려져 괴로워도 참을 수밖에 없었습니다. 이 경우 감당 못할 슬픔은 침묵 안에 담겨 있어야 안전하다고 믿었습니다. 우연이기에는 너무나 가혹한 일치였습니다. 죽어가면서 그는 마지막으로 나를 불렀던 것이고, 나는 그 소리를 꿈에 들었던 것입니다. 간신히 정신을 수습하여 자초지종을 묻는 나에게 들려준 누나의 이야기는 더더욱 놀라운 것이었습니다.

필요할 때 친구가 정말 친구이듯이, 그는 뜨거운 월남의 전쟁터에서 작전 중, 전우들의 생명을 위협하는 수류탄을 발견하고 몸을 날려 치우려다 장렬하게 전사한 것이었습니다. 그의 몸은 몇 조각으로 공중에 분해되어 낯선 땅에서 그렇게 외로이 죽어갔고, 몸과 함께 이름도 허공에 산산이 흩어져 버렸습니다. 머나먼 이국땅에서 이렇게 자유의 대의를 위해 싸우다가 산화한 것입니다.

이 이야기를 듣고 있는 나는 마치 어젯밤의 꿈을 다시 꾸고 있는 듯 정신이 혼미해졌습니다. 혹시나 하던 희미한 꿈이 엄연한 비극으로 현실화하는 이 엄청난 일치에 나의 몸은 떨려왔고 정신은 신비로 전율했습니다. 아, 진실로 우리의 우정은 삶을 통하여 하나로 성장하여, 죽음으로 완전히 결합되는 영혼의 친구(soulmate)였던 것입니다. 어릴 적, 별이 쏟아지는 밤거리를 함께 걷던 친구는, 나의 쓸쓸한 마음 깊은 곳에 이제는 빛나는 아름다운 미완성의 별로 남아있게 된 것입니다.

동작동 국군묘역을 처음 찾아간 그날은 정말로 서러웠습니다. 그의 남다른 우정과 전우애에 대한 존경심으로 가득 차서 나는 오래오래 울었습니다. 그러고 나니 그의 죽음은 점점 나의 삶의 일부가 되어 나의 내면으로 삼투되어 들어왔습니다. 그가 가지고 있던 밝고 긍정적인 사랑의 에너지는 이제 나의 삶을 통하여 이어질 것이었습니다. 그의 굵고 짧은 삶이 나를 통해 완성되기 위해서, 나는 꽤나 많은 눈물을 흘려야 했습니다. 그의 바르고 고상하고 아름다운 생을 반영하기 위하여, 나의 삶은 그의 것처럼 맑고 순수해야만 했습니다. 그토록 먼 이국땅에서 외로이 죽어가면서도 다정하게 내 이름을 마지막으로 불러주었던 친구입니다. 그와 나는 이처럼 공간을 뛰어 넘어 늘 연결되어 있었던 것입니다. 기쁠 때도 별이었고 슬플 때도 별이었던 친구입니다. 우리의 우정은 생명의 불꽃이 되어, 오랜 세월이 지난 오늘까지도 이렇게 꾸준히 나의 작은 가슴에 'Memento Mori'로 불타고 있습니다. 나의 가슴은 아직도 그리움의 샘으로 젖어있고, 마음은 언어화되지 않은 많은 추억들로 가득합니다. 이 봄, 나의 어린 영혼을 경외심으로 사로잡고, 신비의 지평으로 문을 열어준 친구가 새삼 그리워집니다. 하얀 새 한 마리가 붉은 석양빛을 가로질러 표표히 서쪽 하늘로 사라집니다.

7

겨울 단상

　시원의 울림으로 콩닥거리는 자연의 심장 소리에, 고요에 묻혀 있던 숲이 서서히 잠에서 깨어납니다. 솜이불처럼 하얗게 눈으로 덮여 있는 쓸쓸한 겨울 호수에는, 여름 내내 유유히 떠다니던 우아한 백조들이 모두가 하나같이 어디론가 훌훌 날아가 버리고, 초겨울 바람에도 그토록 버티며 잘 나가던 참나무 잎새들마저 우수수 낙엽으로 쏟아져 내렸습니다. 태곳적 분위기를 자아내는 높은 나무숲 앙상한 가지 끝에서는 끊임없이 삭풍이 불고, 살벌한 그 소리에 삶의 용기가 조금씩은 움츠러듭니다. 줄기 위에 가지런히 쌓여있는 하얀 눈으로 산뜻하게 동정을 단 소복차림의 나무들도 찬바람에 흔들리며 겸허하게 다소곳이 몸을 낮춥니다.

　서리가 뿌옇게 낀 푸른 소나무 잎 사이로 어렵게 아침 햇살이 비집고 들어옵니다. 바야흐로 생의 가을도 철새와 함께 훌쩍 떠나가 버리고, 겨울이 성큼 코앞에 다가와 있습니다. 우리가 밟고 온 삶의 뒤편에는 한 아름도 더 되는 어두움의 세월이 낙엽처럼 반쯤 눈에 묻힌 채 흩어져 있고, 눈앞에 도사리고 있는 그보다 더 많은 춥고 어두운 시간을 내다보면서 우리는 소처럼 묵묵히 겨울을 살아갑니다. 따스한 햇살뿐만 아니라 찬이슬, 비바람, 때로는 폭풍과 눈보라까지도 온 몸으로 받으면서 기어이 소명의 탐스런 흰 꽃을 피워내는 저 들판의 이름 모를 야생화들처럼 말입니다.

인생이라는 바다에는 상이한 높낮이와 다양한 강도의 거센 파도가 늘 이는 법이며, 삶의 고초는 비록 크지만, 드물게는 겸허한 우리의 마음에 하늘의 영감을 불어 넣어줍니다. 생명의 바다에는 밀물과 썰물이 줄기차게 교차하면서 끊임없이 우리의 인내를 시험하고, 실존의 외벽을 침식하며, 지고한 생의 가치에 흠집을 내면서, 존재의 순결과 생명의 영원성까지 포기하도록 꾸준히 우리를 종용하며 때로는 위협까지 합니다. 이 씁쓸한 현실은 정도의 차이는 있어도, 진리의 빛을 의지하고 양심을 옹호하며 신앙의 가치를 붙들고 근근이 살아온 우리 모두의 솔직한 삶의 고백일 것입니다.

나는 때때로 거울 앞에서, 80년 가까운 세월이 그 위에 새겨놓은 연륜으로서의 내면의 모습은 과연 어떻게 밖으로 투영되어 비쳐질까를 생각합니다. 그것은 우리의 참된 자아, 진실한 영혼, 가치를 추구하는 정직한 삶이 우리의 얼굴에 오롯이 새겨지고 또한 반사되도록 살아야하는 이유일 것입니다. 하지만 돌이켜보면, 우리의 발걸음이

디뎌온 여정은 줄곧 투쟁적이거나 아니면 적어도 지나치게 경쟁적이어서, 은혜와 자비, 여유와 용서, 이해와 포용이 혹시 결여되어 있지 않았나 반추하면서 깊이 뉘우칩니다.

딱히 필요하지도 않은 것들을 얻기 위해 너무나 열심히, 때로는 지나치게, 어떤 때는 억척같이 살아왔나 봅니다. 그렇게 아등바등 하며 살아오는 동안 우리는 그 소중한 양심, 눈부신 내면의 아름다움, 애틋한 순수성, 순결한 사랑을 많이도 잃어버렸습니다. 마음에 빛나는 태양을 품고 살아야 그 생각과 언어에 그늘이 드리우지 않듯이, 더 늦기 전에 우리의 영혼도 너그러움을 안고 살아야 지성과 감성에 구김이 생기지 않을 것입니다.

이 나이의 노년이면 누구에게나 문득문득 떠오르는 다가올 미래의 슬픈 그림이 하나 있습니다. 바로 죽음의 예감이자 그 그림자입니다. 삶과 죽음의 경계는 종잇장처럼 얇고 좁은 것을 뼈저리게 절감하며, 머지않아 누군가가 깊이 땅에 흠집을 내고 우리의 몸이 그 안에 누워 있는 무거운 관을 내리면, 사랑하는 가족들의 눈물이 슬픈 오열로 뿌려지고, 친구들의 애틋한 추억이 꽃으로 던져지며, 부드러운 붉은 흙이 이불로 덮이면, 우리의 잠자는 평화 위에 마지막으로 따스한 햇살이 고요히 내려앉는 애틋한 실존의 그림 말입니다. 이리하여 별들은 하나씩하나씩 고요한 겨울 하늘을 가로질러 초롱한 빛줄기를 여운으로 남기며 멀리 사라져갈 것이고, 소담한 신앙의 가치를 붙들고, 진리의 고운 빛을 내면에 품은 채, 우리는 그렇게 어두움 속에서 부활의 새벽을 애타게 기다리며 한나절을 보내게 되겠지요.

가장 아름다운 음악은 소리가 없고, 가장 아름다운 그림은 형상이 없듯이, 소리도 안 들리고 형상도 안 보이지만 가장 위대한 사랑이신 주님, 삶의 순간순간을 각성으로 깨우며 거룩한 불꽃으로 생명을 바쳐서, 치열하게 인간의 구속을 완성하신 그분의 엄청난 사랑을 생각합니다. 그분의 모형과 모본을 따르는 제자로서 우리는 황금과 명예, 이데올로기와 권력을 타고 흐르는 이 시대의 무도하고도 무자비한 물결을 거슬러서 생존과 사상의 결을 사뭇 달리한 채 이웃을 섬기며 배려하며 평화롭게 사는 일은 오직 우리의 몫이요 보람일 것입니다.

이제부터라도 이 추운 계절, 곁에서 만나는 이불이 짧은 자의 추운 어깨와 시린 마음을 헤아려주며, 배고프고 신음하는 그늘에 핀 들꽃에게 더 살가운 햇살이 되는 것이 우리의 남은 삶의 여유롭고 풍요로운 모습이면 좋겠습니다. 침침한 이 땅의 흙빛 지성에서 빛나는 하늘의 쪽빛 영성에로 불러주신 주님의 사랑을 생각하며, 유유히 흘러가는 강물처럼 앞다투지 않고, 팍팍한 이웃의 삶을 푸근히 껴서주는 풋풋한 너그러움과 빛나는 은혜의 강이고 싶습니다.

그 많던 밤하늘의 별들마저도 오늘 따라 구름에 가려 하나 둘 외롭게 반짝이고, 검은 구름과 차가운 밤하늘을 이고 있는 작은 산은 더없이 낮고 외로워 보이며, 만물이 얼어붙어 시간마저도 정지된 듯이 보입니다. 눈에 덮인 먼 풍경이 눈에 들어올 때마다 마음은 겨울나무 숲처럼 쓸쓸하고 적막해집니다. 그 차가운 한적함이 나의 허한 가슴을 더욱 허전하게 하고, 외진 마음을 더욱 외롭도록 만듭니다.

텅 빈 숲 둘레에서부터 어둠이 소리 없이 내려앉기 시작합니다. 이윽고 나는 이 태곳적 정적 속에 싸여 한 점의 정물이 되어 그려지고, 포근한 어둠이 나의 몸을 감싸고, 나의 영혼은 깊은 바다 속 같은 숲의 어둠 속으로 잠겨 들어갑니다. 이제 나의 존재는 서서히 풍화되거나 침식되어 없어지고, 어둠의 적막만이 숲을 지키는, 자연의 일부로 환원되어 갑니다.

이 외롭고 추운 겨울 밤, 아직도 자유의 별이 되지 못한 예지의 꿈이 애틋한 상처로 남습니다. 삶의 퇴색된 가치와 변질된 의미가 나의 쳐진 두 어깨를 지긋이 누르고 그 위에서 어둠은 가차 없이 짙어만 갑니다. 이 무거운 존재의 무게를 떨쳐버릴 불꽃같은 계시가 얼어붙은 이 가슴에 감동의 파편처럼 꽂힌다면, 이제라도 편히 눈을 감을 수 있을 것 같은 처연한 겨울밤입니다.

자기 자신에게는 언제나 쉽게 정당성을 제공하면서 인류애의 공통적 가치를 추구하지 않은 부끄러운 나의 존재가, 투명한 얼음 위에 차갑게 투영되는 회한의 계절입니다. 나비의 두 날개가 한 장으로 접어지듯, 몸과 마음이 포개어져 마침내 인생무상의 조용한 겨울 속으로 풍화되어 들어갑니다. 아직은 여름의 온기와 가을의 온정이 조금은 남아있을 것 같은, 함박눈이 탐스럽게 쌓여있는 졸고 있는 겨울 숲을 바라보며 위안을 받습니다.

겨울 숲은 흰색입니다. 눈은 검은 대지를 희게 덮고 그 위에 삶의 흔적을 뚜렷한 발자국으로 남깁니다. 겨울은 망각입니다. 흰 구름에 싸여있는 은자의 달콤한 잠이자 하얀 꿈이며, 회색 날개로 덮여있는 순수한 침묵입니다. 간혹 다람쥐들이 보란 듯이 추위를 비웃으며 정적을 깰 뿐, 공기는 맑고 마음은 밝아오며 주위는 조용합니다. 눈으로 내리는 은총이 타오르는 번뇌의 불길을 식혀줍니다. 이 겨울, 어머니의 푸근한 가슴에 안긴 채 은총의 시를 쓰고, 은은한 믿음으로, 은근한 사랑으로, 은밀한 소망으로 살아가는 꿈을 꿉니다. 또 눈이 오려는지 쓸쓸한 마음이지만, 가슴은 설레는 이 겨울 밤, 어릴 적 동심처럼 숲속 어딘가에 숨어있을 따스한 어머니의 품을 찾아 나섭니다.

8

자유의 영혼을 꿈꾸며

춥지만 투명한 이 겨울의 한가운데서, 맑은 은총의 샘물, 도도하게 흘러가는 섭리의 물줄기를 따라, 토끼처럼 유순하게 백조처럼 유려하게 순항하는 한 해를 꿈꿉니다.

겨울 초입에 찾아든 강추위로 일찍 몸과 마음이 움츠러져 있습니다. 오늘처럼 날씨마저 슬픈 듯이 쳐져있는 날에는, 가느다란 햇살이 창으로 부서져 내리고, 햇볕이 간간이 비치는 창가에서 한나절 서성이면서 마음의 울결(鬱結)을 풀어냅니다. 자유의 영혼을 꿈꾸며 생의 본질을 추구하고, 삶의 의미를 지켜내는 것이 화두인 석양의 이 작은 가슴에도 불현듯 낯선 감성의 물결이 일어 마음이 설렐 때가 있습니다. 그런 날에는 오후의 따스한 겨울 해를 믿고, 깎아 만든 지팡이를 의지해 서둘러 긴 산책을 떠납니다.

어린아이가 막무가내로 떼쓰며 엄마의 손목을 잡아 이끌듯, 들뜬 마음은 쉬고 싶어 하는 몸을 부추겨 무작정 집을 나서는 것입니다. 완만한 경사를 따라 가벼운 자세로 숲속으로 한 발짝 한 발짝 들어가 안깁니다. 높고 낮은 오솔길을 따라 앞만 보고 걷다 보면 어느새 자잘한 생각들은 사라지고, 너절한 상념들은 흩어지고 맙니다. 머리가 비어지고 마음은 가벼워지며 정신은 맑아집니다. 하늘로 증발해 버린 것일까, 땅과 숲이 흡수해 버린 것일까, 중력은 사라지고, 몸과 마음이 하늘을 날듯 새털처럼 가벼워집니다. 빈 하늘을 머리에 인 앙상한 나뭇가지들과 인적이 없는 숲에 파묻혀, 이 마음도 덩달아 텅 비고, 나의 몸은 속절없이 스르르 자연의 품으로 사라져 갑니다. 바람은 비명을 지르며 앙상한 가지들을 울리며 지나가고, 침묵으로 이어지는 차가운 시간을 흰 눈이 덮고 있습니다.

무거운 마음을 내려놓으며 빈 가슴으로 숲속으로 더 깊이 들어갑니다. 나무나 공기, 하늘과 물 등 모든 자연현상의 느낌을 온몸으로 받아들이면서 천천히 걸음을 옮깁니다. 겨울은 우리를 어둠으로 가두어 더 깊은 곳으로 데려가고, 잎들은 눈으로 덮여 더 이상 날지를 못합니다. 가던 걸음을 멈추고 잠시 서서 얼음처럼 투명한 하늘을 쳐다봅니다. 자연 앞에서는 움츠러지기만 하는 나의 벌거벗은 자아를 앙상한 나목들 앞에 고스란히 노출시키면서 부끄러운 듯 힘없이 걸어가고 있습니다. 마음은 새로움으로 벅찬데, 몸은 점점 더워오고 숨이 가빠집니다. 몸이 마음의 무게를 이겨내지 못하고, 황혼의 육체가 푸른 정신의 속도를 따르지 못하기 때문이겠지요. 숨을 고르는 저 겨울 산처럼 나도 절제된 호흡으로, 조용히 숨결부터 다스리는 지혜를 배워야 하나 봅니다.

나도 모르게 걸음이 점점 빨라집니다. 애써 천천히 걷기로 합니다. 그러고 보니 나는 평생을 노예로 바쁘게 살아왔습니다. 집과 재산의 노예였고, 명예와 명분의 노예였으며, 의무와 이념의 꽤 바지런한 노예였지요. 뿐만 아니라 인류의 어두운 문화와 역사를 통하여, 흙빛 지성과 음침한 감성의 충실한 종이었습니다. 욕망의 숨소리와 탐욕의 아우성에 둘러싸인 포로의 삶이었습니다. 내 스스로의 보폭으로 나 자신의 숨소리로 살아야했는데 말입니다. 눈 덮인 적막한 자연의 거울에 비추어진 나의 침침한 모습이 민망스럽습니다.

날은 아침에서 저녁으로, 다시 저녁에서 아침으로 통해 있듯이, 겨울은 자연이 제자리로 돌아가는 계절의 끝이지만, 만물을 재생시키는 봄을 잉태하고 있는 계절이기도 합니다. 자연의 순환이 끝나는 종착역이면서 동시에 출발지라는 역설적 이미지입니다. 그러므로 겨울은 죽음과 삶, 절망과 희망, 이별과 만남의 복합성입니다. 인생은 끝없이 길을 걷는 것, 춥고 지칠 때도 있지만 성급하게 포기하지 않고, 자신이 정해버린 한계를 딛고 계속 걷다보면 마침내 생의 봄을 맞이하며, 찾고자 하는 삶의 보람을 발견하는 법입니다. 나 자신이 바뀌면 나의 운명도 별 수 없이 함께 변한다고 하니까요.

내적 감각 하나도 놓치지 않고, 자연의 한 구석이라도 놓칠세라 찬찬히 둘러보며 말없이 대화하며 지나갑니다. 보이는 것은 아무리 작은 것이라도 우리에게 보이라고 창조된 것일진대 어찌 무심코 지나칠 수 있단 말입니까? 하지만 더 중요한 것은 보이지 아니한 것들을 볼 수 있는 마음의 눈입니다. 그것들은 더 의미 있고 더 심원하며 더 영원하고 더 본질적이기 때문입니다. 시커먼 구름 너머에는 찬란한 태양이 있듯이, 하늘과 땅이 맞닿는 저 먼 슬픔의 수평선에는 천사의 사닥다리가 있을 것입니다. 갈매기의 비상 위에는 성령의 비둘기가 지구를 감싸고 있고, 대양을 가로지르며 날아가는 세 천사의 무리가 있을 것이며, 그 너머에는 영원의 광휘가 우주를 휘감고 있을 것입니다.

겨울은 쉼의 기회요 재충전의 시간입니다. 쉼(rest)은 재설정(reset) 즉 생명의 근원과 참된 자아로의 재설정이자 시원과 영원에의 되돌려 놓음입니다. 사색의 고독 속에서 세상을 영적으로 바라보며 생각을 모으고 사상을 잉태하여 진솔한 글을 써 내려 가는 것 모두가 자기 존재의 최초의 불꽃을 찾아가는 과정이겠지요. 이를 위해 명상하는 법을 배우고 내면의 소리를 듣는 절호의 기회가 바로 이 겨울 산책입니다.

무성하던 잎들이 햇빛에 반짝이던 겨울나무 가지에는 열매들만이 쓸쓸히 매달려 있습니다. 화려한 꽃에는 향기가 있고 고운 형태와 빛깔이 있지만, 그 속에 생명은 없습니다. 하지만 이들 볼품없고 색깔 없는 열매들 속에는 꿈틀거리는 생명이 가능성으로 묻혀 있고, 밝은 미래가 숨겨져 있으며, 우람한 푸른 숲이 약속되어 있고, 촘촘한 내일의 희망이 감추어져 있습니다. 그러므로 겨울은 가능성이요 미래이며, 약속이요 희망입니다.

여름과 가을, 숲 틈새에 드문드문 끼어있던 소나무들과 한 판 자웅을 겨루던 단풍나무들도, 겨울을 맞아 그 붉고 찬란했던 가을의 승리를 늘푸른 소나무들에게 말없이 내어주고, 그토록 자랑스럽던 고운 잎들은 모두 땅으로 떨어져 몸을 낮춘 채 바람결에 엎드리며 소나무의 승리를 축하하고 그 푸른 절개와 인내를 칭송합니다. 이로써 기가 죽고 상처받은 자아를 수습하고, 자기의 때를 기다리며 우직한 삶을 살아온 겸허한 영혼들을 위로하고, 그 소박한 삶에 용기를 더해줍니다.

투명한 지혜의 샘물, 도도한 믿음의 강물 위에서 백조처럼 활강하는 멋진 삶을 생각합니다. 그리하여 이 겨울은 잊힌 자아를 발견하여 다시금 회수하는 계절이요, 숨겨진 내면의 가능성을 회복하는 기회의 창입니다. 겸허한 시인의 가슴에 시의 불꽃이 튀어 오르고, 감정의 용트림은 시원의 악상으로 끓어오르며, 감성의 샘이 분출하여 화가의 화폭은 용암으로 폭발하게 합니다. 이리하여 우리 모두는 작은 예술가가 되어 자연과 손잡고 예술혼을 불태워 조촐한 인생의 탑을 이 겨울에도 차곡차곡 쌓아갑니다.

자유로운 영혼에게는 나무 향기와 바람소리, 숲 사이로 보이는 파란 하늘이 있는 곳이면 어디든지 평화와 기쁨을 느낄 수 있습니다. 자연은 지치지 않고 우리를 포옹하며 맑고 커다란 거울처럼 우리 자신을 뚜렷이 들여다보게 해줍니다. 겸허하면서도 기쁘게 사는 삶이 있고, 자잘한 세속적 욕망을 뛰어넘은 선지자적 삶도 있습니다. 폭풍과 싸우면서 자기 길을 힘들게 걸어 갈 수도 있고, 태풍의 눈 안에서도 고요함을 느끼며 앉아 있는 초연한 삶도 있습니다. 선택의 묘미입니다. 자유의 영혼, 이것은 계묘년 겨울이 우리에게 던지는 성숙한 삶으로의 초청입니다.

9

Camp Au Sable의 새벽

아침은 잔잔한 호수의 고요이고, 저녁은 나긋한 석양의 평화라면, 밤은 푸근한 쉼의 축복이고, 새벽은 은은한 여명의 은총이자 생의 약동(élan vital)이며, 창조에 수렴되는 생의 시원적 숨결입니다.

서른네 살의 철부지 막내가 느닷없이 철이 들었는지 엄마 아빠가 그립다며 황량한 LA 근교에서 고향 미시간으로 무작정 찾아왔습니다. 푸른 숲속에서 함께 지내는 시간들이 퍽이나 맑고 새롭고 애틋합니다. 자연을 유별나게 아끼고 그 속에 안겨 지내기를 좋아하는 딸이 여름 한 철 프로그램 매니저로 봉사하는 미시간 합회 야영장에 와있습니다. 참으로 아름다운 교회 휴양지입니다. 창조주의 사랑의 손길과 임재의 숨결이 거대한 호수의 눈망울 위에 새벽안개처럼 피어오릅니다. 자녀들이 갈수록 더 소중하고, 손주들이 이토록 귀여우며, 호수를 끼고 도는 새벽 산책길에 감격의 눈물까지 글썽이다니, 나도 어지간히 나이가 든 모양입니다.

새벽안개 속을 말없이 거닐어본 사람은, 호숫가에 먼동이 터오는 세미한 소리를 들을 수 있습니다. 여명의 수수한 빛줄기는 졸고 있는 호수의 잔물결을 타고 점점 뭍으로 삼투해 올라와, 능선을 물들이며 골짜기를 채우면서 안개처럼 피어오릅니다. 빛이 있으라(fiat lux)는 창조주의 첫 음성이 엄청난 에너지의 뇌성으로 지축을 흔들기 전, 아직 시간과 공간이 형성되기 이전의 시원적 새벽에는, 영원이 흑암 위를 흐르고, 무한이 공허 위에 운행하고 있었을 테지요. 이 시원의 미명은 찬란한 빛과 밝아오는 새 날을 암시하는 우주적 새벽이었습니다.

어언 나이 들어 고희를 넘으니, 이른 시간이면 어김없이 깨어나 새벽이 치맛자락을 끌며 조용히 호수 위를 스쳐가는 소리를 듣습니다. 가랑비에 젖거나 낙엽을 밟으면서, 때로는 흰 눈을 맞거나 찬바람에 떨면서 어둠은 서서히 빛에게 자리를 내어주고 사라져 갑니다. 그 옛날, 신의 막대기에 닿아 흠칫 놀라며 뒤로 갈라져 물러가던 홍해의 물살처럼, 새벽 빛 줄기에 밤은 비명을 지르듯 갈라지고, 초원 끝 지평선을 뚫고 솟구치는 태양은 서서히 희망의 아침을 온 누리에게 선물로 가져다줍니다. 알알이 차오르는 삶의 희열과 솟아나는 용기로 자연은 다시 잠에서 깨어나고, 티 없이 맑고 깨끗한 시간은, 아침 고요에 잠겨 물 흐르듯 흘러갑니다. 아직 하늘에 별들이 졸고 있는 이 수정같이 맑은 시간은 '새벽 이슬' 같은 우리의 영혼이 '새벽별'을 만나는 엄숙한 진리의 순간이자 벅찬 감격의 시간이기도 합니다.

깨지지 않을 것 같은 단단한 어두움도 우리의 새벽을 막아서지는 못합니다. 숙명적으로 우리는 태어나자마자 시간의 틀 속에 갇혀서 영원과 무한을 망각한 채 살아왔습니다. 그래도 하루 중 영원과 가장 가까운 시간은 새벽일 것입니다. 24시간 가운데 무한을 예감하고 존재의 무게를 가장 깊이 있게 의식하는 순간도 새벽녘일 것입니다. 되돌아보면, 흐르는 시간 속에서 별과 같이 초롱초롱한 눈으로 죄악의 어두운 역사와 싸워온 것도 역시 이 깨어있는 새벽이었습니다. 새벽을 깨운다는 것은 무엇을 의미합니까? 고도의 영성을 유지한 채, 첨예한 덕성과 감성을 가지고 영혼의 심연과 창조의 오묘와 구속의 사랑을 들여다보는 시간이 새벽일 것입니다. 잊혀 있던 경건을 생각해 내고 깊음 위에 흐르는 영원 앞에 무릎을 꿇는 시간이 새벽입니다. 새벽은 곧은 이성의 목을 움츠리게 하고, 현란한 생의 철학적 장식음을 뒤로 물리게 하여, 우리를 겸허하게 주의 은총 앞으로 곧 바로 나아가게 합니다.

멀리서 숲의 형태가 점점 뚜렷이 드러납니다. 이 아름다운 계절 7월에 어울리는 사랑의 입김인 양, 가벼운 안개가 산허리를 휘감고 가물거립니다. 달빛은 기우는 새벽을 뜬눈으로 지켜내느라 외로웠지만, 이제는 안개에 포근히 안겨 웃고 있습니다. 아직까지도 한 움큼의 어둠은 언덕 자락에 머물고, 새들은 이미 깨어나서 삶의 기척과 생의 약동(élan vital)을 주고받습니다. 오늘 하루, 길은 멀어도 가야할 진리의 길이 있고, 성취해야 할 여정이 있으며, 도달해야 할 생명의 언덕이 있으므로, 이토록 우리는 자연과 벗하여, 순수한 빛의 나라로 도도한 생의 행진을 지속하나 봅니다.

새벽이 오는 것을 가장 기뻐하는 것은, 어둠 속에서도 별빛같이 눈에 거룩한 불을 켠채 섬세한 양심을 붙들고, 가늘게 부는 바람에도 괴로워하는 정직한 마음일 것입니다. 끝내 닿아야 할 고향, 에덴으로 가는, 아직은 길고 좁고 어두운 길이 눈앞에 어렴풋이 보입니다. 그래서 우리는 넓은 호숫가에 먼동이 트는 소리를 들으며, 감사하는 마음으로 새벽을 맞이합니다. 내일을 두려워하지 않고 순례자의 길을 이처럼 매일 새롭게 시작하여, 저 반짝이는 별들처럼, '광명한 새벽별'을 따라 당당하게 걸어가는 것입니다. 하나님 나라의 확장을 위해 이 자그만 삶이 쓰일 수 있도록 다시금 은혜를 구하는 시간입니다.

새벽이 어스름을 씻어내어 귤빛으로 실눈을 뜨는 호수의 새벽은 더욱 심오합니다. 햇살 받아 싹을 틔우는 나무들이 화사한 꽃들을 피워놓고 새와 나비를 기다리듯, 고요한 호수는 신앙의 나래를 달고 비상을 꿈꾸며 우리를 부르고 있습니다. 이처럼 설레는 가슴으로 벅찬 새벽을 여는 매일의 꿈이 없다면 삶이 얼마나 덤덤하고 텁텁할까를 생각합니다. 삶이란 기껏해야 세상에 따스한 흔적 하나를 남기는 것인데, 나의 생의 아궁이에 믿음의 군불은 꺼지지 않고 지펴져 있는지, 그래서 수척한 내 영혼의 집 안방 아랫목에 따스한 소망의 온기가 아직도 남아 있는지, 나의 작은 가슴은 사랑의 별빛으로 세상을 껴안고 있는지, 이 새벽은 나 자신을 찬찬히 되돌아보게 합니다. 생명이 스쳐간 자리에는 흔적이 남고, 삶이 훑고 간 자리에는 궤적이 남습니다. 우리의 생이 창조의 위대한 질서에 진실하고, 구속의 숭고한 가치에 부응했을 때, 그 삶의 나무에는 걸맞은 열매가 알알이 맺혀있을 것입니다.

부드러운 새벽 공기는 소리 없이 내리는 고운 이슬비를 정답게 애무하고, 나의 내면을 맑게 정화하며 흘러갑니다. 꿈 같은 어린 시절의 희미한 기억으로부터 은은한 새벽종 소리가 아득히 들려옵니다. 간혹 끊어지기도 하지만, 아슬아슬하게 이어지는 아련한 의식의 흐름입니다.

10

물 이야기

    끝없이 밀려오는 죄악의 물결, 전쟁의 해일, 죽음의 홍수 가운데서, 나는 아무도 침범할 수 없는 생명의 호수가 내 안에 있음을 깨닫습니다.

    물은 옛날부터 시적 풍류와 철학적 사유의 대상이었으며, 문학 및 음악의 인기 있는 소재였습니다. 명예스럽게도 철학의 아버지라 불리는 탈레스는 만물의 근원을 물이라 여기고, 씨앗에서부터 식물과 동물, 나아가 인간까지, 모든 존재는 물을 통해 생성되어 성장하고 생명을 유지한다고 바르게 보았습니다. 반면 헤라클레이토스는 인간의 이성처럼 밝게 빛나는 불을 만물의 근원이라 생각하고, 모든 것이 변하며, 변치 않는 고정불변의 것은 없다고 보았습니다. 〈변화한다는 사실만이 변하지 않는다〉는 명제는 그를 단숨에 철인의 반열에 입성시킨 불후의 명언입니다. 그런 그도 '만물은 흐른다(panta rhei)'고 선언함으로 흐르는 물의 상징성을 선호했습니다. 다소 소박하고 조야하긴 하지만, 신화적 사고방식에서 벗어나 학문적 접근을 시도했다는 점에서 둘 다 의의가 있다고 볼 수 있습니다.

서양철학은 존재의 의미 그 자체를 추구하는 존재론을, 동양철학은 인간 삶의 관계를 조명하는 관계론을 강조함으로 서로를 구별합니다. 이 관계론의 중심에 특이하게도 물의 은유가 있습니다. 그래서 물처럼 사는 것이 최상의 인생이라고 노자는 말합니다. 이처럼 소중한 물을 시시하게 '물로 보면' 본질을 놓치고 맙니다. 노장사상은 자아를 끊임없이 비우고 성찰하여 인생을 흐르는 물처럼 사는 무위자연의 경지를 꿈꿉니다.

도가의 사상은 물의 은유에 잘 반영되어 있습니다. 물은 항상 높은 곳에서 낮은 곳으로 흐르고, 산이나 바위가 앞을 막으면 망설이지 않고 돌아서 갑니다. 낭떠러지를 만나면 부득불 아우성치면서 떨어지고, 깊은 웅덩이를 만나면 서두르지 않고 바닥을 다 채운 후에 길을 떠납니다. 젖은 땅이든 마른 땅이든 가리지 않고, 비옥한 들판이든 황량한 광야이든 따지지 않고 적셔줍니다. 물이 지나간 자리에는 아무리 황폐한 폐허라 해도 생명이 움틉니다. 만물을 이롭게 하면서 가는 곳마다 생명을 살려내고 또한 유지시킵니다. 이 흐르는 모습이 꼭 길[道]을 닮았다 하여, 물이 곧 도이고 도가 곧 물이라고 과장합니다.

무서운 힘을 갖고 있음에도 한없이 겸손하고 부드럽게 흐르는 물은 참으로 유연합니다. 물은 그 본질을 전혀 변하지 않고 어떤 상황에도 순응합니다. 한번 용트림하면 바위도 부수고 산을 옮기지만, 겸손으로 고개 숙이는 벼 이삭을 조용히 키우고 어린 사슴의 애틋한 갈증을 말없이 달래줍니다. 물은 언제나 겸허한 자세로 필요한 곳으로 흐르고 끝내는 구원의 바다, 대양의 가슴에 안김으로 긴 여정을 완성합니다. 하지만 흐르지 않는 물은 이내 썩고 맙니다.

쏟아지는 소나기의 엄숙함과 포효하는 파도소리의 장엄함, 절벽에서 떨어지는 엄청난 수직의 폭포소리는 우리를 압도합니다. 반대로 '깊은 산 속 옹달샘', '꽃가지에 내리는 가는 빗소리' 같은 친숙한 동요들은 졸졸 흐르는 시냇물의 속삭임처럼 신선한 위로와 세미한 감동을 줍니다. 극과 극의 감성입니다. 미물인 토끼조차도 새벽이면 옹달샘을 찾아와 맑은 물을 마시듯이, 작은 미생물에서 커다란 동물에 이르기까지 물 없이 살 수 있는 생명은 없습니다. 한 방울의 물속에도 창조의 신비가 들어있어, 우리는 창조주의 돌보시는 손길 속에서 끊임없이 생명의 신비를 물을 통해 공급받고 있습니다. 비와 새벽이슬은 하나님의 보호의 표시이자 축복의 상징입니다. 하늘 문을 잠시 닫아 가뭄을 내리거나 궁창의 문을 활짝 열어 홍수를 내림으로 경고와 심판의 도구가 되기도 합니다.

맑은 샘물에 우리의 얼굴이 반사되듯이, 가끔은 고요한 물 위에 멈추어 나르시수스처럼 자신의 내면을 들여다 보아야합니다. 맑은 수면은 우리의 모습을 있는 그대로 반영해줍니다. 산으로 둘러싸인 호수는, 꽃이 피는 날 산의 모습과 아름다운 단풍의 숲 모습 그대로를 보여주고, 잎 하나 남지 않은 겨울은 쓸쓸한 모습을 여과 없이 보여 줍니다. 푸른 잎들이 다시 돌아오는 봄날은 살아나는 모습 그대로, 새들이 떠나는 날은 서운한 모습 그대로를, 더 화려하지도 더 쓸쓸하지도 않게 은은히 품으며 비추어줍니다.

우뚝 선 나무는 뿌리가 깊고, 고고한 사상가는 철학이 깊습니다. 물은 깊이입니다. 우리도 깊은 샘에서 물을 길어 올려 생의 깊이를 채워야합니다. 그 위에 삶의 배를 띄우고, 꿈을 띄우고, 생명도 띄우는 것입니다. 생수의 근원을 붙들고 한 방울씩 매일 내면을 채워 조금씩 깊어져야 합니다.

우리 몸은 적어도 70% 물에 충실하도록 설계되었습니다. 물은 생명의 모체이자 고향이기도 합니다. 물고기만 물 없이 살 수 없는 것이 아니라 인간도 그러합니다. 창조주에 의한 지구의 탄생은 물에 덮인 흑암 속에서 땅과 하늘이 분리됨으로 시작되었고, 곤충들도 물속에서 생명을 준비하며 물 밖으로 나와 허물을 벗을 때 하늘을 나는 새 생명이 됩니다. 사람도 물에서 만나 생명을 배태하여 새 삶을 시작합니다. 물이 있는 곳에는 생명의 시작이 있고, 그 배양이 있으며, 생의 율동과 도약이 있습니다. 사랑할 때도, 생명이 다하는 마지막 나눔에도 인간은 그 정을 눈물로 나눕니다. 물은 사랑하기 위하여 고난을 참고 인내하며, 돌을 던져도 깨어지지 않습니다.

물이 있는 곳에 육체의 상처는 씻기고, 죄가 있는 곳에 영혼의 상함은 물속에 잠김으로 치유됩니다. 침례의 의미입니다. 사람에게는 물에서 자라 물로 태어나는 자연적인 출생뿐 아니라 성령으로 태어나는 영적인 출생이 있습니다. 사람은 전혀 새로운 생명으로 태어나는 새로운 출생이 필요하다고 성경은 말합니다. 만일 인생에도 개정판이 있다면, 그 서두에 물처럼 흐르고 싶은 인생이라고 수정하고 싶습니다. 사람이 물의 덕성을 닮는다면 세상에 분쟁은 일어나지 않을 것입니다. 남을 이롭게 하고 다투지 않는 물처럼 산다면, 그곳이 곧 이상향일 것입니다.

구원의 강물은 누구에게나 흐르고 늦은 비 성령의 날개를 주어 하늘을 날게 합니다. 그리하여 갈한 영혼과 상한 심령에 생수를 뿌리는 생명수의 수로가 됩니다. 물처럼 낮은 곳만 찾아 흘러도 넓고 넓은 바다에 이르듯이, 생의 골짜기 낮은 곳만 골라 딛고 살아가도 영원의 품에 이르게 됩니다. 어떤 어려움과 역경 속에서도 오늘도 여일하게 나의 갈 길 다 달려가면 마침내 구원의 바다에 다다를 것을 믿으며 물처럼 유순한 순종의 삶을 추구합니다.

산골짝 시냇물을 따라 흐르면서, 생전에 지은 죄를 조금씩 씻어내고, 맺혀있던 여한도 씻어내고 슬펐던 앙금들을 한 개씩 씻어내다 보면, 결국에는 깨끗한 마음이 되어 있을 것입니다. 마음의 강물은 어디에도 갇히지 않고 도도히 흐르고, 언제 어디서 어떤 형태로든 가슴속에는 물이 흘러 생의 향기가 피어나야 합니다. 죽음의 홍수 가운데서도 나는 내 안에 아무도 침범할 수 없는 생명의 호수가 있음을 깨닫습니다. 나도 이제 유유히 흘러가는 강물처럼, 다투지 않고 영혼을 적셔주는 너그러운 삶으로 익어가고 싶습니다. 적어도 흉내는 내고 싶습니다.

물이 증발하여 하늘로 올라가듯, 우리의 생명도 이 세상에서 산화하면 승천의 기회를 얻을 것입니다. 하늘에는 생명수의 강이 유리 바다처럼 출렁이고, 우리의 가슴에는 생수의 강이 영원히 흐를 것입니다. 대양을 지으시고도 나를 위해 목마르셨던 주님, 수가의 우물가에서 영원히 목마르지 않을 생명수를 공개하시고, 어린 소자 하나에게 준 냉수 한 그릇의 봉사를 귀히 여기시는 분을 생각합니다. 생명의 물결이 출렁이는 강 같은 사랑으로, 갈한 영혼을 흠뻑 축여주시고, 상한 심령에 듬뿍 생수를 뿌려서 시든 영혼을 깨어나게 하시며, '영생하도록 솟아나는 샘물이신' 그분의 사랑에 잠긴 채 가을밤이 조용히 깊어갑니다. 적막의 어둠이 고요히 흐르는 자그만 숲에서 동산을 적시며 흐르는 세미한 물소리가 들려옵니다.

11

여명의 숲에서

높은 나무 잎새들과
풀잎 같은 잠을 자고,
먼동이 터오는 이 새벽,
홀로 5월의 숲을 지킨다.

어둠과 밝음이 교차하고,
새날은 소리 없이 다가와,
황금 빛 아침 햇살을 편다.

평화는 하늘의 음악처럼,
내 녹슨 심금의 거칠은 G현 위에
타이스의 명상곡으로 내리고,

땅에서는 풋풋한 새 기운이
새벽안개처럼 피어오른다.

떨리는 신비함으로
창세기의 첫 장을 펴듯이,
옷깃을 여미고,
경건한 마음으로 아침을 맞는다.
은혜로 촉촉히 젖어있는 이슬,
진리의 햇살로 반짝이는 초록,
이것으로 내 잔은 이미 넘친다.

소박한 나의 이 아침 뜨락에,
꽃망울이 새 꽃으로 피어나듯,
내 영혼 새 생명으로 꽃피어지이다.

⑫ 별이 있는 밤

　이 늦은 황혼의 계절에도, 서산에 해가 기우는 어스름 저녁이면, 잔잔하던 설렘의 바람은 불현듯 다시 일고, 석양의 들판에 홀로 서면, 이 작은 가슴은 어머니를 향한 애틋한 그리움으로 서서히 저려옵니다. 마음 깊숙이 와 닿는 음악을 찾지 못해 허전한 밤이면, 오래 오래 밤하늘을 쳐다봅니다. 뿌려진 보석 가루처럼 온 하늘에 눈부시게 펼쳐져있는 별들의 장엄한 합창을 들으며, 인간은 한갓 한 조각의 초라한 구름일 뿐이고, 스쳐가는 바람에 불과한 존재임을 새삼 절감하며, 이 서글픈 현실을 묵묵히 겸허한 자세로 받아들입니다. 신비한 질서의 밤하늘은 이 엄숙한 고백의 순간에 더 황홀하게 깜박이며, 머리 위에 가득히 평화를 뿌려줍니다.

　"한 알의 모래에서 세계를 보고" 한 톨의 별에서 우주를 본다면, 수

많은 별들을 품고있는 하늘은 어머니의 넉넉한 젖가슴이자 정다운 우주입니다. 계절이 익어가는 밤하늘에는 가을 별들이 졸고 있고, 수많은 별빛이 흘러내리는 언덕 너머에는 아담한 숲이 어둠에 잠겨 고적합니다. 고요를 깰세라 조심스레 흐르는 개울물 소리 교교하고, 이를 자장가로 삼아, 어느새 온 동산이 어둠을 부둥켜안고 스르르 잠이 듭니다. 오늘처럼 마음 아프고 허전한 날에는 유달리 많은 별들이 하늘 가득 요란스레 반짝입니다. 애틋한 동병상린인가, 어머니를 그리는 이 슬픈 마음 위에 치유의 별빛이 앞 다투어 쏟아지는 은총의 밤입니다. 영혼 깊숙히 별빛을 마시면 눈물샘에 가득히 격한 고마움이 고이고, 찰랑찰랑 감동의 둑을 조용히 흘러넘칩니다. 별들이 아름다운 것은 이토록 마음이 어두운 때 위안의 빛을 던져주기 때문이고, 우리의 마음을 읽고 다정한 모국어로 말을 걸어오기 때문이며, 외로운 이 가슴에 사랑의 밀어를 스스럼 없이 속삭여주기 때문일 것입니다. 그래서 별빛 초롱초롱한 저 밤 하늘은, 어머니의 젖가슴 처럼, 내 마음 속 깊이 눈부신 경외심을 불러 일으킵니다. 마음의 렌즈를 맑게 닦고 영혼의 프리즘을 티없이 투명하게 유지하려면 많은 눈물이 필요하듯이, 이 성스러운 밤, 시원의 하늘 끝, 머나먼 수평선을 향해 달려가는 내 영혼의 기도 소리는 뉘우침의 눈물이 되어서 돌아옵니다. 흐르는 눈물은 씻어 내리는 강으로 나의 가슴 속을 달리고, 감출 것 많은 삶이 부끄러워 밤의 가슴에 얼굴을 파묻고 사는, 이 상한 영혼의 상처난 자아를 고이 싸매주고 휘어진 삶을 바로 잡아줍니다. 그리하여 생명의 물결이 약한 심장을 다시 뛰게하고, 성스러운 숨결은 텅빈 영혼을 소담스레 채워줍니다. 그늘에서 핀 들꽃처럼 햇빛에 주리고 따스함에 목마른 이 초라한 영혼 위에, 흠뻑 별빛으로 쏟아지는 이 밤은 푸근한 어머니의 다정한 품입니다.

　노을빛으로 물든 조그만 창에는 달빛이 고요하게 비쳐듭니다. 말없이 어린 나무들을 안은 채 졸고있는 아담한 숲은 어머니의 가슴처럼 아늑하고 푸근하여 마치 젖 향기나는 저 에덴의 동산같습니다. 시간은 노을진 하늘에 멈추어 서성이고, 추억은 날개를 달아 어린 동심의 시절로 유유히 날아가더니, 이 저녁, 어머니가 유난히도 그리워집니다. 전쟁과 외로움과 가난의 모진 세월을 차가운 눈밭과 험한 가시밭으로 줄곧 걸어 오신 어머니입니다. 깊고 그윽한 어머니의 사랑은 나의 내면의 푸른 바다요, 은혜는 외연의 쪽빛 하늘입니다. 갓 그린 수채화처럼 내 마음 가장자리에 수묵으로 번지는 잔잔한 그리움은 이 가슴에 깊이 새겨져있는 또렷한 어머니의 눈물어린 초상입니다. 이슬처럼 맑고 잔잔한 미소를 띤 어머니의 어지신 모습이 이 시간 애틋한 그리움으로 다가옵니다. 어머니의 사랑은 진실로 그리움과 슬픔의 두 쌍둥이 자매입니다. 나이드니 화려한 빛깔도 향기도 점점 어색해지고, 퍽퍽한 삶은 더 허허로워지더니, 그 무성하던 기억의 잎들은 가을과 함께 하나씩 둘씩 떨어져 바람결에 흩어져버립니다. 세월의 강물은 덧없이 흘러, 서서히 망각의 강 초입으로 접어들어서야 나도 조금은 철이드는 모양입니다. 어머니의 고귀하신 삶과 그 등에 조개처럼 다닥다닥 엉겨 붙어있는 아름다운 추억과 기쁘고 슬픈 애환의 역사를 이 밤, 절절한 마음으로 가슴 깊이 눈물로 되새기게 됩니다.

　모진 세월, 무디고 거칠어진 노년의 감성이지만, 이 엄숙한 밤 앞에 서면 가슴 속에서는 아직도 어릴 적 바람이 불어옵니다. 별밤에 울려 퍼지는 포레의 저 유혹적인 합창, 〈낙원으로〉(In Paradisum)의 선율처럼, 나를 오라고 부르는 저 빛나는 밤하늘의 별들은, 나의 어릴 적 꿈의 여운입니다. 오늘 당장 생을 마감한다 해도 이제는 너무 슬퍼하거나 노여워하지 않을 자신이 퍽이나 귀엽고 기특합니다. 이 모두가 물질적 삶에 매달려 안달하지 않고, 한 송이 들꽃처럼 하늘을 우러러는 맑은 정신으로 겸허하게 살아가도록 나를 길러주시고, 자연과 더불어 조화를 이루며 살도록 다독거려주시며, 향기로운 숨소리로 늘 곁에 계시는 어머니의 은혜입니다. 어머니는 나의 어린 생명의 기원에 닿아있는 최초의 불꽃이시고, 존재의 샘이시며, 나로 하여금 경이의 눈으로 자연을 바라보게 하시고, 사랑을 통하여 심원을 들여다보며, 신앙의 프리즘으로 영원한 빛을 보게 해주셨습니다. 나를 이 놀라운 세계 안에 존재(In-der-Welt-Sein)하게 하셔서, 짙게 고민하고 깊게 사유하며, 경외심을 가지고 하늘을 우러러보면서 살게 하신 어머니입니다. 나아가 나의 어린 눈을 여셔서, 멀리, 깊이, 높이 보게 하시고, 눈부신 영원의 광채를 흠모하며, 빛나는 생명의 푸른 언덕을 소망으로 바라보게 해주셨습니다.

어릴적 어머니의 가르침은 아직까지도 산울림처럼 이 아들의 기나긴 생의 산맥을 타고 줄기차게 흘러내립니다. 꽃이셨던 당신은 시들고, 자식들이 대신해서 열매를 맺도록 하는 그 거룩한 모성은, 우리 어린 생명이 태어나고 자라난 원초적인 에덴이자, 코끝 시큰한 어린 시절의 향수요, 방황하는 나의 곤한 영혼이 언제나 돌아가 쉬고 머무를 수 있는 가장 숭고한 품이자 고향입니다. 내 존재의 고향, 어머니의 젖가슴이 이 밤 너무도 그립습니다.

Ⅱ. 삶의 미학

1

억울한 중간치의 유감

인간은 던져진 각자의 세계 안에서 부단히 부딪히고 몸부림치면서 자신의 생을 실존적으로 정의하고 규정하면서 살아간다고 하이데거는 말합니다. 그래서 황야와도 같은 이 세계에 던져진 어린 생명의 현존은 우선 그의 주변을 일차적으로 둘러싸고 있는 원초적 세계, 즉 누구의 품과 무릎에 안겨 삶을 받아들이고, 어떤 눈길 속에서 세상을 바라보며, 어떤 손길로 세계를 느끼고, 어떤 음성을 들으며 삶을 이어가느냐에 밀접히 연관되어 있습니다.

고고한 품격과 넓은 포용력 외에 병아리를 품는 암탉의 부드러운 성품을 동시에 지니신 어머니의 품에 던져진 나의 이른 아침은 참으로 아늑하고 구김이 없는 평화였습니다. 나에게 어머니의 따스한 품과 무릎은 안전한 섬이자, 든든한 성이요, 배움의 샘이었습니다. 무릎에 앉아 쳐다보는 어머니의 선한 눈빛과 부드러운 음성만으로도, 나의 어린 영혼은 이미 빛나는 별들로 꽉 차있는 행복한 우주였습니다. 그러나 성장기에 접어든 철없던 시절의 기억은 무지개 빛깔 마냥 한결같이 애틋하고 아름다운 것만은 물론 아니었습니다. 하나 뚜렷이 생각나는 것은 내가 한참 동안이나 앓고 있던 중간치 신드롬(middle child syndrome)이라는 요상한 딸꾹질입니다. 이것은 어느 날 거짓말처럼 뚝하고 멈춰버리는 보통의 딸꾹질이 아니라, 말하자면 중간치 아이만이 느끼는 서러움, 무관심, 소외감 같은 유아의 발달심리적 증후이지요. 맏이처럼 화려한 주목도 못 받고 막내처럼 귀여움도 못 받은 빛바랜 억울한 유아기를 보냈다는, 둘째만이 가지는 고유한 피해의식입니다.

내가 자라서 영이와 철수와 함께 국어와 산수를 배우기 시작한 때로부터 나의 의식 저변에는 이 딸꾹질이 오랜 기간 따라 다녔지만, 그래도 내색하지 않고, 생명을 끼쳐주시고 생존을 가능케 하신 어머니의 희생적인 삶에 조금이라도 누를 끼치지 않도록 나름대로 순종하며 반듯하게 살려고 무척이나 애쓰며 살아왔지요. 하지만 되돌아보면 유감스럽게도 둘째의 탄생은 첫째와 막내의 그것과는 달리, 숙명적으로 탄생의 축포 소리도 크지 않았고, 환호의 푸짐한 미역국도 없었으며, 새 생명에의 신비함의 감격도 이미 반감되어 있었고, 장래의 기대치도 비례해서 축소되어 있었습니다. 특별한 조명을 받거나, 멋있는 새 옷을 입거나 엄청난 칭찬을 받아보지도 못했고, 자그마한 생일 축하나 선물조차 받아본 기억이 없으니까요. 나의 생일은 양력과 음력 사이에 끼어서 해마다 이리저리 밀려다니더니 어느 해부터는 아예 스르르 사라져 버렸습니다.

　나의 기억이 닿는 한, 늘 집에서는 2등이었고 옷은 으레 물려받은 헌 옷이었으며, 크고 작은 궂은일과 심부름은 거의 다 나의 차지였고, 심지어 학교를 졸업하여 서울로 해방되어 올라갈 때까지, 소소한 빨래며 집 청소는 물론, 어머니가 안 계시면 저녁밥도 내가 다 지어 바쳐야 했지요. 맏이는 장차 부친의 명예와 광휘를 계승하고 전쟁 통에 기울어진 가문의 광영을 다시 회복해야 할 숙명을 지닌, 그야말로 책임감과 자율성이 보장된 집안의 대들보였고, 아우는 한껏 응석을 부릴 수 있는 막내로서의 탄탄한 특권에다가 아직 철없는 아이였으니까, 만만한 건 당연히 둘째인 나였던 셈이지요. 초등학교, 중학교에 이르기까지 나는 늘 맏이의 아우로만 살아와서 나의 이름은 나에게조차도 생소했답니다. 만일 니체의 말대로 인간의 원시적 삶의 동력이 '권력의지'(Der Wille zur Macht)라면 나는 하나의 열외로서 한심하고도 어정쩡한 힘없는 성장기를 보내버린 셈입니다.

　양반 가문의 9대 종손인 맏이와 둘째인 나의 차이는 우리 가문에서는 야속하리 만큼 뚜렷했고 서운하리 만큼 명확했지요. 종갓집 며느리셨던 어머니는, 엄한 가풍의 전통에 따라 종손인 맏이를 특별히 귀하게 여기셨으며, 6·25 때 잃은 하늘같은 남편의 빈 자리를 반쯤은 채우고 있는 맏이의 무시 못할 존재감은 과장스럽게 존중되었고, 그의 투정은 마땅한 권리로 이해되었으며, 그의 의견은 언제나 이의 없이 받아들여졌고, 억지는 대부분 용납되었으며, 주장은 여지없이 관철되는 것을 보면서 응당 그러려니 여기며, 감지덕지 물려주신 헌 교복과 교과서, 나아가 맏이의 쓰다 남은 공책에서 남아있는 백지들을 뜯어내어 실로 꿰매어 쓰면서까지 희미한 조명조차 없는 생의 뒷전에서 그렇게 둘째로 성장했지요.

하늘은 무심하지 않아, 이 덤덤한 둘째의 의식에 놀라운 변화가 일어나기 시작했습니다. 몸이 자라고 사색의 여유가 생기면서, 머리가 굵어지고 생각이 깊어지면서, 기특하게도 나는 자신을 감싸주고, 끌어안고, 있는 그대로 받아들이는 법을 배웠으며, 상처받은 자아와 타협하는 지혜를 터득하고, 상황에 적응하는 명철을 익히며, 둘째의 가볍고 부담 없는 기대치에 만족하면서 그럭저럭 성장해가는 동안, 마음에서 서운함과 원망, 심술과 투정이 썰물처럼 서서히 퇴각하고, 체념을 넘어 양보와 이해와 관용의 마음이 대신 밀물처럼 슬며시 밀려오더니, 드디어 둘째의 현실에 만족하고, 나누어 가짐에 익숙해지며, 공평하기를 애쓰고, 작은 가치라도 함께 공감하는 적극적인 자세를 몸에 익히는 고귀한 인간관계의 선물을 덤으로 받게 되었습니다. 나의 성품이 어머니의 관대하고 부드럽고 포용적이신 성품을 조금이라도 닮았다면 그것은 오로지 나를 둘째로 낳아주신 그분의 배려이자 은덕입니다. 나이가 들어 철이 좀 들자 이러한 기특한 깨달음이 찾아왔고, 어머니께서 보여주신 겸손의 삶을 모방하며 담담한 마음 자세로 살려고 애쓴 결과, 나의 중간치 신드롬의 딸꾹질은 어느 날 갑자기 뚝하고 멈춰버렸습니다.

대학원 입학시험에 운이 좋아 등록금의 7할에 해당하는 수업료를 면제 받게 되었지요. 경제적으로 어머니에게 큰 도움이 될 수 있겠다 생각하니 기뻤습니다. 그런데 막상 등록을 하려고 가보니 수업료 면제가 취소되어 있었습니다. 황당하기는 했으나 경황 중에 등록금을 어렵사리 준비해서 겨우 등록을 마쳤지요. 비록 실망은 컸으나 누군가가 실수로 나의 이름을 잘못 올렸다가 후에 정정했나보다 생각하고 말았지요. 반년이 지난 어느 날, 나는 학과장의 호출을 받았습니다. 조심스레 그의 연구실 안으로 들어가니 대뜸, "남 군, 내가 오늘 자네에게 사과할 일이 있어서 불렀네." 하시는 것입니다. 어안이 벙벙해져 있는 나에게 들려준 그의 이야기는 참으로 뜻밖이었습니다. 입학 동기 중 하나가 경제적 사정으로 등록을 포기해야 하는 상황을 알게 된 교수님은 아끼는 제자를 일단 살려놓기 위해 내가 받을 수업료 면제 혜택을 그에게 돌려놓았던 것입니다. 그러고 나서 나를 위해서도 잃어버린 혜택을 보충하려 했으나 때를 놓쳤다는 것입니다. 그러면서 교수님은 내가 찾아와 자초지종을 질문하면 그때 다 설명해 주려고 기다렸는데 내가 오질 않아 지금까지 사과를 못했다며 정중히 사과를 하는 것이었습니다. 나는 오히려 황공하여 몸 둘 바를 몰랐습니다. 실은 나도 당시 사정을 짐작은 했지만 우정으로 덮고 모른 척하고 있었던 참이었지요. "무언으로 일관된 자네의 이해심과 아량은 참으로 고상하고 훌륭했네." 하시면서 대학원장이 면담을 원하고 있으니 지금 곧장 가보라는 것이었습니다. 대학원장 실에 갔더니 학문을 통한 사회적 기여(noblesse oblige)를 진지하게 당부하면서 봉투를 하나 건네주었습니다. 밖에 나와 조심스레 봉투를 뜯어보니, 전에 취소된 수업료 면제액보다 무려 4배나 많은 큰 장학금이 들어 있었습니다. 나는 학과장 교수님의 고결한 인품과 섬세한 배려에 진한 감동을 느꼈습니다. 나는 이 엄청난 장학금이 나를 둘째로 낳으시고 관대한 성품을 물려주신 어머니에게 내리신 하늘의 선물이라 생각되어 당장 집으로 내려가 어머니께 드리고 경제적 부담을 크게 덜어드렸습니다. 어머니께서 자초지종을 다 들으시고 크게 대견해 하신 것은 물론입니다.

　줄곧 맏이와 막내 사이의 연결고리로 살아온 둘째의 고유한 위치는, 이처럼 누구와도 잘 어울리는 포용적 성격과, 남을 믿어주고 배려하는 정신을 길러주어 원만한 인간관계를 형성하는 소중한 생의 밑거름이 된 것은 물론입니다. 이는 둘째로 태어나 받은 양도할 수 없는, 하늘이 내린 소중한 혜택입니다. 설움 받고 자란 둘째들이여, 이 세상에 오셔서 우리보다 더 큰 설움을 참고 이기신 둘째 아담, 예수님을 본받아, 더 겸손하고, 더 포용하며, 더 배려하는 삶을 살아가면 좋겠습니다. 🌲

2

통한의 6·25

　무려 3년을 미친 듯이 서로를 찢고 할퀴며 총질하며 울부짖던 살상의 섬뜩함, 그 피비린내 나는 전쟁 동안, 가정은 박살나고, 민족은 갈라졌으며, 대지는 검게 그을렸고, 산하는 피로 물들었습니다.

　오, 통한의 6·25여! 어느 날 갑자기, '삼천리 반도 금수강산'은 문자 그대로 황량한 지옥의 강산으로 변했고, 그 안에 깃들어 살던 어질고 순박한 배달민족은 의분과 원한에 치를 떨었습니다. 3년 동안 미친 듯이 서로를 찢고 할퀴며 총질하던 남과 북의 광란의 저주와, 가슴에 쌓인 응어리진 증오는, 70여 년이 지난 오늘 날에도 씻어내기 힘든 참으로 한이 맺힌 깊은 골을 남겼습니다. 상생해야 할 민족이 동족상쟁을 넘어 동족상잔에까지, 쉽게 돌이킬 수 없는, 아마도 영원히 아물지 못할 치명적인 운명의 상처를 민족의 역사 위에 비극으로 새겨 놓았습니다.

무려 3년을 쉬지 않고 내리 울부짖던 포화의 섬뜩함, 그 피비린내 풍기는 전쟁 동안, 민족은 갈라지고 대지는 검게 그을렸으며, 산하는 피로 물들고, 국토는 짓밟히고 유린되었으며, 세 아이는 아버지의 따스한 품을 잃고, 어린 아내는 남편의 푸근한 가슴을 잃었으며, 당당하던 가문의 품격은 실종되고, 단란하던 가정은 감당하기 벅찬 타격을 받아 휘청거렸습니다. 올망졸망 아이들의 꿈은 산산조각이 났고, 무지갯빛 미래의 희망은 물거품이 되었으며, 생명마저 위협받는 엄청난 생존의 위기에 빠지게 된 것입니다.

이 저주스런 전쟁통에 아버지는 우리 삼형제의 어린 넋에 메울 수 없는 텅 빈 공허를 남기고 그들의 성장과 삶의 장에서 홀연히 사라지셨고, 기억 속에서만 살아있는 전설의 별이 되셨으며, 덕분에 우리는 삶의 의미를 오직 슬픔과 외로움, 가난과 고통을 견디며, 실낱 같은 내일의 희망에서 찾고 개척해 나가야만 했습니다. 비단 나와 우리 가족뿐만 아니라, 피폐된 것은 민족의 모든 마음 밭이었고, 황폐된 것은 한반도의 흙 전체이었으며, 영구히 두 동강이 나버린 것은 대한민국 그 자체이었던 것입니다.

반만년의 유구한 역사와 빛나는 전통을 늘 자랑으로 뒤돌아보던 배달민족은, 졸지에 전쟁의 비참함과 전후의 궁핍이 절절하고 생생하게 담겨 있는 참담한 역사를 부끄러움으로 되돌아보는 수치와 자괴감의 민족이 되었습니다. 일찍이 한 하늘 아래 신의 생기를 받아 같은 민족이 된, 같은 피와 언어와 역사를 공유하는 동족끼리, 이제는 벽 하나를 사이에 두고, 38선을 그어 놓고 총질을 해대야 하는 이데올로기의 섬칫함이여, 광란의 '권력의지'(Der Wille zur Macht)여!

어언 70여 년이 많은 변화의 강물과 함께 흘러갔습니다. 만물은 흐르고(panta rhei), 역사는 반복한다지만, 낯부끄러운 우리 민족의 야만적인 이 역사는 결코 반복되어서는 안 될 것입니다. 휴전 이후로도 유무형적 갈등은 지속되고 있고, 끝나지 않은 전쟁, 소리 없는 총성으로 6·25는 여전히 진행 중입니다. 한국전쟁이 잊힌 전쟁이 아닌 절대 잊어서는 안 될 전쟁이 되어야 합니다. 피와 살점이 튀는 혈전에서, 부모님과 어여쁜 아내와 귀여운 자녀들의 사진을 가슴에 품고 산화한 애달픈 청춘들의 절규가 결코 헛되이 돌아가서는 안 됩니다.

어서 얼어붙은 한반도에 솜이불처럼 따스한 통일이 왔으면 좋겠습니다. 자유롭게 넘어갔다 넘어오고, 월북이다 탈북이다 아니다 맞다 싸우는 일이 없었으면 좋겠습니다. 비록 전쟁의 세상에 살고 있지만 전쟁이 내 마음 안 까지는 침투하지 않아서, 따뜻한 평화의 씨앗을 눈물의 기도로 뿌려가면서 살면 좋겠습니다. 세상이 잔잔한 수면처럼 고르고 공평하여[平], 수확한 벼를 여러 입이 나눠 먹는 것[和]이 평화(平和)입니다. 평화란 가슴으로 사랑하는 것이고 남과 북이 서로 둘이 아님을 정신으로 일깨우는 것입니다. 어머니들은 자식을 전쟁으로 잃지 않아도 되고, 젊은이들은 군에 가는 그 황금 같은 기간에 꽃을 사랑하고, 연인을 아끼며, 지성을 갈고 영성을 닦으며, 꿈의 무지개를 쫓아가는 평화의 시대가 속히 오면 좋겠습니다. 연둣빛 새순으로 돋아나는 봄날 같은 평화의 꽃이 고국의 방방곡곡에 만발하고, 한반도의 남과 북에 무궁화 꽃이 다시 하나로 화사하게 피는 날을 꿈꿉니다.

　귀한 목숨을 아낌없이 나라를 위해 초개와 같이 던져버린 순국선열과 호국영령들이 편안하게 잠들 수 있도록, 지켜진 나라를 더 잘 지키겠다는 결연한 의지로 살아야 합니다. 조국의 황토에 묻혀 이제는 이름 없는 들꽃으로 피어나는 젊은 영령들을 생각합니다. 잊힌 순국의 아들딸들, 그들의 함성이 6월의 뜨거운 열기로 우리의 가슴에 애국의 열정을 새롭게 달구어 줍니다. 그들이 흘린 뜨거운 충정의 눈물은 배달의 강줄기가 되어 민족의 영혼 속에 쉬지 않고 도도히 흘러갈 것입니다.

3

청진동의 추억

    은은하고 신성한 숨결이 감도는 젊은 날의 추억-청진동/서울 중앙 교회-젊고 붉고 더운 피로 시작한 순례길은 진리의 숲, 영원의 지평에 닿을 때까지, 불타는 고집으로 지속됩니다.

    나른한 초여름 오후, 새로 산 톱으로 나무를 잘라 꽃 받침대나 하나 만들까 하다가 불현듯 희한한 50년 전 옛 일이 떠올랐습니다. 엄숙한 특창 시간에 한 키 큰 친구가 날카로운 톱을 번쩍이며 등장한 것입니다. 모두가 긴장했고 무거운 침묵이 살얼음처럼 번져 나가는 동안, 그는 차분히 의자에 앉더니 감추고 올라온 바이올린 활을 칼처럼 뽑아 들고는 톱 위를 켜기 시작했습니다. 음정은 퍽이나 불안했지만 기상천외의 기묘하고도 아름다운 가락이 울려 나오는 순간, 우리의 기는 막히고 말문은 닫혔습니다. 그는 그 무시무시한 톱으로 매미나 고양이 소리 같은 애절한 곡조를 연주함으로 그날 밤 일약 스타가 되었습니다. 스타가 되는 길은 실로 가지가지입니다.

돌이켜보면, 서울 한복판 청진동의 컴컴한 옛 교회는 여러 모로 우리 젊은이들에게는 잊을 수 없는 신앙 공간이었습니다. 나의 삶의 허한 구석구석을 알알이 메우고 채우고 살찌우는 주옥 같은 체험들이 거기에서 웃고 기다리고 있었습니다. 그곳에서 갈한 영혼은 수가의 샘물로 축여지고, 허기진 배는 가나의 국수로 채워졌으며, 청년 활동은 알알이 계획되고 차곡차곡 실행되었습니다. 귀여운 어린이들은 사랑으로 가르쳐졌고, 새로운 성곡은 열정으로 연습되었습니다. 미소는 얼굴마다 보조개로 피어났고, 천진한 웃음은 사랑으로 익어 갔습니다. 맑고 밝게 함께 노래하며, 잘 익은 석류 알처럼, 알차고 싱싱한 신앙의 비밀을 내면에 간직하고 사는 믿음의 젊은이들이 포진해 있었고, 그들을 감싸고 있는 은은하고 신성한 숨결이 있었습니다.

그들의 삶은 잔잔한 강물처럼 언제나 진지했으며, 가슴 깊이 품고 있는 늘푸른 소망이 있어, 기다림과 설렘 속에 사는 듯이 보였습니다. 어떤 확실한 신념이 있기에 저토록 자신감 넘치는 발걸음을 내딛는지, 선량하고 자유롭고 확고했으며, 얼굴에는 눈부신 사랑의 미소가 흘렀고, 주위를 하늘의 분위기로 감싸는 영락없는 진리 교회의 꽃들이었으며, 그리스도의 밝은 음향과 고귀한 향기를 퍼뜨리는 빛의 아들딸들이었습니다.

꽃향기 짙게 흩날리는 이 화사한 6월에, 마스카니의 합창이 뭉클 생각납니다. 〈오렌지 향기는 바람에 날리고〉. 50여 년 전, 불우 이웃을 위하여 자선 음악회를 3·1강당에서 열었을 때 우리는 이 곡에 영감을 불어 넣어 열정적으로 불렀습니다. 포스터와 전단지를 만들고 그것을 시내 곳곳에 붙이고 돌리느라 며칠을 애썼던 기억이 납니다. 아, 꿈같이 아름다운 그 시절의 음향이 다시 들려옵니다. 오렌지 향기 흩날리고 백합꽃 향기가 멀리 퍼지는 에덴을 그리던 순진한 영혼의 맑은 목소리, 그 푸른 목장과 골짜기, 흐르는 시냇물을 노래하던 파란 낭만, 두 번 다시 돌아오지 아니할 그 황금의 계절이, 이제는 어스름 석양 빛 속에서, 희미하게 손짓하며 아물거립니다.

종로회관에서 자주 부른 〈주의 동산〉 노래도 이 시간 어렴풋이 들려옵니다. 우리의 젊은 피는 순진한 믿음에 뜨거운 가슴을 더하여 퍽이나 은혜롭게 불렀습니다. 아마 여러 차례 이 노래를 특창으로 불렀을 것입니다. 그 때의 밝은 모습, 정겨운 웃음소리, 때 묻지 않은 음향, 붉고 뜨거웠던 피와 순수한 젊음이, 6월의 따스한 햇살처럼 포근하며 애틋하고 그립습니다.

청진동 골목 집집마다, 종로 네 거리에서 전도지를 뿌리던 순진하던 때의 기억도 새롭습니다. "남은 때가 없으리라."고 외친 대전도회였을 것입니다. 대학에 갓 입학한 어여쁜 소녀가 길 가에서 전도지를 뿌리다가 학과 교수님을 만나, 학교 배지를 떼고 전도하라는 핀잔을 받았다며 속상해하던 귀여운 모습이 떠오릅니다. 나도 대학로에서 학우들에게 여러 날 전도지를 나누어준 기억이 납니다. 그때 전도지를 받은 교수님은 그냥 빙그레 웃고 지나가셨는데, 몇 년이 지나 대학원 강의실에서 만난 그는 우연히 옛날 일이 생각났는지, "남 군, 자네 아직도 교회에 나가는가?"라고 물으셔서 "예" 했더니 "철학과 종교의 대화라, 참으로 기나긴 대화로군. 아직 끝날 때가 되지 않았는가?" 하시며 웃으신 기억이 납니다. 우리의 젊고 순수한 피가 발견한, 결코 주저할 것도 졸업할 일도 없는 이 놀라운 진리의 도도한 흐름에 참여하면서, 믿음으로 코뿔소처럼 영원의 빛 속으로 묵묵히 걸어온 젊은 시절이었습니다. 영혼을 살리는 것은 결국 믿음이요, 믿음만이 우리의 젊음을 살찌우고, 우리의 생을 별처럼 초롱초롱 빛나게 하는 것을 체험으로 알고 있던 황금시절이었습니다.

강화도에 하기봉사 및 전도회 갔던 일도 모기들과의 불편한 공존의 기억으로 생생하게 남아있습니다. 동네 청년들과의 신나는 소프트볼 경기, 초등학교에서의 어린이 성경학교, 동네를 흐르는 긴 실개천을 말끔히 청소한 후에 열린 전도회는 참으로 은혜롭고 아름다웠습니다.

교회 내 대학생회는 사슴의동산 기금을 위한 사랑의 동전 모금에 참여하기로 하고 날을 잡았습니다. 평소에는 머리도 안 빗고 다니던 우리들은 마치 약속이나 한 듯 모두가 말쑥한 교복에다가 학교 배지까지 달고 구두에 광까지 내며 나타났습니다. 머리는 돌아가는 편이라, 서울깍쟁이, 특히, 동대문시장의 노련한 상인들의 깊고 두꺼운 돈주머니에서 성금을 우려내는 데는 이만한 애교와 깜찍한 지혜는 필수라고 모두가 하나같이 생각이 미쳤던 모양입니다. 둘씩 짝을 지어 성금함을 들고 시장을 훑기 시작했습니다. 바쁜 그들은 우리의 호소문이나 설명을 들으려고 하지도 않고 무조건 돈을 한 줌씩 후하게 집어 넣어주는 것이었습니다. 아직 풋풋한 인정은 살아 있었고 우리의 얄팍한 애교를 아량으로 덮어주는 관대함과 고운 심성을 그들에게서 보았으며 우리는 감격했습니다.

이렇게 사랑의 동전 모으기로 마련된 사슴의동산 캠핑은 여러 번 참석했지요. 강가 모래톱에서 오랜 시간 무릎 꿇고 기도하던 일, 강에서 수영하며 아이들처럼 물장구치며 깔깔대던 그 천진 세월, 여름 밤 하늘에 그토록 황홀하게 반짝이며 쏟아지던 그 수많은 별들의 고요한 축복 속에서, 엄숙한 감동으로 받던 은혜의 말씀들, 화려하게 펼쳐지는 반딧불의 축제를 경건한 마음으로 바라보던 잊지 못할 밤들, 갑짜기 강물이 불어 황급히 천막을 철수해야 했던 긴박하고 아슬아슬한 순간의 기억까지, 사슴의동산은 정말이지 우리 젊은 사슴들에게는 평생 잊지 못할 그리움의 공간, 바로 꿈의 동산이었습니다.

머리 위에는 달빛이 교교하게 흐르고, 나무 가지에 걸려있는 초승달은 어릴 적 추억을 불러 옵니다. 저 수줍은 초승달이 기나긴 세월의 강을 건너는 돛단배가 되고, 그 많은 웃고 울던 시절을 뒤돌아보니, 이제는 모두가 그리움으로만 남아있습니다. 청년 시절에 꾸던 푸른 꿈, 아름다운 우정의 꿈, 낭만의 꿈, 신앙의 꿈을 이 밤에도 놓지 않고 이어갑니다. 저 밤하늘, 반짝이는 은하수를 넘어서 50여 년 전의 우리의 꿈, 천진했던 마음에 수많은 상처가 생기고 아물고 또한 잊혀 가는 동안, 때로는 비껴가던 야속한 꿈들이었지만, 그래도 실망하거나 포기하지 않고, 줄기차게 새로운 꿈을 꾸며, 고집하며 이 시간까지 버티고 살아 온 것입니다.

   젊고 붉고 더운 피로 시작한 순례길은 진리의 숲, 영원의 지평에 닿을 때까지, 불타는 고집으로 지속될 것입니다. 꿈을 먹고 꿈을 생활하며 살아온 그 긴 세월, 50년! 이제는 영원을 꿈꾸어야할 운명의 시간이 서서히 다가오고 있습니다. 저 멀리 숲에서는 6월의 석양이 곱게 불타고, 정원 모퉁이 바위 위에서는 엄마를 기다리는 아기 새의 등 위에 따사로운 저녁 햇살이 조용히 내리고 있습니다.

4

석양의 대화방

참으로 신통한 석양의 대화방-어릴 적 꿈, 더운 피로 시작한 우리의 순례길을 이 대화방에서 함께 나누며 도우며 확인하며 완성해 나갑니다. 그리하여 아름다운 우정의 꿈, 낭만의 꿈, 신앙의 꿈을 이 석양에도 면면히 이어갑니다.

옛날 옛적 서울 종로에 소녀 삼총사가 있었습니다. 늘 맑고 밝게 함께 노래하며, 잘 익은 석류처럼, 알차고 싱싱한 생의 비밀을 내면에 간직하고 사는 그런 소녀들이었습니다. 마음의 눈으로 바른 길을 찾고, 영혼의 촉으로 진리를 추구하며, 하늘을 우러러 한 점 부끄럼 없는 소박한 삶을 염원하는 믿음의 소녀들이었으며, 은근한 설렘의 미래를 가슴에 품고 사는 풋풋한 소녀들이었습니다.

시간의 들판과 상상의 공간을 마구 휘젓고 다니던 젊은 시절, 바다르제프스카의 〈소녀의 기도〉를 반복해서 듣거나 피아노로 치면서 여린 꿈을 키우던, 순결과 순수함을 지닌 실로 맑고 순진한 소녀들이었습니다. 기도의 특권과 의무를 동시에 이해하고 있는 듯, 무엇보다도 그들은 〈기도의 소녀〉들이었습니다. 마음밭에 의심의 찬 서리가 엉길 때, 가지에 피어나는 새 순처럼 순결하고 맑은 마음으로 올린 그들의 기도는, 삶을 순화하고 영글게 하며, 알찬 믿음의 푸른 창을 그들 앞에 활짝 열어주었습니다.

꿈 많은 대학시절, '진리는 나의 빛'(veritas lux mea)임을 어렴풋이나마 믿으며, 우정의 숲, 신앙의 테두리 안에서 그 빛을 추구하면서, 주어진 생을 고뇌하고, 불투명한 미래를 예감하면서도 순수한 신앙의 가치를 붙잡고 발버둥 칠 때, 나를 격려하며 뜨거운 동지애로 곁에 있어준 멋진 청소년들도 있었습니다. 그들과 함께한 세월이 이 시간 너무나 고맙고 장하고 대견스럽습니다. 신앙과 의심, 기대와 고뇌가 골고루 뒤엉킨 삶을 치열하게 살면서 묵묵히 자기 길을 걸어온 다니엘과 같은 친구들입니다.

밀과 보리를 구별하지 못한다면 동정이라도 가겠지만, 척 보면 분별이 되는 콩과 보리를 혼동하다니 나는 정말 숙맥이었습니다. 대구에서 서울로 올라와 투박한 사투리에다가 아직은 서투른 대학생활과 익숙지 않은 신앙생활을 엉거주춤 이어가던 나와는 달리, 그들은 세련된 서울말을 상냥하게 굴리면서 입가에는 눈부신 미소가 늘 흐르고, 두 눈은 총명으로 반짝이는 믿음의 소년 소녀들이었습니다. 신앙적 가치에 아직은 생소한, 막연한 현실과 흐릿한 미래의 가물거리는 안개 속에서 재림신자로서의 새로운 삶의 첫발을 내딛으려던 나에게, 꽃을 좋아하고 들풀을 사랑하며 땅의 내음과 부드러운 흙의 감촉을 즐겨하는 이 자연의 아들딸들이 너무나 신기하고 신선하게 여겨졌습니다. 설명하기 어려운 내면의 갈등과 외연을 싸고 있는 거친 물결을 헤쳐가면서 고독은 이미 습관이 되어버린 나에게, 그들의 종교적 열정은 잔잔한 강물처럼 언제나 진지했으며, 가슴 깊이 품고 있는 푸른 소망이 있어, 늘 기다림과 기대와 설렘 속에 사는 듯이 보였습니다.

자신 속에 없는 신념은 남에게 결코 강요할 수 없습니다. 어떤 확고한 믿음이 있기에 저토록 자신감 넘치는 발걸음을 내 딛게 하는지, 선량하고 자유롭고 확고했으며, 주위를 하늘의 분위기로 감싸는 영락없는 그리스도인들이었습니다. 그들은 가히 교회의 젊은 꽃들이었으며, 그리스도의 밝은 음향과 고귀한 향기를 퍼뜨리는 빛의 자녀들이었습니다.

어언 반세기가 바람과 함께 훌쩍 지나가버렸습니다. 그동안 강산은 다섯 번이나 변했고, 마음의 강에는 많은 물이 흘러갔습니다. 사랑은 외로움과 함께 찾아 왔고, 영혼의 평화는 고통을 동반 했으며, 동화와도 같은 꿈들은 슬픔을 대동하고 부침을 거듭했습니다. 마음에 수많은 상처가 생기고 아물고 또한 잊혀 갔습니다.

아담한 둥지들은 때를 따라 조촐하게 꾸며졌으며, 새 보금자리에서 새 생명은 탐스럽게 태어났습니다. 자녀들은 사랑으로 양육되고 진리로 교육되었으며, 그들도 분가하여 새 가정을 이루고, 그들 보다 두 배나 더 귀여운 손자녀들을 우리의 품에 안겨 주었습니다. 하지만 붉게 물들인 노을과 함께 석양의 계절이 어느 틈에 우리들 곁으로 슬며시 다가와 보란 듯이 묘한 웃음을 짓고 있습니다.

각자의 일생은 한 편의 미완성 교향곡 내지는 자그만 전쟁사라고 합니다. 시간과 공간을 함께 그 속에 묻으며 흘러가는 도도한 세월의 물줄기에 휩쓸려 오는 동안, 어느덧 우리의 등은 휘고, 머리엔 흰서리가 내렸으며, 동안엔 잔주름이 잡혔습니다. 삶의 겨울, 혼돈과 역경의 세월을 이겨내고 "이제는 돌아와 거울 앞에선" 소년소녀들의 머리에는 영화의 면류관, 백발이 씌어져 있습니다. 기나긴 세월의 모진 추위와 서리를 진리와 신앙으로 이겨낸 장한 국화 송이들입니다.

이제는 신통한 이 석양의 대화방에서 언 발을 녹이고 시린 손을 비비며 추운 어깨를 서로 기대면서, 함께 이 땅에서의 진리의 여정을 마쳐 나갈 때입니다. 나태의 틀 속에 갇혀 있는 안일을 깨우고, 젊고 붉고 더운 피로 시작한 우리의 순례길을 이제는 함께 걸으며, 나누며 도우며 확인하며 완성해 나갈 시간입니다. 그리하여 우리 모두가 구원의 포구, 은혜의 품, 영원의 지평에 닿을 때까지, 별처럼 당당하게 우리의 마지막 항해를 지속하는 것입니다.

괴테는 공기와 햇빛, 그리고 친구가 있다면 인생은 살 만하다고 말합니다. 우정의 가치와 자연의 소중함을 강조한 말일 것입니다. 청진동 사랑방의 정다운 소년들이여 어여쁜 자매들이여, 찬양대에서 함께 노래하며, 제복을 갖춰 입고 MV 활동을 하면서 향상급을 지도하며, 유년부를 이끌고, 전도지를 나누며, 가을 산들을 모조리 차례로 등산하고, 고아원을 방문하며, 사슴의 동산에서의 야영과 자선 음악회, 수원의 딸기 밭, 체육대회, 강화도에서 하기봉사 및 전도회를 하던 일들이 머리에 떠오릅니다. 어릴 적 꾸던 꿈, 아름다운 우정의 꿈, 봉사의 꿈, 낭만의 꿈, 신앙의 꿈을 이 노년의 저녁에도 놓지 말고 이어갑시다.

우리의 젊고 순수한 피가 발견한 이 놀라운 진리의 도도한 흐름에 참여하면서, 믿음으로 코뿔소처럼 영원의 빛 속으로 묵묵히 걸어갑시다. 결국 믿음이 우리의 삶을 별처럼 초롱초롱 빛나게 하는 것이니까요. 청진동 옛 동산은 정말이지 우리 젊은 사슴들에게는 평생 잊지 못할 그리움의 공간, 바로 꿈의 동산이었습니다.

젊은이는 여명의 희망에 살고, 노인은 빛나는 저녁놀의 추억에 연연합니다. 하지만 우리는 매일 늙어가는 것이 아니라 조금씩 더 익어가는 것입니다. 파란 하늘 밑, 햇볕이 따스한 들녘에는 풍요로운 가을이 한창 익어가고 있습니다. 풍성한 가을을 깊은 숨으로 들이마시며, 가을이 겹겹의 낙엽으로 덮여있는 보이지 않는 오솔길을 따라 함께 천천히 걸어가 봅시다. 들판에는 화사한 색깔로 어우러진 가을이 어둠에 졸고 있고, 가을밤은 우물처럼 조용히 깊어갑니다.

인생은 봄에 유년의 옷을 걸치고 다가와서, 청소년의 여름을 낭만으로 누리다가, 장년의 가을에 훌훌 다 털어 주고, 노년의 겨울에는 알몸으로 돌아갑니다. 주어진 세월이 길든지 짧든지 해처럼 밝게, 달처럼 은은하게, 그리고 밤하늘의 별들처럼 초연하게 걸어갈 뿐입니다.

5

나의 초상화

　나의 초상화를 그려준 친구들-어수룩하여 무엇을 해도 영악스럽지 못하고 소심하여, 언제 철이 들어 입에 풀칠이나 제대로 할까 싶은 실로 한심한 나였지만, 서툴게나마 함께 날아 영원한 빛을 추구하며, 진리를 탐구하고, 끝없이 현실을 고뇌하며, 고귀한 생의 가치를 붙잡고 근근이 버티면서 곁에 있어준 친구들 덕분에, 나는 아직도 살아 신앙으로 숨쉬고 있습니다.

　실존적 인간은 어떤 주어진 상황 속에 던져져 있는 구체적인 존재 즉 〈세계 내의 존재〉로서, 전혀 관여해 본 적이 없는 낯선 세계에 선택의 여지없이 내던져져서, 이 세계에서 통용되는 살벌한 삶의 논리와 엄격한 생의 문법을 배우며, 상식과 과학에 의해 식민지화되어 있는 차가운 현실 세계의 일원으로 숨을 죽이며 살아갈 수밖에 없습니다.

"높이 나는 새가 멀리 본다." 이는 리처드 바크의 〈갈매기의 꿈〉에 나오는 명언입니다. 바닷가에 흔하게 서식하는 갈매기들은 본능적으로 자나 깨나 먹는 일에 만 몰두하고, 먹기 위해 온 종일 사냥에 열중하지만, 다윗의 미련한 친구 요나단과 같은 이름을 가진 좀 모자라는 듯한 엉뚱한 갈매기는 이런 허접한 먹는 꿈을 접고 하늘을 높이 비상하는 비범한 일에 관심을 쏟습니다. 이런 돌출 행동은 여느 갈매기들에겐 너무나 황당한 일이었고, 그들의 이해력을 훨씬 초월하여, 급기야 그는 비난과 조소를 면치 못하게 됩니다. 하지만 조나단은 전혀 개의치 않고, 멀리 보기 위해 높이 하늘을 나는 일이 그의 삶의 전부인 양 줄곧 힘차게 날개 짓을 해댑니다. 언제 철이 들어 자기 입에 풀칠이나 제대로 할까 싶은 실로 한심한 숙맥입니다.

인간은 지금 현재 무엇인바 그가 아니고, 그가 되기로 결심하고 노력하는바 내일의 그일 것입니다. 하이데거의 세인(das Man)들처럼, 이 세상 재물을 다 긁어모으려는 듯, 물질직 관심에민 압도되어 정신적으로는 극도로 피폐해 있고, 영적으로는 심하게 황폐해 있는 인간의 삶도 어쩌면 여느 갈매기의 그것과 크게 다를 바 없을 것입니다. 남과 다른 길을 걸으며 자신 만의 길을 뚜벅뚜벅 걸어가는 헤세의 데미안처럼, 진지하고 실존적인 사람들은 대게는 조롱을 받고, 때로는 정신 나간 사람으로 취급을 받습니다.

삶은 늘 '이것이냐 저것이냐'(entweder oder) 선택의 연속입니다. 하늘과 땅 사이에서, 이상과 현실의 틈바구니에서, 숭고한 영혼의 가치와 물질적 욕구의 갈림길에서, 영적 이상에 살고, 신앙적 가치를 추구하며 살 것이냐, 아니면 먹이사슬이 지배하는 대지에 충실하여 세상 명예나 물질주의에 잠겨 살 것이냐는 누구나 마음속에 품고 살아가는 심각한 양자택일의 갈등일 것입니다.

독특한 이방인, 조나단 갈매기처럼 하늘을 높이 날며, 신앙과 생을 주어진 대로 소명하며 살아낸 친구들, 희생으로 축소된 물질적 삶을 봉사로 소진해 버린 어수룩한 친구들, 그래도 입술엔 감사와 찬양의 향기가 풀풀 날고 얼굴엔 은은한 만족이 수줍은 미소로 피어나는 넉살좋은 친구들입니다. 신앙과 의심, 기대와 고뇌가 골고루 뒤엉킨 별난 삶을 치열하게 살고도, 내색 한 번 안하고 저만치 서서 시침 뚝 떼고 아무 일도 없었다는 듯 묵묵히 걸어온 친구들입니다.

체면도 위선도 필요 없는 정다운 벗들, 만나면 어두웠던 마음이 보름달처럼 환하게 겹쳐지던 밝은 미소, 군밤처럼 구수하고 군고구마처럼 따스하던 친구들입니다. 암울한 시대를 거쳐 가던 당시의 우리 젊음에게는, 사회적 신분의 상승과 눈부신 경제적 성취는 시급한 지상의 과제였고, 기울어져가는 쇠락한 가문의 명운은 책임지고 개척하여 세워나가야 할 무거운 의무였으며, 재림 신앙은 이 무거운 십자가를 양 어깨에 짊어진 채 힘겹게 등반해야 할 숙명의 높은 산이었던, 어쩌면 이 세계를 향하여는 지극히 고독한 이방인들이었습니다. 평범한 속물 갈매기들이 생존과 입신양명에만 몰두하듯, 명예와 부와 권력을 향한 가족들의 산더미 같은 기대와, 주위의 구름 같은 은근한 염원을, 발견한 진리의 소중함과 받은 빛의 영원한 가치 때문에, 그 반의반도 충족시켜 드리지 못한 안타까움과 무력함을 좌절과 눈물로 미안해하던 믿음의 젊은이들입니다. 왜 삶의 목적이 하나님께서 원하시는 삶이 되어야 하는지를 몸으로 보여주기 위해 세상적인 많은 것을 스스로 포기해야만 했던 친구들, "너는 왜 다른 갈매기와 다르게 행동하니?"라고 서운해 하는 사랑하는 부모님의 하소연에 대답할 말을 찾지 못해 안타까워하던 효성스런 아들들이었습니다.

인간은 자신에게 쉽게 정당성을 부여하는 영리한 지혜인(homo sapiens)이요, 자신의 행위를 교묘하게 합리화할 줄 아는 영특한 이성적 동물(animal rationale)이지요. 눈 한 번 딱 감고, 가정을 살리기 위한 충정과 희생이라고 자신을 설득하면서, 쉽고 편하고 존경받는 부러운 세상길을 택할 수도 있었겠지요. 그러나 그들의 맑은 신앙 양심은 오히려 외롭고 괴로우며 두렵고 좁은 길을 선택했던 것입니다. 마음 만 고쳐먹었다면, 적어도 고관대작 한 자리 쯤은 차지할 수도 있었을 테지만, 왜 이토록 앞뒤가 꽉 막힌 한심한 생각으로 어리석게도 엉뚱한 길만을 골라 선택했더란 말입니까? 성공이 보장된, 눈앞에 환하게 펼쳐져 있는 탄탄대로를 외면하고 굳이 그 빈한하고 좁은 문, 인기 없는 소박한 길을 택했는지 참으로 이해가 가질 않습니다.

일생을 통하여 따뜻한 우정을 지속적으로 수놓아준 무던한 친구들이었습니다. 이제 학창시절의 친구가 정다운 노년의 벗이 되어, 이렇게 서로의 삶을 나누고 생을 축하하며, 추울 때 어깨를 빌려주고, 비를 맞지 않도록 안아주며 얼굴 마주하고 살아갈 수 있으니 참으로 보람되고 정겹습니다.

그들은 외로운 주의 길에서 보람을 찾았고, 의로운 봉사에서 의미를 발견했습니다. 모진 겨울을 견뎌낸 나무들만이 따스한 봄을 맞이할 수 있듯이, 마침내 갈매기의 한계를 뛰어 넘어 높이 하늘을 날아가는 경지에 이르게 되었습니다. 그리하여 그들의 여름은 외로웠지만 참으로 위대했습니다. 이제는 함께 넘는 구빗길 인생 여정, 눈부신 석양을 등에 업고 어우러져 노년을 걸어갑니다.

벗들이여, 몸들은 건강한지, 녹색 꿈은 아직도 내면에 간직하고 있는지 궁금하고 또한 그립습니다. 늘 잔잔한 미소와 조용한 언어로 주변을 다독이며, 가정과 사회를 위해 헌신과 희생으로 줄곧 살아온 친구들이여, 재림신앙의 외길을 줄기차게 걸어온 천로역정의 궤적에 진한 감동과 축하의 박수를 보냅니다. 화려한 출세에의 유혹을 이겨내며, 경제적 불이익을 견디면서 신앙을 지키기 위해 그 많은 희생을 아끼지 않았던 주의 종들, 세 천사의 기별을 품위 있게 외치며, 선한 이웃으로서, 사랑받는 일꾼으로서, 겸허한 종으로서 늘 최선을 다하며 살아온 그대들이 무척이나 자랑스럽습니다.

신앙의 큰 그림을 보면서 남은 생애 동안, 모든 벗들이 함께 서로의 저녁을 위로하며 황혼의 지친 발걸음에 힘을 실어주고, 더 단단한 신앙의 줄로 우정을 묶으며, 서로에게 은혜롭고 감미로운 음악 같은 친구가 되어, 함께 있으면 자유로이 숨쉴 수 있는 푸근한 친구들로 남기를 기도합니다. 어색하지만 따뜻한 말, 어둔하지만 정다운 손길, 우직하지만 확고한 신앙으로, 우정의 빛바래지 않고 이 무정한 세파를 헤쳐 나가 영광의 새벽을 함께 손잡고 맞이하기를 기원합니다.

우리 비록 세상적으로 흠모할 만한 성취는 없었다 해도, 우리 내면에 기숙하는 눈부신 소망을 자축하며 미래의 꿈을 열어가는 것입니다. 매 순간 순종하며 살아온 착하고 충성된 종들이여, 그대들의 삶은 실로 알차고 보람찬 한결같은 성도의 삶이었습니다. 깊이 존경하고 사랑합니다.

6

젊은 날의 초상

우리 인간은, 언제 어디서 누구에게나 예외 없이, 이 주어진 세계 안에 살면서 풀어 가야할 생의 과제가 있고, 헤쳐 나가야 할 삶의 숲이 있으며, 넘어가야 할 운명의 산이 있습니다. 따라서 나에게는 주름 없는 양심이 일생의 과제였고, 철학은 헤쳐 나가야 할 지성의 숲이었으며, 정직한 신앙은 반드시 등반해야 할 숙명의 산이었습니다. 이처럼 우리 모두는 등짝에 각자의 고유한 생의 철학(Lebensphilosophie)을 한 짐씩 짊어지고 시지푸스처럼 묵묵히 힘겹게 살아가는 셈입니다.

햇빛 받아 반짝이는 무수한 아카시아 꽃들과, 속살거리는 미풍에도 춤추듯 흔들리는 붉은 줄장미 꽃송이들이 어찌 이리도 눈부시게 싱싱하고 아름다우며, 이토록 가슴에 꽁꽁 묻혀있던 꿈같은 젊은 날의 기억을 찾아내어 젖은 눈으로 회상하게 하는 것인지? 꿈 많은 대학 시절, 종교적 열정에 노출되어 신앙에 겨우 눈뜨기 시작한 나의 젊음은 남들의 그것처럼 그렇게 화사하거나 낭만적이지는 못했지만, 그래도 애틋하고 소중하고 가슴 시린 삶의 조각인 것은 물론입니다. 갓 시작한 서투른 낯선 삶의 방식과 새로운 생의 가치가 지금까지의 그것들과 맞물려, 대개는 충돌하고, 드물게는 나를 가두는 벽이 되더니, 때로는 화해하며, 치열한 삶의 차륜 밑에서 나란히 공존해 나가던 애매한 시기였습니다.

당시 나의 몸속을 달리던 젊은 선혈은 아직도 붉고 진하고 뜨거웠으므로, 얼떨결에 접하는 자연의 소리와 영롱한 색채에 예민하게 전율했으며, 부르짖는 사회적 구호와 성토에는 사뭇 민감하던 때였습니다. 게다가 내가 받아들인 종교적 진리는 초월적이고 영적이며 신비한 광채의 눈부신 영역의 것임에 비하여, 대학에서 듣고 배우는 학문은, 과학이 제공하는 객관적인 지식의 바탕 위에서, 보이는 세계와 〈지금 여기〉의 생에 국한된 형이하학과, 때로는 어둡고 지극히 사변적이며 이성적인 추론에 불과한 형이상학이었습니다. 말해질 수 있는 것은 명료하게 말하고, 말할 수 없는 것에 대해서는 침묵해야 한다(비트겐슈타인)는 식의, 종교와 철학의 이 예견된 충돌은 나의 학문 세계에서만 국한되어 있는 것이 아니라, 나의 존재와 젊음을 송두리째 그 와중으로 휘몰아가는 엄중한 그 무엇이었습니다.

이름도 낭만적인 마로니에 나무를 중심으로 고전적 품위를 갖춘 교정과, 그 한가운데 서 있는 4·19기념탑이 상징하는바, 자유롭고 발랄한 사상과 사회 참여에의 충동 그리고 일말의 사회적 책임과 양심의 가책 사이에서, 아직은 허술한 나의 신앙적 정체성은 많은 부분 상처를 입었고 더 많은 부분은 갈등과 도전을 촉발했습니다. 휠덜린의 시를 읽고, 그 몽롱하고 우울한 언어에 사로잡히거나, 하이데거의 〈존재와 시간〉(Sein und Zeit)에 매몰되어, 보편성보다는 개별성을, 초월적 가치보다는 내재적 가치를 추구하며, 인간의 이성과 철학이 성경의 계시보다 우위라는 합리주의적 휴머니즘의 압박과 설득에 줄곧 노출되어 있었으나, 나는 용케도 거기에 깊이 물들지 않고 살아남았습니다. 정확하게는 도저히 그 함정에 빠질 수가 없었습니다.

초월적 계시를 부인하는 철학의 숲에서 이 아들이 혹여 길을 잃거나 천사로 위장한 간교한 뱀에게 물리거나 아니면 달달한 무신론의 아편에 중독되지는 않을까, 내가 딛고 살아가는 신앙적 진리와 영적 가치를 끊임없이 시험하고 침식하는 숱한 지적 도전에 내 영혼이 질식하거나 침몰하지 않을까, 어머니의 눈물과 기도는 꾸준히 나의 목덜미를 휘감으며 나를 각성시키고 지적 일탈을 견제해주었습니다. 흔들림 없는 재림신앙을 유지하도록 함께 고뇌하고 기도하며, 용기와 지혜를 학문과 삶을 통하여 보여주신 형님과, 흔들리는 나를 참된 우정으로 붙들어준 예지에 찬 친구들, 그리고 인내와 사랑으로 인도하신 주님의 은총을 무엇으로 다 감사할 수 있단 말입니까?

한번 흘러가 버린 젊음의 푸른 강물은 영영 그 물길을 되돌릴 수 없듯이, 일단 손가락 사이로 빠져나간 애틋한 청춘을 소환하여 찾아올 수는 더더욱 없는 것입니다. 단순히 남들처럼 시대적인 흐름에 따라서 안일하게만 살아갈 수 없었던 소박한 나의 양심과, 너무나 뚜렷한 신앙적 부르심을 외면할 수 없어, 끝없이 고민하고 긴장하며 마음속에 이 모두를 녹이고 아우르는 큼지막한 사유의 공간을 품을 수 없어 좌절하던 안타까운 시절이었습니다. 자신의 이러한 슬픔과 고통마저도 객관화할 수 있어야 했는데 나는 아직은 서툴고 철없는, 감성이 이성을 압도하는 붉은 피의 청년에 불과했었습니다.

인간은 환경세계 안으로 던져진 존재로, 태어나 철들자마자 자신의 길을 스스로 찾아 선택하며, 이에 따른 실존적 불안과 불투명성에 압도되면서도 자유의지와 끈질긴 생의 실험을 통하여 자신의 미래를 매순간 결단하고 꼴지어 가는 지성적 존재입니다. 질풍노도의 젊음이 스쳐간 세월, 강산은 다섯 번이나 변했고, 실로 많은 일들이 시간의 바퀴를 굴리며 바삐 지나갔습니다. 덧없는 명예를 추구하며, 순간의 행복에 속아 살아가는 동안, 사랑은 외로움과 함께 찾아 왔고 영혼의 평화는 쓰디쓴 고통을 동반했으며, 동화와도 같은 꿈들은 차디찬 현실 앞에서 기쁨과 슬픔을 반복했습니다. 지직 노력은 이십게도 성취와 좌절을 되풀이했고, 감정의 기복은 냉탕과 온탕을 들락거렸습니다. 우리의 천진한 마음에 수많은 상처가 생기고 아물고 또한 치유되어 갔으며, 새 가정은 꾸려지고, 귀여운 아이들은 태어났으며, 정다운 부모들은 경황 중에 우리 곁을 떠나가셨습니다. 흐르는 강물은 우리의 젊음을 싣고, 다시는 되돌아갈 수 없는, 멀리 떨어진 외진 곳으로 우리를 데려다 놓았습니다.

바람결에 스쳐가는 낙엽 같은 희미한 삶의 흔적과, 시간의 호수 위에 던져진 작은 조약돌 같은 겸허한 삶이었습니다. 그 무심한 세월 동안 무지개로 꽃피우는 고운 일들이 적어도 한두 개쯤은 있었음을 감사합니다. 비록 쪼개지고 해어지고 상처난 삶이었지만, 그래도 다정하게 이름을 불러주시고 싸매주시며, 소담한 꽃으로 감추시고, 세마포로 감싸주시는 주님의 사랑이 푸근합니다.

높고 둥근 천장의 좁은 고딕식 연구실에 파묻혀 파우스트 박사는 잔뜩 심통이 난 모습으로 한참이나 앉아있더니, 급기야 이렇게 침통하게 부르짖습니다.

[아, 나는 이제 철학도, 문학도, 법학도, 의학도, 게다가 쓸데없이 (중세)신학까지 열심히 공부하고 면밀히 연구했다. … 그 결과 나는 조금도 현명해지지 않았다. … 결국 알아낸 것은 우리는 아무 것도 알 수 없다는 것뿐이다. … 이런 식으로 산다는 것은 개도 싫어할 것이다.]

실로 그러합니다. 나의 젊은 날의 초상도 괴테의 이 솔직한 푸념에서 그리 멀리 떨어져 있지 않았습니다. 학문을 위하여 신념을 양보하고, 과학을 위하여 초월을 보류하며, 이성을 위하여 계시를 접어두고, 철학을 위하여 신앙을 포기하는 우매를 범할 수는 결코 없는 것이었습니다. 하나님의 형상(Imago Dei)을 향한 눈부신 접근이자 끝없는 성장이요, 존재의 궁극적인 확장을 약속하는 이 엄청난 영원성을 어찌 포기할 수 있단 말입니까?

이제 황혼의 때를 맞아, 만만치 않았던 우리의 젊은 생을 통하여 터득한 삶의 지혜를 나누고, 체험한바 사랑을 회상하면서 나란히 주어진 생의 마지막 코스를 함께 완주할 수 있는 정다운 가족과 친구들이 곁에 있어서 행복합니다. 이리저리 넘어질 때 따뜻한 눈으로 바라보고 일으켜 세워준 정다운 벗들과 어깨를 나란히 걸고 은혜의 강, 사랑의 품, 진리의 숲 속으로 웃으며 걸어갑니다. 영원한 생명은 순간순간을 영원한 현재(nunc aeternum)로 살아가는 순수한 믿음의 결과일 것입니다. 젊음이 전쟁으로 쓸고 간 인생의 바다 위에는 이제 저녁노을이 눈부시고, 잔잔해진 삶의 물결 소리는 속삭이듯 평화롭습니다. 오랜 세월 뒤뜰에 묵묵히 서있는 사과나무 위에서는 휴식의 넉넉한 보금자리를 펴는 새들의 부산한 속삭임이 평화롭고, 그 사이로 훈훈한 초저녁 바람이 부드러운 잎새 위를 은근한 초록빛으로 스치며 지나갑니다. ♣

7

새해의 기도

    의과대학을 졸업하자마자 12년이나 혼신의 힘과 젊음을 바쳐 괌 (Guam)에서 의료선교사로 봉사하던 맏딸이 철부지에서 성숙한 여인이 되어 어머니 품으로 돌아왔습니다. 어렵고 가난한 원주민들의 삶을 밑바닥까지 들여다보며, 그들의 육체적 질환과 정신적 애환을 양 어깨에 나누어지면서, 그들의 호소와 절규를 차마 뿌리칠 수 없어, 무려 12년의 청춘을 불사르고 드디어 돌아온 것입니다. 이제는 의료 선교사로서의 숨 가쁜 나날들과 숭고한 체험과 값진 기억들을 뒤로하고, 새로운 진로의 지평을 열어가려는 딸에게 오늘 맞는 이 새해는 퍽이나 새롭고 감명 깊어 보입니다. 새로운 삶의 장을 열어가는 딸에게 목자의 인도하심과 도우심을 간곡히 비는 이 아비의 애틋한 심정을 하늘은 아실 것입니다.

이 아이와 함께 어제 둘째 딸의 초청으로 사방이 농원으로 둘러 싸여있는 조용한 시골집, 언덕 위의 하얀 집에 와있습니다. 동녘에서 희망으로 솟아오르는 아침 해와, 서산에 지는 석별의 석양을 한 곳에서 모두 볼 수 있는 조촐한 시골집입니다. 목회자의 아내로, 셋 아들의 어머니로, 홀로 되신 시어머니를 모시며, 학교의 교사로 참으로 바쁘게 밝게 살아가는 장한 딸입니다. 시어머니를 모시면서 이토록 정답게 구김 없이 웃으며 살아가는 딸이 얼마나 대견하고 귀여운지 감탄스럽습니다. 엄마의 이름을 따서 〈그레이스 농원〉이라고 명명한 2에이커의 블루베리 농장을 끼고 있는 넓은 대지에, 텃밭은 물론 닭장을 지어 닭을 기르며 꿀벌까지 키우는 대단한 열정과 에너지를 가진, 내가 봐도 참으로 신기한 아이입니다. 앞뒤 뜰에 심어 놓은 많은 꽃나무들이 다투어 자라고, 한국 배와 사과, 오디, 버찌 및 서양 배나무들이 함께 자라고 있는 농장입니다. 창을 열고 맑고 찬 공기를 폐 속 깊이 들여 마십니다. 새해의 신선한 아침 공기입니다. 오랜만에 만난 두 자매의 천진스런 웃음소리가 밑에서 음악으로 들려오고, 10년 전, 이모를 졸졸 따라다니던 아이들은 어느새 십대 소년들이 되어 웃고 있습니다. 많은 양의 강물이 시간의 둑을 스쳐 흘러갔고 또 새해가 밝아왔습니다.

어제 진 해는 마지막 빛을 다 쏟아 붓고 역사의 피안으로 산화해버렸나 봅니다. 이 새해 아침, 어릴 때 듣고 자라던 수탉의 날카로운 새벽 울음이 나를 깨우더니, 모두를 부추겨 힘차게 솟아오르는 새로운 태양을 맑은 정신으로 맞이하게 합니다. 어제까지의 아쉬운 삶은 역사의 한 장으로 편집되어 묻히고, 오늘 꾸는 새로운 꿈은 내일을 향해 길게 뻗어 나갈 것입니다. 이 새해 아침, 나는 옷깃을 여미고 창조 첫 날의 빛을 보는 듯한 경건함으로 정갈한 소망을 담아, 솟아오르는 눈부신 아침 해를 바라봅니다. 새로 펼쳐지는 푸른 꿈 위에, 경건의 촛불을 밝히고 마음의 창을 열어젖히면, 어느새 내 마음 속에서 사랑의 종은 울리고 평화의 기도가 가슴을 타고 올라와 하늘로 올라갑니다. 이 새해의 삶이 은혜이자 평화이고 사랑이기를 기도합니다. 겸허한 하늘의 모국어로, 나의 지식 대신에 천상의 지혜를 말하며, 순결로 쓰여진 시에 순수한 신앙의 곡을 붙여 기도의 향연이 올라갑니다. 새 날이 새로우려면 내가 먼저 새로워져야 하므로, 마음 깊숙이 구석구석을 털며 지나온 삶의 민망한 찌꺼기들을 하나씩 하나씩 날려버립니다. 크고 작은 얼굴을 갖고 있는 뭇 생명들을 향하여 한 치의 부끄럼도 남아있지 않도록 뉘우침의 눈물로 내면을 닦습니다. 새해부터는 소박한 아이의 믿음으로 매일 아침을 희망의 기도로 시작하고, 저녁은 참회의 기도로 마감하여 늘 깨끗한 영혼을 유지하면 얼마나 좋을까를 생각합니다. 그리하여 최선의 성실함과 진지함으로 하늘을 흠모하며, 생명을 경외하고 자연을 있는 그대로 품고 아끼며 여생을 살아가기를 원합니다. 마주치는 얼굴 마다 미소를 던지며, 아름다운 꿈을 주고 한 아름 희망의 선물을 안겨주며, 바른 길이 때로는 힘은 들지만 거기에 참된 행복이 있음을 증명하며 살고 싶습니다. 새해에는 일년 내내 매일이 새 날, 새 마음으로 살게 되기를 기도합니다. 이 아침, 평소에 내가 늘 존경하는 어느 경건한 시인의 기도가 나의 기도가 되어 올라갑니다. '새해에는 이 해가 역사의 마지막 해인 것처럼 하루하루를 살게 하시고, 영원에 들기 전에 시간 속에서 해야 할 일들은 남김없이 이루게 이끌어주소서.'

8

선교지에서 생긴 일
- 우리 딸이 이상해졌어요!

눈 덮인 들녘의 쓸쓸한 저녁 풍경 속에 들어서면, 어김없이 마음속으로 겨울 숲의 쓸쓸한 적막이 스며듭니다. 어둠은 소리 없이 내려오고, 이 내곳적 징직에 싸여, 나는 흰 눈 회폭 위에 한 점의 정물로 그려집니다. 정다운 어두움이 나의 몸을 휘감으면, 영혼은 어둠 속으로 삼투되고, 현존의 외연은 서서히 자연의 일부로 침전되어 존재의 뿌리를 찾아 접근해 갑니다.

지난 12년간, 큰딸은 해마다 우리에게 조금씩 생소해 보이더니 이제는 눈에 보이게 달라져서 돌아왔습니다. 그동안 척박한 선교지에서 원주민들의 삶에 결을 맞추어 최소한의 삶(minimal life)을 추구하면서, '적은 것이 더 풍부한 것(Less is more)'임을 나름 실천하며, 자유롭고 소박한 봉사의 삶을 살고자 애쓰더니 급기야 철저한 미니멀리스트가 되어서 돌아온 것입니다. 돌아오자마자 곧장 또 다른 미니멀리스트인 둘째 딸과 합세하여 지하실부터 시작하여 차고에 이르기까지 온 집안을 무자비하게 정리하여 먼지를 이고 있는 산더미 같은 가구와 가재들을 끄집어내어 인터넷을 통해서, 그 아깝고 정들고 옛 추억이 서려있는 쓸 만한 물건들을, 정말 필요한 사람들에게 무료로 다 처분해 버렸습니다. 얼마나 많은 물건들이 집 앞에 나와 쌓여있었던지, 우리가 급히 이사 가는 줄 생각하고 이웃 사람들이 놀라서 인사하러 나올 정도였습니다.

물건을 적게 소유하면 생활이 단순해지고 나중에 마음과 생각이 정리되면서 오히려 삶이 더 풍요로워진다고 위로는 받았으나 여간 아깝고 서운한 것이 아니었습니다. 내일이면 당장 필요하여 찾을 것 같은 물건들을 말입니다. 선교사로 봉사하고 겨우 돌아온 딸에게 얼굴을 붉히기도 그렇고 참으로 당혹스러웠지요. 때로는 우기고, 정말로 필요하고 마음에 소중한 것들은 사정사정하면서 겨우 몇 개는 건졌지만, 반대할 수 없을 만큼 정당하고, 존경 받아야 할 만큼 고상한 두 딸의 이상적인 삶의 이념 앞에서는, 고귀한 책임(noblesse oblige)의 양심이 아직도 쬐끔은 남아있는 우리 부모로서는 전혀 속수무책이었습니다. 그러면서 하는 말이 짧은 인생, 사물들에 매달려 노예로 살 필요도 시간도 명분도 없다는 것이었습니다.

그렇습니다. 돌아보니 우리 세대는 평생을 노예로만 그렇게 살아왔습니다. 일과 생존과 물질의 노예였고, '권력의지'(Der Wille zur Macht)와 명예의 노비였으며 체면과 지위의 머슴이었지요. 딱히 필요하지도 않은 것들을 얻기 위해 그렇게도 열심히, 어떤 때는 악착같이, 때로는 지나치게, 언제나 경쟁적으로 치열하게 살아왔습니다. 그렇게 아둥바둥하면서 살아오는 동안 우리는 그 소중한 젊음, 눈부신 내적 아름다움, 애틋한 순수성, 순결한 사랑을 잃어버렸고, 신앙 양심은 무뎌졌으며, 재림성도의 빛나는 생의 가치는 흐려졌습니다. 이는 양심과 세월의 거울 앞에 비춰진 부인할 수 없는 우리의 가련한 초상화가 아닐 수 없습니다.

나로서는 깊은 생각과 깨달음과 성찰의 많은 날들이 훌쩍 지나가고, 오늘 눈부신 아침을 맞았습니다. 창을 열고 맑고 찬 공기를 폐 속 깊이 들여 마십니다. 신선한 아침 공기입니다. 어제 진 해는 마지막 빛을 다 쏟아 붓고 역사의 피안으로 산화해 버렸고, 이 아침 힘차게 솟아오르는 새로운 태양을 맑은 정신으로 맞이합니다. 어제 까지의 노예의 삶은 역사의 장으로 편집되어 묻혀버리고, 오늘 꾸는 〈최소한의 삶〉의 새로운 꿈은 내일을 향해 길게 뻗어 나갈 것입니다.

이 아침, 나는 옷깃을 여미고 경건한 자세로 솟아오르는 눈부신 아침 해를 바라봅니다. 새로 펼쳐지는 푸른 꿈 위에, 경건의 촛불을 밝히고 마음의 창을 엽니다. 앞으로의 삶이 이처럼 은혜이자 평화이기를 기도합니다. 순결한 모국어로 쓰인 시에 순수한 신앙의 곡을 붙여 노래하며, 최선의 성실함과 진지함으로 하늘을 사모하고, 생명을 경외하며 자연을 있는 그대로 품고 아끼며 여생을 살아가기를 원합니다. 나도 딸들처럼 "버렸노라, 비웠노라, 삶이 밝아졌노라."고 고백하며 살고 싶습니다. 단순함에서 우러나는 미를 추구하는 삶이 좋아, 어느새 나도 미니멀리스트를 조금은 흉내내며 살아갑니다. 딸이 선교지에서 가져다준 선물 중 가장 소중한 선물입니다. 그래서 워즈워드는 아이를 어른의 어버이라고 불렀나 봅니다. 일생 어깨에 얹혀 있던 짐 덩이 하나가 땅에 떨어지는 소리를 듣습니다.

9

어리숙한 친구

꿈 많은 대학시절, '진리는 나의 빛'(veritas lux mea)임을 어렴풋이 믿으며, 우정의 숲, 신앙의 테두리 안에서 영원한 빛을 추구하며, 진리를 탐구하고, 끝없이 현실을 고뇌하며 불부녕한 미래를 예감하면서도 근근이 버티어온 우리의 젊은 세월이 이 시간 너무나 장하고 대견스럽습니다.

모든 개인이 다 그러하듯이, 겉으론 행복해 보이지만 내면에는 각자에게 골고루 할당된 고난과, 공평하게 배당된 슬픔과, 정직하게 부과된 불행을 나누어 가지면서 참고 삭이고 살아가는 것이지요. 체면도 위선도 필요 없는 정다운 친구, 만나면 어두웠던 두 마음이 보름달처럼 환하게 겹쳐지던 밝은 미소의 친구, 군밤처럼 구수하고 군고구마처럼 따스한 친구여. 암울한 시대를 거쳐 가던 당시의 우리 모두에게는, 경제적 성취는 당장 시급한 코앞의 과제였고, 기울어진 가문의 명운은 책임지고 개척하며 개선해 나가야할 무거운 부담이었으며, 재림 신앙은 이 무거운 두 십자가를 양 어깨에 짊어진 채 힘겹게 등반해야 할 숙명의 높은 산이었던 고독한 이방인들이었습니다. 명예와 부와 권력을 향한 가족들의 산더미 같은 기대와 친척들의 구름 같은 은근한 염원을, 발견한 진리의 소중함과 받은 빛의 영원한 가치 때문에, 반의반도 충족시켜 드리지 못한 송구함과 무력감을 좌절과 눈물로 호소하던 믿음의 사람이여.

눈 한 번 딱 감고, 가정을 살리기 위한 충정에서라고 자신을 설득하면서, 쉽고 편하고 존경받는 세상길을 택할 수도 있었겠지요. 그러나 그의 맑은 신앙양심은 오히려 외롭고 괴롭고 두려운 좁은 길, 바른 길을 선택했던 것입니다. 마음만 고쳐먹었다면, 국무총리는 아니더라도 적어도 경제 부총리나 장관쯤은 넉넉히 할 수 있었을 테지만, 왜 그는 이토록 앞뒤가 꽉 막힌 한심한 친구로 엉뚱한 길을 선택했단 말입니까? 눈앞에 펼쳐져 있는 성공이 보장된 탄탄대로를 외면하고 굳이 그 빈한한 좁은 문, 인기 없는 이상한 길을 택했는지 참으로 이해가 가지 않았습니다. 그는 아마도 내가 모르는 드높은 이상을 보았거나 아니면 정신이 돌아버린 이상한 친구였나 봅니다.

나에게는 언제나 들꽃으로 겸손하게 피어 있던 친구여. 참으로 뛰어난 학자였던 그의 명석한 두뇌는 늘상 신앙의 겸손으로 파묻혀 있었고, 샘물처럼 투명한 지성은 순결하여 마치 감춰진 진주알 같은 친구여, 내 영혼의 친구여, 하늘 여정의 동반자여.

내 허전한 맘에 따뜻한 우정을 지속적으로 수놓아준 무던한 친구여. 이제 학창시절의 친구가 정다운 노년의 벗이 되어, 이렇게 서로의 삶을 나누고 생을 축하하며, 추울 때 어깨를 빌려주고, 비를 맞지 않도록 안아주며 얼굴 부비며 살아갈 수 있으니 참으로 보람되고 정겹습니다. 보람에 목 말라하고, 삶의 진정한 의미만을 추구하던 그대는 주의 길에서 보람을 찾았고, 결국 대학 교단에서 의미를 발견했습니다. 그리하여 그대의 여름은 참으로 위대했습니다. 이제는 함께 넘는 구빗길 인생, 눈부신 석양에 몸 부비며 어우러져 노년을 걸어갑니다.

벗이여, 몸은 건강한지, 녹색 꿈은 아직도 내면에 간직하고 있는지 궁금하고 또한 그립습니다. 늘 잔잔한 미소와 조용한 언어로 주변을 다독이며, 가정과 대학과 이웃을 위해 헌신과 희생으로 줄곧 살아온 친구여, 신앙의 외길을 줄기차게 걸어온 천로역정의 궤적에 진한 감동과 축하의 박수를 보냅니다. 화려한 출세에의 유혹과 경제적 불이익을 이겨내며 신앙을 지키기 위해 그 많은 희생을 아끼지 않았던 주의 종, 세 천사의 기별을 품위 있게 외치며, 선한 이웃으로서, 존경받는 교수로서, 겸허한 교회의 지도자로서 늘 최선을 다하며 살아온 그대가 무척이나 자랑스럽습니다.

남은 생애 동안 다른 모든 벗들과 함께 서로의 저녁을 위로해주며 황혼의 지친 발걸음에 힘을 실어주고, 더 단단한 신앙의 줄로 우정을 묶으며, 서로에게 은혜롭고 감미로운 음악 같은 친구가 되어, 함께 있으면 자유로이 숨쉴 수 있는 그런 친구로 계속 남기를 기도합니다. 어색하지만 따뜻한 말, 어둔하지만 정다운 손길, 우직하지만 확고한 신

앞으로, 우정의 빛이 바래지 않고 이 무정한 세파를 헤쳐나가 영광의 새벽을 함께 손잡고 맞이하게 되기를 기도합니다.

우리의 끝없는 인내를 강요하던 한여름 무더위가 아직은 계속되지만 어김없이 가을은 다가오고 있나 봅니다. 찜통더위에 익어가던 한여름은 물러나고, 가을은 머지않아 높은 하늘과 시원한 바람, 영롱한 단풍의 숲으로 다가올 것입니다. 아직은 한여름, 말복도 한참이나 남았지만, 오늘 밤은 어쩐지 시원한 기운이 느껴집니다. 어질고 착하고 아름다운 친구가 보내준 사랑의 가을바람 때문이겠지요. "내 맘대로 되는 게 없는 세상에서 하나님 뜻대로" 매 순간 순종하며 살아온 착하고 충성된 종이여, 그대의 삶은 실로 알차고 보람찬 한결같은 성도의 삶이었습니다. 가슴 깊이 존경하고 사랑합니다.

10

무뚝뚝한 친구

어벙한 영어로 파란 눈을 전도한 초신자 친구

하늘에는 파란 별어가 벌처럼 **촘촘**이 박혀있고, 시원의 울림으로 은은하게 메아리치는 자연의 심장 소리에, 아침 고요에 묻혀있던 숲이 서서히 잠에서 깨어납니다. 오늘처럼 따스한 초봄, 발밑에 밟히는 파릇한 들판의 풀포기처럼, 둥글고 하얀 얼굴 하나가 자꾸만 눈에 밟힙니다. 나도 이제 나이가 드니 별 수 없이 그리움의 언어를 입에 달고 삽니다. 밥은 먹고 다니는지, 힘들지는 않는지, 몸은 건강한지, 아직도 안쓰럽고 마음이 놓이질 않습니다.

매우 진한 신앙의 동질성을 서로에게 확인시켜준 친구였습니다. 시원적 사유와 순수개념을 통하여 존재의 의미와 생명의 불꽃을 추구하는 대신, 자연과 물질의 핵 속을 직접 들여다보면서 우주와 존재의 최초의 입자를 탐구하는 물리학도인 그는 과학자답게 조용히 자신 속을 들여다보며 엄격하게 자신을 관리하는 전형적인 선비였고, 말 수는 기껏해야 한 두 마디 아니면 아예 없는 편이었지요. 그러니 나도 덩달아 말을 아끼게 되고 함부로 말을 할 수가 없었습니다. 같은 학교에 다니고 있었지만, 교정에서 마주치면 싱긋 웃으며 나누는 몇 마디의 인사 정도가 고작이었습니다. 생의 가치를 추구하고, 삶의 의미에 애타하는, 진지하고 무뚝뚝한 이런 위인과 사귀기 위하여 필히 요구되는 두 가지 요건 즉, 필요하고도 충분한 시간과 인내가 투자된 후에야, 우리는 그런대로 신자라는 특수한 공통분모를 가지고 서서히 친구가 되어, 수업이 없으면 마로니에 그늘 시원한 벤치에 앉아, 자연을 바라보며 종교를 말하고 시국을 논하며 더위를 식히곤 했지요.

알고 보니 그의 두뇌는 참으로 명석했고, 지성은 샘물처럼 맑았으며, 덕성은 고결했고, 인성은 착하고 겸허한, 그래서 친구하기에는 전혀 흠 잡을 데 없는 인품의 청년이었습니다. 나는 많은 것을 그에게서 배우며 흉내내며 조촐한 우정의 나무를 정성들여 가꾸며 키워 나갔습니다. 믿음은 자라고 시간은 지나, 우리는 같은 날에 침례를 받고, 서로가 서로에게 믿음의 작은 씨앗과 흙이 되더니, 그 씨앗이 발아하고 성장하여 소망의 열매가 되었습니다. 사랑의 꽃씨이던 우리의 신앙은 생명의 불꽃이 되어, 오랜 세월이 지난 오늘까지도 이렇게 꾸준히 불타고 있습니다. 나의 여명의 아침을 밝혀주고, 석양의 저녁을 위로해주며, 구원의 포구로 항해하는 한낮의 피곤한 여정에 힘을 실어주던 그의 살갑고도 무뚝뚝한 우정이 참으로 그립습니다.

어느 여름날 오후 수업을 마치고, 그의 집에 초대받아 가게 되었습니다. 대학로를 나란히 걸어 나와 버스를 타고 가서, 그의 이쁜 누나가 정성껏 지어준 저녁식사를 마치고 밖에서 환담을 즐기고 있는데, 갑자기 키가 크고 잘 생긴 파란 눈의 외국인이 웃으며 집안으로 쑥 들어오는 것이었습니다. 더욱 놀란 것은 내 친구가 그와 아주 정답게 한 형제처럼 허물없이 이야기를 나누는 것이었습니다. 그것도 영어로! 순간 나는 완전히 기가 팍 죽었지요. 10년 (영어) 공부 나무아미타불, 나는 그야말로 벙어리 삼룡이었습니다.

이 총명한 미국 청년은 사업차 한국에 와서, 드문 일이지만 친구 집에서 세 들어 살고 있었습니다. 그런데 나의 놀라움은 거기서 끝나지 않았습니다. 들어보니 이 청년은 나의 친구와의 오랜 시간 성경 공부와 자료 제공, 애정 어린 설득 그리고 사랑의 감화로 재림교인이 되어 있었던 것입니다! 순간 나는 너무나 놀라 감격하면서도 믿기지가 않았습니다. 침례를 받은 지 채 몇 달도 되지 않은 때였으니까요. 같은 말을 쓰는 동족을 전도하기도 힘든데 외국인 그것도 혈기 왕성한 청년을 복음의 진리로 묶어 둘 수 있었다니! 비록 내 친구의 영어가 나보다야 많이 나았다지만 어벙하기는 마찬가지, 외국인을 상대로 전도할 만큼은 아니었기 때문입니다.

그 때 그곳에서 내가 보았던 것은, 문화의 차이와 언어의 장벽을 꿰뚫은 영원한 복음, 진리의 빛과 믿음의 능력이었습니다. 시간과 기회는 결코 낭비되거나 지나쳐 버려서는 안 되겠지요. 시간은 〈여기 지금〉 우리가 하는 노력의 결실로만 남게 되는 것이고, 영혼은 사랑의 관심으로만 거두어지기 때문입니다. 그는 이 황금 같은 기회를 포착, 외로운 한 영혼을 사랑으로 감싸서 진리와 신앙에 눈뜨게 했던 것입니다. 그리하여 이 미국 청년은 그 후 선교사 가정들과 연결되어 면면히 성도의 교제를 이어나갔고, 그들과 함께 예배를 드리면서 믿음을 키워 나갔습니다. 내 친구는 비록 서툰 언어, 영어를 사용했지만, 그의 겸손하고 진실된 삶의 모습과, 진리의 확실성에 도달한 그의 튼실한 믿음이, 이 청년을 진리의 품으로, 소망 안으로 불러 들였던 것입니다. 그렇습니다, 그가 도달한 높고 빛나는 진리의 확실성 말입니다.

신앙은 어찌 보면 부단한 확대 재생산을 통하여 종족 보존이 가능한 생물과 비슷하다 할 것입니다. 팬데믹으로 우리 삶의 질과 양이 크게 위협받고, 수평적 인간관계가 흔들리고 있는 이 시기에는 더더욱 그러합니다. 진리만이 우리의 영원한 빛이고, '흑암에 앉은 백성들'에게 이 빛은 반드시 비추어져야 합니다. 물론 내면적인 명상과 탐구가 바탕이 될 때 우리의 신앙은 성숙합니다만, 신앙을 나누는 체험이 없으면 그것은 곧 시들고 메말라서 신앙의 생명은 그 동력을 잃어버리고 맙니다. 십자가의 거룩한 희생을 통한 우주적 창조의 완성을 이해하고, 개인의 삶에서 그 구속을 누리고 확인하는 것은 전도를 통한 역동적인 체험 안에서 강화됩니다. 영혼과 영혼이 그 깊은 핵에서 만나 융합하는 물리학적 존재의 영적 튀는 불꽃 말입니다.

시들어가는 육체의 생명에 산소를 공급하기 위해 오늘도 공원 숲에서 한 시간을 산책한 후, 주차장에 서있는 수많은 차량들의 문틈에, 이토록 영롱한 구원의 진리와 건강의 기별을 하루도 빠짐없이 기도로 끼워주는 아내의 끈기와 집념이 갸륵합니다. 이리하여 영혼의 호흡을 끝내 지켜내려는 겨자씨만한 믿음의 실천이지요. "문제는 경제야, 바보야!"라는 정치적 구호가 있듯이, 우리의 구호는 "문제는 선교입니다, 성도여!"라고 해야 할 듯합니다. 일찍이 나에게, 전도의 사명과 그 실천적 소명에 눈을 뜨게 해준, "청라 언덕과 같은 내 맘에, 백합 같은 내 친구"는 지금 어디서 무얼 하고 있을까?

    학창시절의 친구가 정다운 노년의 벗이 되어, 서로의 삶을 나누고 생을 축하하며, 추울 때 어깨를 빌려주고, 비를 맞지 않도록 안아주며 얼굴 부비며 살아가는 모습을 그려봅니다. 수줍은 미소와 반짝이는 눈빛으로 응원을 보내주는 벗들이 너무나 아쉬운 노년의 계절입니다. 봄의 환상 속에서 존재는 시간 밖에서 집을 짓고, 영혼은 육체 밖에서 호흡합니다. 노년에 깊숙이 접어들어서도, 아직 소년의 환상을 벗지 못하고 소박한 미련에 머물러 있습니다. 따스한 햇살 사이로 스치던 우리의 옷깃과 풋풋한 미소, 신앙으로 엮여신 인연에 꽃처럼 맺히던 봉긋한 동질감이 이 시간 사뭇 그리워집니다. 그때를 회상하니 다음의 기도가 불현듯 마음에 떠오릅니다. 주님, 저에게도 파란 눈이든 검은 눈이든 싱싱한 구도자 한둘 쯤 보내주소서. 🌲

11

별난 우정

　별난 우정-별빛 쏟아지는 여름밤을 말없이 응시하던 초롱초롱한 지성의 친구여. 눈물겹도록 소중한 생의 가치와 젊은 날의 삶의 궤적을 알뜰하게 공유하는 살뜰한 벗이여.

　새는 둥지 안에서, 거미는 거미줄 위에서 사랑의 씨줄과 생명의 날줄을 펴고, 인간은 우정의 둥지 안에서 얽히고설킨 생존의 거미줄을 통해, 존재이유(raison d'être)를 확인하고 실천해 나갑니다. 만약 내가 다소 예민한 영적 더듬이를 의식에 장착하여 조금이라도 더 이 시대의 흐름을 가늠하고, 섬세한 윤리적 후각으로 선악의 냄새를 식별하며, 소박한 지성으로 조금은 역사의 미래를 투시할 수 있었다면, 그것은 순전히 아름다운 가족과 참된 그리스도인 우정을 허락해주신 주님의 은혜입니다.

막 피어오르는 꽃다운 젊음의 꿈, 손에 잡힐 듯한 신앙적 삶의 모습이 이제 막 형태를 잡아가려는 대학시절부터, 결코 화려하지는 않으나 청초하고 우직하며 진실한 재림성도의 모습으로, 일생을 만데빌라 꽃처럼 은은하게, 선비처럼 올곧게 살아온 친구, 마로니에 그늘 아래서 두근거리는 가슴으로 처음 만난 60년대 후반 어느 따스한 봄날부터, 이날 이때까지 한결같이 바르고 투명하게 진리를 생활하며, 흐트러짐 없이 빛을 나누고, 부끄럼 없이 기별을 전하며, 잔잔한 미소와 조용한 언어로 참된 우정의 모범을 실천해온 갸륵한 친구여.

참으로 명석한 두뇌는 언제나 겸손으로 덮여 있고, 신중한 판단은 좌우로 치우치는 법이 없으며, 수많은 책을 읽고 명상으로 다듬어진, 샘물처럼 맑고 투명한 지성은 고결하고 순수하여 세속의 탁류에서 멀리 비켜 서있고, 수줍은 덕성은 반쯤은 가려진 채, 인성은 선천적으로 선하고 순진하여 흙 속에 감추인 푸른 보석과 같던 친구여. 필요할 때 친구가 정말 친구라고 했던가. 간신히 침례의 물에 잠겼다가 갓 나온 서투른 재림신자인 내가 많은 것을 배우고 흉내내며, 감히 영원을 꿈꾸고 진리의 빛을 추구하도록 격려하고 다독거려준 영혼의 친구여, 하늘 여정의 동반자여.

멀리 떨어져 있어도 마음은 늘 곁에 있는 정다운 벗, 오랜 세월 지구의 반대편에 떨어져 있어도, 늘 그때 그 자리에 함께 돌아가 머물 수 있었던 우리 옛 우정의 보금자리. 우리의 무성한 우정의 숲을 소담하고 조촐한 희망들로 겹겹이 채우고, 그 위에 젊은 날의 애환을 차곡차곡 쌓아가며, 간간이 낭만의 달콤함을 양념으로 한 줌씩 뿌려가던 애틋한 청춘의 날들이 무척이나 그리운 석양의 계절이여.

사슴의 동산에서 별들이 쏟아지는 여름밤을 말없이 응시하던 초롱초롱한 지성의 친구여, 눈물겹도록 소중한 삶의 가치와 젊은 날의 애환의 궤적을 알뜰히 공유하는 살뜰한 벗이여! 나란히 강가에 앉아 지는 해를 바라보며, 어둠과 함께 내려오는 아늑한 하늘의 평화를 경건한 마음으로 받아 숨쉬면서, 말없이 짙은 밤을 응시하던 깊이 있는 사색의 실존적 친구여. 세파의 소나기에 흠뻑 젖은 나의 초라한 철학의 겉옷을 따스한 종교의 바람으로 말려 주던 든든한 신앙의 주춧돌이여. 살아온 지난날의 민망한 나의 부끄러움을 꼼꼼히 덮어주던 솜이불 같은 친구여. 나의 서투른 체면도 은밀한 위선도 웃음으로 척척 받아주던 넉넉한 그대의 가슴이여.

내 마음 허술하여 빈자리 많아 가슴 한 편이 아리고 허전할 때, 내 멀리 있는 그대를 생각하며 얼마나한 위로를 받았던고? 젊은 날, 우정의 나무에 깃들은 어린 새들처럼 서로의 눈빛을 주고받으며, 서투른 날갯짓으로 푸른 내일을 향해 비상을 연습하던 꿈같은 나날들이여.…

'주여, 때가 왔습니다.' 어언 반세기가 훌쩍 지나, 어느덧 우리의 머리엔 흰서리가 내리고, 생을 마감할 종례시간이 다가왔습니다. 따스한 햇살 사이로 스치던 우리의 옷깃과 풋풋한 미소, 신앙으로 엮여진 인연에 석류 알처럼 맺히던 봉긋한 우정이 이 시간 무척이나 그리워집니다.

인생의 가을 어느 날 아침, 모든 것이 가장 아름다울 때 훌쩍 멀리 떠나고 싶다는 벗이여, 그날이 오면 우리 훌훌 털고 저 먼 창공을 향해 다시 빛나는 여정을 시작해 보세나. 초라한 마로니에 그늘 대신, 요단강 저편 우람한 진리의 숲에서 반갑게 만나 함께 손잡고 영원의 지평을 향하여 드높이 멀리 비상해 보세나. 진리의 광채로 눈이 부실 시원적 존재의 대 향연에 초청되는 영광의 그날까지, 자연의 향취와 진리의 품 안에서, 은혜로 주어진 남국의 따스한 햇볕을 이틀만이라도 더 쬐면서, 일생의 열매들을 완성하고, 필생의 진한 포도즙에 마지막 단맛이 스며들게 하세나.

정다운 벗이여, 이제야 수줍게 고백하노니, 그대의 우정이 나의 존재를 보듬어준, 아늑한 둥지와 촘촘한 거미줄이 되었고, 그대가 곁에 있어서 나의 여름은 비록 위대하지는 않았지만, 적어도 외롭지는 않았다네.

Ⅲ. 철학적 명상과 종교적 성찰

1

새벽찬가

아침은 잔잔한 호수의 고요이고, 저녁은 나른한 석양의 평화라면, 밤은 푸근한 쉼의 축복이고, 새벽은 은은한 여명의 은총이며, 창조에 수렴되는 생의 시원적 맥박입니다. 새벽안개 속을 말없이 거닐어본 사람은, 호숫가에 먼동이 터오는 세미한 소리를 들을 수 있습니다. 여명의 수수한 빛줄기는 졸고 있는 호수의 잔물결을 타고 점점 뭍으로 삼투해 올라와, 능선을 물들이며 골짜기를 채우면서 안개처럼 피어오릅니다.

"빛이 있으라."는 창조자의 첫 음성이 엄청난 에너지의 뇌성으로 지축을 뒤흔들기 전, 아직 시간과 공간이 형성되기 이전의 시원적 새벽에는, 영원이 흑암 위를 흐르고, 무한이 공허 너머에 운행하고 있었습니다. 이 시원의 미명은 찬란한 빛과 밝아오는 새 날을 암시하는 우주적 새벽이었지요. 우리 인간도 창조 전 지구와 마찬가지로, 캄캄한 자궁의 어둠 속에서 깊음 위에 떠 있다가 어느 날 새벽, 이 땅에 태어나 드디어 아침빛을 보게 된 셈입니다.

존재의 샘에서 생명을 받아, 어린 핏덩이가 출산의 기적을 통하여 처음으로 빛을 보는 때는 대개의 경우 새벽녘이라고 합니다. 닭의 해인 을유년, 나의 조그만 하늘이 처음 열리던 그 까마득한 날 새벽에, 어디선가 닭 우는 소리를 들으며 나도 이 세상에 머리를 내어밀었습니다. 신생아 5백만 명을 분석한 한 의학 연구는, 자연 분만의 경우, 새 생명이 태어나는 시각은 대체로 새벽 4시 전후라고 합니다. 이는 창조 역사와 무관하지 않을 것입니다. 새 생명은 늘 새벽에 어두움에서 밝음을, 무에서 유를 지향하니까요. 나의 출생도 예외는 아니었습니다.

어언 나이 들어 고희를 넘으니, 이른 시간이면 어김없이 깨어나 새벽이 치맛자락을 끌며 조용히 뜨락을 스쳐가는 소리를 듣습니다. 가랑비에 젖거나 낙엽을 밟으면서, 때로는 흰 눈을 맞거나 찬바람에 떨면서 어둠은 서서히 빛에게 자리를 내어주고 사라져 갑니다. 그 옛날, 신의 막대기에 닿아 흠칫 놀라며 뒤로 갈라져 물러서던 홍해의 물살처럼, 새벽 빛줄기에 밤은 비명을 지르듯 갈라지고, 초원 끝 지평선을 뚫고 솟구치는 태양은 서서히 희망의 아침을 온 누리에게 선물로 가져다줍니다. 알알이 차오르는 삶의 희열과 솟아나는 용기로 자연은 다시 잠에서 깨어나고, 티 없이 맑고 깨끗한 시간은, 아침 고요에 잠겨 물 흐르듯 흘러갑니다. 아직 하늘에 별들이 졸고 있는 이 수정같이 맑은 시간은 "새벽 이슬" 같은 우리의 영혼이 "새벽별"을 만나는 엄숙한 진리의 순간이자 벅찬 감격의 시간이기도 합니다.

깨지지 않을 것 같은 단단한 어두움도 서서히 다가오는 새벽을 막아서지는 못합니다. 숙명적으로 우리는 태어나자마자 시간의 틀 속에 갇혀서 영원과 무한을 망각한 채 살아왔습니다. 그래도 하루 중 영원과 가장 가까운 시간은 새벽일 것입니다. 24시간 가운데 무한을 예감하고 존재의 무게를 가장 깊이 있게 의식하는 순간도 새벽일 것입니다. 되돌아보면, 흐르는 시간 속에서 별과 같이 초롱초롱한 눈으로 죄악의 어두운 역사와 싸워온 것도 역시 이 깨어있는 새벽이었습니다. 새벽을 깨운다는 것은 무엇을 의미합니까?

고도의 영성을 유지한 채, 첨예한 덕성과 감성을 가지고 영혼의 심연과 창조의 오묘와 구속의 사랑을 들여다보는 시간이 새벽녘입니다. 잊혀 있던 경건을 생각해내고 깊음 위에 흐르는 영원 앞에 무릎을 꿇는 시간이 새벽입니다. 새벽은 곧은 이성의 목을 움츠리게 하고, 현란한 생의 철학적 장식음을 뒤로 물리게 하여, 우리를 겸허하게 신의 은총 앞으로 곧 바로 나아가게 합니다. 멀리서 숲의 형태가 점점 뚜렷이 드러납니다. 이 아름다운 계절 5월에 어울리는 사랑의 입김인 양, 가벼운 안개가 산허리를 휘감고 가물거립니다.

달빛은 기우는 새벽을 뜬눈으로 지켜내느라 외로웠지만, 이제는 안개에 포근히 안긴 채 웃고 있습니다. 아직까지도 한 움큼의 어둠은 언덕 자락에 머물고, 새들은 이미 깨어나서 삶의 기척과 생의 약동(élan vital)을 주고받습니다. 오늘 하루, 길은 멀어도 가야 할 진리의 길이 있고, 성취해야 할 여정이 있으며, 도달해야 할 생명의 언덕이 있으므로, 이토록 우리는 자연과 벗하여, 순수한 빛의 나라로 도도한 생의 행진을 지속하나 봅니다.

새벽이 오는 것을 가장 기뻐하는 것은, 어둠 속에서도 별빛같이 눈에 거룩한 불을 켠채 섬세한 양심을 붙들고, 가늘게 부는 바람에도 괴로워하는 정직한 영혼일 것입니다. 끝내 닿아야 할 고향, 에덴으로 가는 아직은 길고 좁고 어두운 길이 눈앞에 어렴풋이 보입니다. 그래서 우리는 넓은 호숫가에 먼동이 터오는 소리를 들으며, 감사하는 마음으로 새벽을 맞이합니다. 내일을 두려워하지 않고 구도자의 길을 이처럼 매일 새롭게 시작하여, 저 반짝이는 별들처럼, "광명한 새벽별"을 따라 당당하게 걸어가는 것입니다. 진리의 길을 따르는 병사로서, 우리는 "동이 트는 새벽꿈에" 본향을 본 후, 새로운 다짐으로 일어나 순례의 행군을 지속합니다.

새벽은 또한 하나님 나라의 확장을 위해 이 자그만 삶이 쓰일 수 있도록 지혜와 명철을 구하는 시간입니다. 새벽이 어스름을 씻어내어 귤빛으로 실눈을 뜨는 호수의 새벽은 더욱 심오합니다. 봄 햇살을 받아 싹을 틔우는 나무들이 화사한 꽃들을 피워놓고 조용히 새와 나비를 기다리듯이, 고요한 호수는 신앙의 나래를 달고 비상을 꿈꾸는 우리를 부르고 있습니다. 이처럼 설레는 가슴으로 벅찬 새벽을 여는 매일의 꿈이 없다면 삶이 얼마나 덤덤하고 텁텁할까를 생각합니다.

삶이란 기껏해야 세상에 따스한 흔적 하나를 남기는 것인데, 나의 생의 아궁이에 믿음의 군불은 꺼지지 않고 지펴져 있는지, 그래서 수척한 내 영혼의 집 안방 아랫목에 따스한 소망의 온기가 아직도 남아 있는지, 나의 작은 가슴은 사랑의 별빛으로 세상을 껴안고 있는지, 이 새벽은 나 자신을 찬찬히 되돌아보게 합니다. 생명이 스쳐간 자리에는 흔적이 남고, 삶이 훑고 간 자리에는 궤적이 남습니다. 우리의 생이 창조의 위대한 질서에 진실하고, 구속의 숭고한 가치에 부응했을 때, 그 삶의 나무에는 걸맞은 열매가 알알이 맺혀 있을 것입니다.

부드러운 새벽 공기는 소리 없이 내리는 고운 이슬비를 정답게 애무하고, 나의 내면을 맑게 정화하며 흘러갑니다. 꿈 같은 어린 시절의 희미한 기억으로부터 은은한 새벽종 소리가 아득히 들려옵니다. 간혹 끊어지기도 하지만, 아슬아슬하게 이어지는 아련한 의식의 흐름입니다.

2

슬픔의 미학

음침한 지옥의 문턱에서, 알몸을 바위에 걸치고 턱을 괸 채 깊이 고뇌하는 〈생각하는 사람〉과, 숙명적 감성의 침침한 수면 위에 슬픔의 물보라를 튀기던 〈우리를 슬프게 하는 것들〉.

슬픔과 고뇌는 범죄한 인간 삶의 필연적 숙명입니다. "모든 것이 영혼의 고통일 뿐, 해 아래 살고 있는 모든 사람의 모든 날이 슬픔이며 괴로움"이라고 현자는 말합니다. "나의 일생을 슬픔으로, 나의 연수를 탄식으로" 보냈다고 하소연하는 사람이 이 세상에 어디 다윗뿐이겠습니까? 창조자마저도 이 땅에 오신 이상, "슬픔의 사람"이 되셨으니 말입니다.

젊은 한때 나는 로댕의 걸작, 〈생각하는 사람〉을 보고 심한 충격에 빠진 일이 있습니다. 단테의 〈신곡〉에 나오는 음침한 지옥의 문턱에서, 벗은 몸으로 엉거주춤 바위에 엉덩이를 걸친 채, 턱은 오른 팔에 괴고, 인간의 처연한 고뇌의 웅덩이를 들여다보면서 깊은 생각에 잠겨 있는 불후의 조각상입니다. 팽팽한 근육의 긴장과 실로 무서운 표정을 통하여 격렬한 마음의 움직임을 하나로 응결시킴으로, 인간의 숙명적 슬픔을 적나라하게 형상화한 문제작이지요. 도대체 무슨 엄청난 것을 보았기에 그는 이토록 험하고 섬칫한 표정을 짓고 있는 것일까? 아마도 인간 생의 가장 확실한 미래인 죽음의 어둡고 끔찍한 심연을 들여다보았거나, 키에르케고르의 "죽음에 이르는 병"인 절망의 끝자락을 보았던 것은 아닐까요?

인간 생의 밝은 면인 기쁨의 높은 산봉우리에는 생명과 사랑이 솟아 있고, 어두운 슬픔의 깊은 골짜기에는 사랑의 상실 내지 죽음이 있습니다. 대칭되는 인간 감정의 양대 산맥인 이 기쁨과 슬픔 사이의 폭 넓은 구렁의 언저리에는 수많은 감정의 조각들이 수북이 여기저기 흩어져 쌓여 있지요. 생의 매 단계와 계절을 따라 가차 없이 밀려오는 이름 없는 슬픔들이, 시간의 흐름과 함께 이성의 차가운 사유의 틀 속에서 차분히 삭고 익어가거나, 더 깊은 곳으로 침전되어 다른 빛깔의 슬픔으로 변색되어가거나, 아니면 높은 차원의 슬픔으로 진화해가는 소리를 듣습니다.

인간 삶의 터전은 이미 태어날 때부터 슬픔과 고난 쪽으로 기울어져 있고, 죽음을 전제로 하고 있으며, 그 과정은 온통 불공정으로 설계되어 있고, 결국에는 운명적인 부조리로 대부분 정리됩니다. 눈물은 슬플 때 우리 몸이 보여주는 가장 원초적이고 근본적인 반응입니다. 눈물을 통해서 내면이 맑게 씻기고 단단해지며, 인격이 성숙하고, 슬픔의 늪을 통과하면서 드디어 걸쭉한 생의 의미를 그나마 조금은 터득하는 법입니다.

슬픔은 복잡한 감정표현의 하나입니다. 슬픔은 인간에게 모처럼 진지한 생각을 가지게 하고 이해력을 강화하며 마음밭을 부드럽게 해 줍니다. 이런 귀중한 슬픔의 시간이 없었다면, 존재의 심연을 진지하게 고민하거나 동료 인간의 아픔에 깊이 공감하기는 어려웠을 것입니다. 우리는 자신의 슬픔을 거치면서 이웃의 아픔도 알게 되고, 슬픔의 시간을 견디어내면서 살아가는 데 정말 필요한 지혜와 동력이 어디서 오는 지를 깨닫게 됩니다. 슬픔의 얼굴이 너무나 다양하고 향방이 달라서, 우리가 제대로 슬픔을 대면하여 충분히 아프기 까지는 그 슬픈 감정에서 완전히 빠져나올 수 없습니다. 그래서 "애통하는 자는 복이 있다."고 합니다. 다행하게도 슬픔과 고통은 영원한 것이 아닙니다. "그 노염은 잠깐이지만 그 은총은 평생이며, 저녁에는 울음이 기숙할지라도 아침에는 기쁨이 오리라."는 희망이 있습니다. 궁극적으로 슬픔은 죄의 결과이며, 필연적으로 우리 삶의 일부가 되어버렸지만, 오히려 회개를 불러오는 "거룩한 슬픔"으로 그 슬픔을 지양시키는 것이 신앙인의 자세일 것입니다.

안톤 슈낙의 자유로운 상상력이, 격동의 세월을 가난과 궁핍으로 쪼개가며 근근이 살아가던 우리들의 태생적 슬픔 위에, 현란한 물보라처럼 튀겨 오르던 장엄한 수상의 글, 〈우리를 슬프게 하는 것들〉

(Was traurig macht)을 기억할 것입니다. 그 글 속에서 발견되는 맑은 슬픔들은 우리 어린 마음에 쌓여있던 애수를 고양하고, 큰 슬픔을 희석해 주었으며, 정서를 정화하여 불안을 달래거나 씻어 주었습니다. 순진한 마음에 색깔을 입혀주었고 서투른 걸음에 방향을 주었으며 어둔한 정신에 맑은 정기를 불어 넣어 주었습니다. 마침 사춘기를 지나고 있던 우리 어린 영혼 속에 풋풋한 얼과 감성의 주름진 결로 깊숙이 삼투되어 아직까지도 깊은 감명으로 우리의 의식 속에서 메아리치고 있습니다. 살면서 느끼는 슬픔의 조각들과 마음의 공허에서 모락모락 피어오르는 우수를 담담한 서정으로 표현하면서, 다양한 시각적 슬픈 모습과 쓸쓸한 향기, 애절한 음향 및 서러운 감촉에 이르기까지 치밀하고 섬세하게 그려내어 환상의 경지로 승화시켰습니다. 우리 어린 영혼은 그 세심하고 알뜰한 문장 하나하나에서 우아한 향취를 느끼고 정서의 여운과, 양의 동서의 일치된 감성의 동질성을 놀라움으로 바라보면서 생을 꿈꾸며 미래를 예감했던 것입니다.

{멀리서 둔하게 울려오는 저녁 종소리, 바이올린의 G현, 눈물 머금은 아이의 동그란 눈망울은 우리를 슬프게 합니다. 작은 아기새의 시체 위에 따사로운 햇빛이 비출 때, 아무도 살지 않는 고궁, 그 고궁의 벽에서는 흙덩이가 떨어지고, 숱한 세월이 흐른 후에 우연히 발견된 돌아가신 어머니의 편지, "나는 얼마나 많은 밤을 너 때문에 잠을 못 이루었는지 모른단다." 휠덜린의 시. 공원에서 흘러나오는 은은한 음악 소리. 부드러운 아침 공기가 가늘고 소리 없이 내리는 비를 희롱할 때. 낡은 벽시계가 새벽 한 시를 둔탁하게 칠 때, 그때 당신은 불현듯 일말의 애수를 느끼게 되리라. 오뉴월의 장의 행렬. 산길에 흩어져 있

는 비둘기의 깃털. 만월의 밤, 개 짖는 소리...}

　우리의 심금에 그토록 여지없이 오래오래 여울지며 메아리치던 심오한 글입니다. 하나하나의 슬픈 장면은 어린 뇌리에 깊은 영상으로 남고, 시원적 비애를 마음에 새겨 놓았습니다. 눈물은 아련한 그리움에 무지갯빛 리본을 두르고, 피할 수 없는 화사한 아픔과 애절한 그리움이 슬픈 꽃으로 피어났으며, 생살 위에 떨어지는 서러운 눈물이 뜨거웠습니다. 눈물은 이토록 맺혀 있을 때에 가장 아름답고, 구슬처럼 귀하게 빛나는 것입니다.

　삶은 대부분 은유로 표현되지만 은유로만 이루어진 것은 물론 아닙니다. 가차 없는 현실입니다. 자신의 십자가는 지고 갈 수 없으면 가슴에 품고라도 가는 것이라고 배웠습니다. 해는 지고 달은 기울고 별은 사라집니다. 기다림으로 한 번 피고 스러지는 하얀 서리꽃이 인생이라고 하더라도, 꽃잎을 적시는 이슬처럼, 세파에 시달리고 슬픔의 가시에 찔리면서, 더 애틋한 생명의 가치를 성취하게 되는 것이 인간 생의 역설이기도 합니다.

　인간의 의식을 포함한 모든 것이 시간과 함께 번개처럼 흘러갑니다. 주어진 생의 경주를 너무 급하게 달리다 보면 아름답게 펼쳐져 있는 주변 경치를 아쉽게 놓치는 법, 천천히 걸어야 길섶에 피어있는 작은 들꽃이 비로소 보이기 시작합니다. 눈여겨 자세히 보면 너무나 귀엽고, 오래 보면 더욱 사랑스럽습니다. 이처럼 한참을 생각해야 얽혀 있는 생의 조화가 머리에 떠오르며, 깊이 성찰해야 감추어진 진리가 드러나는 법입니다.

천천히 피는 꽃은 조용히 기다리는 법을, 지저귀는 새들은 노래하는 법을, 사나운 비바람은 오래 참는 지혜를 가르쳐줍니다. 별은 눈부시게 사는 명철을, 달은 외로워도 은은하게 받은 빛을 반사하며 사는 법을 알려줍니다. 마찬가지로 생의 슬픔과 상실들을 의연히 맞이하고 의미 있게 환송하는 느리고 깊은 시간, 바람직한 실존적 슬픔의 시간이 우리에게는 꼭 필요한 것입니다. 죽음, 이별 및 슬픔과 상실을 통해서 우리는 여물어지고 성장합니다. 신앙에 있어서도 마찬가지일 것입니다. 신앙은 회개를 부르는 거룩한 슬픔의 계단을 차곡차곡 통과합니다. 그러므로 영혼의 슬픔에 정당한 이름과, 품위에 걸맞은 목소리를 주어야 합니다. 인간관계의 상실, 자아의 상실은 결코 단순하거나 단편적이지 않으므로 응분의 슬퍼할 질적 시간과 관심어린 다독거림을 필요로 합니다.

만일 우리의 영혼이 맑고 순수하다면, 그 끝자락은 영원의 지평에 살짝 닿아 우주의 본질이 다소 투명하게나마 보일 것이고, 슬픔의 골짜기를 지나는 생명현상의 궁극이 이 생에서 저 생까지 희미하게나마 보일 것입니다. 그러나 제대로 슬퍼할 줄 모르는 세대, 순수한 슬픔이 사라진 시대, 눈물샘이 말라 버린 메마른 감성의 문화가 현대를 살아가는 우리를 더 슬프게 합니다.

죽음을 삶의 아름다운 마무리로 받아들이고, 꿈을 꾸는 새벽의 소년 소녀 시절과 일할 낮이 있던 청년기, 그리고 우아한 저녁이 있는 노년의 지금이면 생의 잔은 이미 넘치도록 충분한 것입니다. 지나치게 슬퍼할 이유가 없습니다. 지상 사역 전체가 우리 인간에 대한 근심 어린 슬픔으로 차 있던 주님, 종교와 철학의 혼돈의 숲에서 눈부시게 빛나는 진리의 질서로 불러내주신 사랑의 음성, 우리 생각의 시작과 끝에 늘 서 계시고, 눈 감으면 어김없이 떠오르는 그분의 아름다운 모습을 생각하며, 오늘을 말없이 담담하게 걸어갑니다. 개 짖는 소리 멀리서 들려오고, 산비둘기 한 마리가 깃털을 흘리며 불타는 석양을 등에 업고 유유히 서쪽으로 사라져갑니다.

3

재림 이야기

　재림은 우리에게 허울 좋은 이름뿐인가, 아니면 총체적 삶인가? 재림은 오늘의 삶을 꼴짓고 규정하는 동력으로서, 우리의 정체성이자 미래의 숙명이며, 생의 이정표이자, 시온을 향한 대장정의 푯대이며, 펄럭이는 깃발입니다.

　날개가 부러진 노란 방울새를 앙증맞은 두 손으로 받쳐 든 어린 소녀의 두 눈에 물기가 어려 있습니다. 날개가 꺾여 영원에의 비상을 포기한 병든 지구별을 두 손으로 부여잡고 안타까워하는 천사의 모습입니다. 우주는 끝이 없고, 계속 팽창하며, 한없이 투명하고 광활합니다. 신은 인간의 사유와 이성 그 너머 빛의 영역에 거하시지만, 이 땅의 어디서든 그분의 임재가 느껴지는 곳은 '벧엘'이 되고 '성소'가 되어, 거기서 우리는 그분을 만납니다.

사랑의 미로, 죄로 병들어 날개가 부러진 지구를 향한 주님의 사랑은 하나의 크고 신비한 원입니다. 그 원의 안 쪽에는 우리가 어느 위치에 서 있든 언제나 그 원의 중심이 되고, 그 원둘레는 어디에도 보이지 않는 무한한 원입니다. 무수한 동심원으로 구성된 가장자리가 없는 끝없는 사랑의 원입니다. 그 안에는 따스한 은혜의 빛줄기가 미치지 못하는 한지가 없고, 치유의 손길이 닿지 못할 벽지가 없으며, 온정의 발길이 딛지 못하는 험지도 없고, 사랑의 눈길이 관통하지 못할 오지가 없습니다. 어디서나 애정 어린 관심의 신경이 그물망처럼 퍼져있고, 생명의 실핏줄이 거미줄처럼 얽혀있는 촘촘한 사랑의 미로입니다. 아무리 초라해도 이 넓이 속에 들어오지 않는 인간 삶이란 없습니다.

선과 악의 대쟁투에서, 비록 북소리는 사라져도 전쟁의 여운은 남고, 나팔소리가 멀어져가도 진군의 말발굽 소리는 계속됩니다. 어쩌면 우리 세대는 주의 재림의 숭고한 깃발과 명예로운 성취를 다음 세대에 물려주고 내일이면 먼 길을 떠나야할 지도 모릅니다. 지휘자는 잊혀도 위대한 행진곡의 음향은 오래 기억되고, 선지자는 사라져도 진리의 기별은 역사의 가슴에 면면히 메아리치듯이, 우리가 잠자리에 든 후에도 재림의 소망은 요원의 불길로 계속 타오를 것입니다.

절대적으로 확실한 진리는 이 세상에 아무데도 없다고 철없이 외쳐대는 이 오만한 불신의 시대에, 진리의 등불은 점점 희미하게 가물거리고, 검은 구름의 음산한 그림자가 시간의 지평 위에 차곡차곡 드리워지며, 어처구니없는 전쟁과 환경적 재난으로 우크라이나 숲 속의 귀여운 새들은 노래하기를 그치고, 햇볕 안고 피어나던 꽃들은 암울한 회색으로 시들어갑니다. 그러나 이 어두운 죄악의 긴긴 밤은 기필코 주님의 재림으로 광명한 새벽을 맞이해야 합니다. 우리는 지구 역사의 절정, 그 미지의 상황 안으로 매일 한 걸음씩 걸어 들어가고 있습니다. 그분이 다시 오시는 저 하늘 가 우주의 길목에서, 수많은 성도들이 불타는 뜨거운 가슴으로 주님을 맞이할 진리의 순간이 다가오고 있습니다.

불후의 확신이자 신념이었던 신앙적 가치들이 자유주의 신학과 상대주의 철학의 흐름을 타고 소수의 의견으로 희석되거나 축소되어 가지만, 기독교 자체가 종말론적 공동체라는 사실은 변함없는 불멸의 진리입니다. 폐에 산소가 필요한 것처럼 우리에게는 재림의 소망이야말로 신앙의 호흡을 지탱해주는 바로 그 산소입니다. 재림에 대한 희망은 그래서 줄곧 사탄의 공격을 받아왔고 오해되었으며, 심지어 다양한 종교적 이설들로 훼손되어 왔습니다. 그러나 그 약속은 견고한 반석처럼 분명하게 성취될 것이며, 절망과 불신에 빠져 있는 우리에게 늘 희망과 용기를 주는 진리로서, 세상의 소금의 역할을 다 하며, 음지에 빛을 비추고, 균형지고 목적이 이끄는 삶을 이어가도록 도와줍니다.

인간은 미래를 생각하는 존재입니다. 영원에로의 일직선 위에 놓여 있는 시간 개념에는 처음(prōton)이 있고 종말(eschaton)이 있으며, 따라서 역사도 시작이 있고 마침이 있습니다. 그러므로 시간의 알파와 오메가이신 그리스도는 역사의 초점이며 궁극적 목표(telos)가 되십니다. 재림은 기다리는 사람들에게는 어느 때라도 도래할 수 있는 현재성과 아직은 아닌(noch nicht) 미래성을 동시에 지니고 있는 독특한 개념입니다. 재림이 그 중심이 되는 종말론은 신학의 중추이며 신앙적 삶의 총체적 버팀목입니다. 하여 우리들은 재림의 기별을 통해서, 절망의 밤을 넘어 희망의 아침이 있음을 세상에 전파하는 깨어있는 파수꾼들입니다.

신앙이란 설명되지 않는 것들을 설명되지 않은 채로 받아들이는 것이며, 불확실한 세상에 살면서 지도에도 나와 있지 않은 미래의 길을 걸어가는 용기입니다. 주의 재림은 오직 참고 견디는 자만이 최후로 맛볼 수 있는 인고의 열매입니다. 어둠이 깊어질수록 빛은 더욱 눈부시게 다가올 것을 믿는 이 종말론적 관심은, 옥중에서 석방을 고대하고, 캄캄한 밤중에 새벽을 애타게 기다리는 절박함입니다. 재림의 소망은 우리 영혼의 맥박을 고양하여 온전한 희망이 되게 하며, 구원의 완성이 됩니다. 준비된 자는 안도감을 느끼고, 믿고 맡기는 자는 평화를 누리듯이, 재림은 준비하고 의지하는 자에게 주시는 하나님의 선물입니다. 그것은 우리 삶의 모든 분야를 망라하는 절정이며, 말하고 전해져야 하는 모든 복음의 결론입니다.

그리스도교는 근본적으로 세상의 빛과 소금이라는 점에서 끊임없이 세상과 관계하며, 세상 안에서 그 존재이유를 발견합니다. 그러나 현대 신학은 그리스도교 신앙을 종교성과 도덕성으로만 제한하여 해석하려 합니다. 아시다시피 초기 그리스도교인들은 늘 종말론적 긴장감을 가지고 살았습니다. 이제 이것은 더더욱 종말을 살아가는 우리의 삶의 자세이어야 합니다. 예언을 멸시하는 삶을 살게 될 때 성령을 소멸하는 결과를 초래하는 것입니다. 주님 다시 오실 때까지 우리의 인격과 삶이 흠 없게 보전되어야 합니다. 재림은 우리의 삶 구석구석을 규정하고 결정짓는, 그래서 어디에나 스며 있는 생의 이정표요, 펄럭이는 깃발이요, 먼 시원을 향한 신앙의 푯대입니다. 시야에서 재림이란 빛나는 등대가 사라지면 우리의 신앙은 망망대해에서 방향을 잃은 배와 다를 바 없습니다.

재림에 대한 소망이 미미하고 약하다면 우리의 믿음 역시 희미하고 힘이 없는 것입니다. 재림에 대한 소망이 넘칠수록 현재의 영적 삶이 선명해지며, 우리의 존재가 이 소망으로 충만해져 있을 때에만 치열하게 그것을 달성할 수 있습니다. 창조신앙이 시작과 기원을 되돌아보는 믿음이라면, 재림신앙은 완성과 목표를 내다보는 신앙입니다. 그리스도의 초림은 이미 충분히 증명된 역사적 사건이고, 재림은 장차 성취될 예언적 사건입니다.

허리가 휘도록 결연한 마음으로 걸어온 구빗길 인생, 푸른 이끼로 덮인 긴 세월의 끝자락에 어슴푸레 새벽이 밝아옵니다. 시간에 가속도가 붙어 살같이 지나가는 노년의 배에 올라, 오늘도 물빛 그리움의 석양을 바라봅니다. 되돌아보니 꿋꿋이 견디어낸 인고의 세월 속에, 재림의 확실성은 매일을 엮어가는 삶의 활력소이자 호흡이었으며, 생명을 살리는 믿음의 맥박이자, 시원을 향한 순백의 그리움이었습니다.

우리의 삶의 현장에 빠지지 않고 다가오시는 주님처럼, 우리 역시 주께로 매일 매순간 나아가야 합니다. 우리가 기뻐할 수 있는 것은 그분 안에 있을 때뿐입니다. 빛나는 재림의 소망은 우리의 피곤한 얼굴에 미소를 주고, 어두운 마음을 밝게 하며, 곤한 영혼을 맑고 투명하게해 줍니다. 사랑의 마음속에 믿음의 둥지를 틀고 소망을 숙성시켜 열매를 맺게 해줍니다. 재림 기별은 역사의 새 아침을 밝히는 예언적 사건에의 우주적인 초청입니다. 이 초청에 응하여 우리는, 재림이 그 위에 든든히 닻을 내리고 있는 성경 말씀과 주님의 약속에 따라, 예언의, 예언에 의한, 예언의 성취를 위해 선별된 백성들입니다. 내일의 재림은 오늘 우리의 충성스런 삶으로 실현될 것입니다.

4

기다림의 미학

　슬픔은 삶의 뒤안길에서 줄곧 과거에 매달려 뒤로 만 돌아보고, 근심은 코앞의 상황들에 파묻혀 무겁고 어두운 마음으로 현실만을 지켜보지만, 믿음은 밝아오는 미래를 내다보며 오래 참고 기다립니다. 시간 저 너머에 있는 영원한 가치는 이 기다림의 능선을 넘지 않고는 결코 접근할 수 없기 때문입니다.

　누렇게 익어가는 벼가 바람결에 술렁이는 들녘, 논둑에서는 뜸북새가 울고, 애타게 기다리는 비단구두 소식 대신에 애꿎은 나뭇잎들 하나 둘 땅에 떨어지는 우수의 계절, 가을입니다. "저고리 고름 말아 쥐고서" 버들잎 지는 개울가에 앉아 소쩍새 울 때만을 기다리는 낭랑 18세 소녀의 가슴 언저리에는, 모락모락 순정의 설렘이 붉은 석양에 물들어 피어오릅니다. 어느새 뜸부기와 소쩍새는 동백꽃과 함께 그

Ⅲ. 철학적 명상과 종교적 성찰　**161**

리움과 기다림의 상징으로 아득한 옛 추억의 아련한 선반 위에 어깨를 나란히 한 채 얹혀 있습니다.

생은 실로 기다림의 연속입니다. 하루를 사는 동안에도 수많은 기다림이 쌓이고 지나갑니다. 기다림의 모습은 실로 다양합니다. 초조한 마음으로 애타게, 아니면 느긋하고 여유롭게 기다립니다. 슬픈 마음으로 맞이하기도 하고, 확신에 차서, 즐거운 마음으로 맞이하는 기다림도 있습니다. 울다 웃다, 앉았다 섰다 아니면 명상을 하거나 기도를 하면서 초연하게 기다리는 등 모습도 가지가지로 다양합니다. 물론 선택은 각자의 몫입니다.

기다리는 것은 불가피한 인간 삶의 단면이므로 우리는 지혜롭게 기다리는 법을 익히고 터득해 나가야합니다. 기다림의 터전인 인내를 배양하고 차분하게 기다리는 수련을 쌓아가야 합니다. 기다림이야말로 정성과 진정으로 내일의 만남을 준비하는 시간이요 과정입니다. 인생은 온통 기다림의 세월이고, 신앙생활도 기도하며 기다리는 생활의 총화입니다.

성질이 급하면 제풀에 지쳐 만사를 그르칩니다. 물이 흐르면 도랑을 이루고, 참외가 익으면 꼭지가 떨어지듯이, 조건이 충족되고 여건이 성숙되면 바라던 일이 자연스레 이루어지는 법입니다. 기다림은 큰 뜻을 이루는데 참으로 소중한 요소이지만, 기다림의 미학은 단번에 쉽게 배워지지는 않습니다. 랄프 에머슨은 "사람이 영웅이 되는 것은 타인보다 용감해서가 아니라, 타인보다 10분 더 기다리기 때문"이라고 말합니다.

누구보다도 기다림에 익숙한 사람은 농부일 것입니다. 씨앗을 뿌린 후 농부는 긴긴 날들을 땀 흘려 물을 주고 김을 매며 정성으로 가꿉니다. 그런 다음 기다리는 중에 싹이 트고 꽃이 피며 열매를 맺게 되는 것입니다. 씨앗에는 엄청난 결실과 소담한 미래가 가능성으로 담겨있지만, 기다리지 못하면 그나마 열매를 볼 수 없습니다. 기다리는 즐거운 사건이 있다는 것, 기다리면 나타날 그리운 존재가 있다는 것, 그것만으로도 우리는 행복합니다. 오직 기다릴 줄 아는 사람만이 바라는 것을 얻을 수 있습니다.

기다림은 시간과의 싸움입니다. 세상에 시간처럼 신비한 것은 없습니다. 과거는 기억하는 것이고 현재는 참여하는 것이지만 미래는 기다리는 것입니다. 기다림으로 새로운 생명이 태어나고, 우리의 생은 시간의 직선 위에서 서로가 교차합니다. 강철은 용광로를 거치며 단단해지고, 가죽은 무두질을 견디며 부드러워지듯, 인간은 기다림을 통해 한결같은 사랑과 끈기 있는 믿음을 배웁니다. 기다림이 아름다운 건 그 안에 고요한 아픔이 스며있기 때문일지도 모릅니다. 아파도 미소짓고 불안해도 두 손을 모으는 영혼은 참으로 아름답습니다.

인생의 톱니바퀴는 기다림으로 굴러갑니다. 기다림이 없는 생은 지루할 것입니다. "한 송이 국화꽃을 피우기 위해, 봄부터 소쩍새는 그렇게 울었나" 봅니다. 이처럼 기다리는 사람은 모두가 시인이 됩니다. 기다림으로 길이 열리고, 생의 꽃이 피고, 열매를 맺고, 새로운 미지의 세계로 생의 지평을 확대해 나아갑니다. 기다림이 없으면 살아있으나 죽은 삶입니다. 그래서 인생은 끊임없이 누군가를, 무엇인가를 기다리며 사는 것이 아니겠습니까?

　신앙인에게 기다림은 하나님의 약속을 믿는 것입니다. 기도는 꺼져가는 삶의 의욕에 다시 불을 지펴줍니다. 그래서 기도하는 사람은 더 잘 기다릴 수 있고 참을 수 있습니다. 삶의 여정에서 넘어지고 다쳐서 삐걱거리는 발걸음에 향유를 붓고 치유의 기름을 바르는 시간입니다. 기다림은 하나님의 때가 있음을 굳게 믿는 것이며, 그 분의 궁극적인 승리를 확신하는 것입니다. 하나님의 시간은 인간의 시간과 다릅니다. 결정은 하늘이 내리고 우리는 기다립니다. 이스라엘의 위로를 기다리던 시므온은 하나님의 시간을 기다릴 줄 아는 사람이었습니다. 그는 이스라엘의 위로자, 메시아의 오심을 고대했고 그 때가 차매 결국에는 만났습니다.

　달밤에 고운 님을 기다리는 달맞이꽃처럼 우리는 생을 살면서 얼마나 많은 기다림을 체험해야하는 지 모릅니다. 기다리고 또 기다리는 것이 삶입니다. 4천 년간 지구의 역사는 세상 죄를 지고 갈 "여자의 후손"을 기다렸고, 노아는 120년을 야유와 조롱 속에서 신의 손길을 기다렸으며, 욥은 황당한 고난이 끝나기를 참고 기다렸고, 다윗은 왕이 되기를 기다렸으며, 제자들은 오순절 성령을 기다렸습니다. 우리는 이제 마지막 세대로서, 2천 년 이상 다시 오실 주님을 기다리며 살아가고 있습니다.

　재림신앙은 하나님의 성실하신 약속과 초월적 계시에 근거한 뿌리 깊은 역사적 신앙입니다. 성경의 노독들은 한결같이 기다림의 달인들이었지요. 아브라함은 불가능의 25년을 기다려 100세에 드디어 금쪽같은 독자 이삭을 얻었고, 야곱은 14년 꿈 같은 기다림 끝에 끔찍이 사랑하는 라헬을 얻었습니다. 요셉은 감옥을 포함한 어두움의 긴 터널 속에서 13년을 기다려 애굽의 총리가 되었고, 모세는 지엄한 왕궁에서 40년을 훈련 받고, 지루한 광야에서 40년을 더 기다려 출애굽의 위업을 달성했습니다. 이들에게 기다림은 나약한 사람들의 체념이 아니라 현실의 한계를 극복하려는 몸부림이자 높이 하늘을 비상하려는 신앙의 용트림이었습니다.

프란츠 카프카는 이렇게 지적합니다. "인간에게 있는 두 가지의 큰 죄가 바로 조급함과 게으름이다. 다른 모든 죄는 여기서 흘러나온다." 이 시원한 통찰은 우리의 삶을 다시 돌아보고 재점검하게 만듭니다. 예, 말세의 징조 가운데 하나가 마음의 조급함입니다. 조급하다는 것은 결국 기다릴 줄을 모른다는 의미이지요. 결과에만 집착하면서 정상적인 절차와 과정에는 관심이 없다는 뜻입니다. 조급한 현대인들은 무리를 해서라도 자신이 설정한 목표의 결과를 당장 보아야 직성이 풀립니다. 그러나 믿음에는 그 안에 인내가 보석같이 숨어 있습니다. 조급함이 인생을 허물어 버립니다. 아브라함의 조급함이 불신의 아들 이스마엘을 낳아 인류 역사의 큰 불행을 초래했듯이 말입니다.

초기교회의 믿음은 문자 그대로 마라나다 신앙이었습니다. 그들은 날마다 주님 오시기를 사모하는 재림신앙으로 그 어려운 환란과 시련을 극복했습니다. 재림운동의 선구자들은 또 얼마나 간절하게 예수님이 오시기를 기다렸는지 모릅니다. 기다림의 인내가 무너지고 기다림의 시간에 대한 가치마저 희미해진 지금의 시대에, 다시 오실 주님을 기다린다는 것은 이 세상과 구별되지 않고서는 매우 힘든 과제입니다. 우리의 내면은 매 순간 이 기다림의 인내로 하늘의 소망과 영원에의 설레임이 불타고 있어야하는 이유입니다.

기우는 역사의 섣달, 새벽별들의 합창을 통해 하늘은 우리의 믿음을 다시 일깨워줍니다. 불면의 밤과 기다림의 세월을 밟으며 오시는 주님, 천사의 나팔 소리로 잠든 무덤을 깨우시고, 모든 눈에서 눈물을 닦으시는 부드러운 손길로 오시는 주님, 지금은 소리 없이 가까이 계셔서 우리 가슴에 뜨거운 소망의 모닥불로 타고 계십니다.

팔순의 고개를 향해 힘겹게 걸어가는 생의 석양, 나날이 굽어가는 허리며 깊어지는 주름을 대하면 왜 이렇게 초조해지는지, 그 잘난 세상의 비뚤어지고 기울어지고 물질주의에만 쏠려있는 허튼 소리들을 모두 멀리한다 해도, 가슴 깊이 한 구석에는 바다 속 같은 적막이 고입니다. 그러나 "신에게는 아직 자유로운 영혼의 배 한 척이 남아 있습니다."라는 고백만으로 나는 살아야 할 충분한 이유가 있습니다.

은빛 파도가 흐르는 아름다운 밤, 별들의 합창을 들으면 가슴 깊이 스며드는 하늘의 위로를 느낍니다. 살아있음은 아름답고, 기다리는 것은 복된 일임을 다시금 확인합니다. 적막의 대지에 진리의 빛으로 쏟아지는 소망의 설렘과 만남의 기대가 있어 이 순간 내 생명의 잔은 넘칩니다. 가을이 지나가는 밤하늘에는 아직도 수많은 별들이 초롱초롱한 눈빛으로 새벽을 기다리며 깨어 반짝이고 있습니다.

5

쉼의 미학

휴식은 얽혀있는 일상의 실타래에서 벗어나려는 인간의 실존적 탈출이자 출생의 비밀을 푸는 열쇠이며, 자연과학과 논리적 실증주의, 자유주의 신학의 융단 폭격 하에서도, 신적 임재와 생명의 신비 및 정교한 자연의 치밀한 아름다움을 감동으로 발견하며, 감격으로 바라보고, 감사로 체험하는 초월적 용기입니다.

인간은 〈거리를 취할 줄 아는 동물〉이라고 하이데거는 말합니다. 정말 그러합니다. 얽혀있는 일상의 실타래에서 살짝 벗어나 약간의 거리라도 생기면, 생의 의미와 목적은 더욱 선명해지고, 삶의 감추어진 맥락이 드러나면서, 애매하던 부분이 이해되며, 조화와 균형이 보이기 시작하는 법입니다. 잠시 벗어나 거리를 취했을 뿐인데, 나의 삶의 균형이 어디서 어떻게 깨어져 있는지 그 허와 실이 드러나 보이게 됩니다.

한 발짝 뒤에 서서 멈추어 생각하는(nach-denken) 그 여유로운 삶의 첫 걸음이 휴식입니다. 긴장의 끈을 풀고 아무 일도 하지 않는 단순한 정지에서부터, 조용한 숲을 산책하면서 산과 바다를 멀리 바라보며 명상에 잠긴 채 개울물 흐르는 소리에 귀를 기울이거나 심금을 울리는 음악을 들으면서 감성의 바다를 넘나드는 풍요를 누리거나, 영감의 글을 읽거나 정감을 나누는 대화를 통해서 도달하는 쉼의 모든 가능성을 포함합니다.

우리의 쉼을 축복하기 위해 태양은 황금빛 햇살을 내리고, 대지는 샘솟는 맑은 물을 길어 올립니다. 푸른 초원과 확 트인 바다, 가까운 숲과 먼 산을 바라보는 것만으로도 치유의 효과가 일어난다고 의학은 말합니다. 불쌍한 우리의 심장과 뇌는 삶의 전쟁터에서 끊임없이 새로운 자극으로 24/7 쉬지 않고 융단폭격을 받습니다. 휴식은 자정 능력 곧 회복을 의미합니다. 호수에 오면 마음이 맑은 물속으로 가라앉고, 흰 구름을 바라보면 마음도 두둥실 푸른 하늘을 떠다닙니다. 호수는 언제나 푸근하게 하늘과 구름과 산과 함께 우리 영혼까지도 품어줍니다. 상상할 수 없는 생명의 신비와 자연의 정교한 아름다움을 경외심으로 바라보고, 감격으로 느끼며, 감사하는 마음으로 성찰합니다. 자연은 하나님이 직접 쓰신 열려있는 경전입니다. 자연의 신비는 역사의 먼지와 문화의 오염을 벗어나 늘 그렇게 우리의 눈앞에 청정하게 옛 모습 그대로 서 있습니다.

휴식(休息)은 〈쉬다〉라는 의미의 휴(休)와 〈숨쉬다〉라는 뜻을 가진 식(息)의 합성어로서, 일상적 삶에서 잠시 물러나 자신을 돌아보고 자아를 찾아가는 과정의 종합입니다. 심지어는 숨 쉬는 것조차도 쉬어야 하는 파격적인 의미로도 이해할 수 있습니다. 삶의 방향과 목적보다는 경쟁과 속도의 늪에 빠져 있는 현대인에게 휴식은 참으로 많은 것을 시사해주며, 진실로 여러 갈래로 쪼개진 자아를 회복시키는 철학적 종교적 노력입니다. 일은 생의 수단이지만, 그 의미와 방향은 휴식이 제공해줍니다. 생존을 위협하는 밀물과 썰물의 부단한 반복을 통하여, 평화와 안전을 위협하는 무수한 침입자들을 상대하느라 지쳐있는 우리의 마음은 심리학적으로 치유되어야 하고, 피곤해 하는 몸은 생물학적으로 회복되어야 하며, 허기진 영혼은 영적으로 채워지며 재충전되어야 하는 것입니다.

참으로 의미심장하게도 창조주의 사랑이 절절히 녹아있는 금과옥조의 황금률인 십계명, 그 한 가운데 더욱 눈부시게 빛나는 넷째와 다섯째 계명은 휴식과 존재의 뿌리 및 그 시원과 깊은 관련이 있는 듯합니다. 나아가 그 의미의 중요성은 〈기억하라〉와 〈공경하라〉는 두 긍정형의 당부에서 집약됩니다. 창조 즉 존재의 근원에의 기억과, 부모 즉 생명의 뿌리에의 공경입니다. 기억이라는 말은 고대 언어에서 생각, 기억, 기념, 감사, 회상, 추억을 총 망라하는 근원어에서 나온 말입니다. 영어의 think/thank나 독일어의 denken/danken처럼 말입니다. 경천애인과 맞닿아 있습니다. 양의 동서와 시의 고금이 여기서 지혜로 만납니다. 그래서 기억해야 하는 안식일, 이 날은 생명의 최초의 불꽃을 경축하고 하나님의 창조의 은혜를 생각하는 날입니다. 최고의 선물로 주어진 삶의 가장 고요한 시간입니다. 창조의 큰 그림을 기억하며 감사함으로 확인하는 날입니다. 인간과 창조주, 땅과 하늘,

유한과 무한, 시간과 영원, 타락과 구속 사이의 끊어진 고리를 다시금 이어주는 실로 든든한 이음표(hyphen)가 바로 이 날이기 때문입니다.

신앙의 가장 핵심적이고 본질적인 부분에는 신성과의 교제가 있습니다. 인격적인 하나님은 우리와 교제하시기를 절절히 원하신 듯합니다. 왜냐하면 하나님은 우리가 이질감과 열등감을 느끼지 않고 그분과 친밀한 교제를 나누도록 하시기 위해, 특별하게도 하나님의 모양과 형상대로 우리를 창조하셨습니다. 이렇게 지음을 받아야 하나님과의 각별한 수평적 교제가 가능해지기 때문에, 황공하게도 우리에게 그 분의 형상을 입혀주셨습니다. 비록 우리가 창조주 하나님과는 엄청난 격차의 피조물이지만 특별한 교제를 원하시는 그 분의 특별한 사랑과 배려로, 유사한 형상과 비슷한 신분, 근접한 영혼과 고상한 신성의 모양과 자유와 이성까지 주시면서 과분한 특혜를 베풀어주신 셈입니다.

신적 존재와의 교제로부터 우리 생명과 신앙의 모든 에너지가 흘러나옵니다. 같은 패턴으로 우리는 우리의 형상을 따라 태어난 우리의 분신인 자녀들과 비슷한 교제를 하며 살라고 가정을 선물로 주셨습니다. 나는 창세기 5장 3절에서 "아담이 130세에 자기 모양 곧 자기 형상과 같은 아들을 낳아 이름을 셋이라."고 하셨을 때 왜 모양과 형상을 여기에 굳이 언급하셨을까 한동안 의아해 했습니다. 모양의 유사성은 연대감과 친밀성이며, 형상의 근접성은 존재의 동질성과 소속감임을 최근에야 깨달았습니다. 비록 우리 아이들이 망아지처럼 행동은 하지만 망아지로 태어나지 않은 것은 얼마나한 기적이며 축복입니까? 그래서 우리의 생명은 하나님의 형상으로 태어난 것만으로도 정말 엄청난 사건이요 분에 넘치는 선물입니다.

한 인간의 존재 전체가 신성의 축복이 약속된 특정 시간 속에 24시간 잠긴다는 것은 무엇을 뜻하는 것입니까? 인간의 실존이 신성의 임재가 약속된 특정 공간에 발을 담갔다는 것은 어떤 의미입니까? 여기 지금 멈추고 정지함은 다가올 무엇의 예감이며 암시인 것입니까? 한 주일에 한 번, 거룩한 시간의 바다에 나의 존재를 침잠시키고, 성스러운 공간의 궁전에 내 영혼이 잠겼다 나오면 내 마음과 영혼의 눈동자도 거룩함의 호수처럼 맑아져 있을 것입니다.

창조의 기념일인 일곱째 날은 싱싱한 자연의 숲에, 탄생의 신비 속에, 생명의 호수에 안기고 빠져보는 날입니다. 성도들의 모습과 삶 속에서 주님이 임재하시고 살아계심을 잔물결처럼 의식하는 날입니다. 우리의 DNA에 깊숙이 묻혀 있는 원가족, 아담과 하와에 대한 추억이 희미한 동화처럼 들려오는 태초의 요람 속으로 들어가 보는 시간입니다. 그들의 마음이 어떤 결을 가지고 있었는지, 그들의 성스러운 삶의 모습과 신혼살림은 어떠했는지를 생각하게 합니다. 떠나온 고향 에덴은 우리 존재의 뿌리이며, 삶의 터전이었습니다. 뿌리가 식물에게는 생명줄이듯이, 창조의 기념일은 우리의 생명이 창조주와 연결되어있는 시원의 탯줄입니다.

자유의 여신상의 받침대 동판에는, "고단하고 가난한 자들이여, 자유로이 숨쉬고자 하는 군중들이여, 폭풍에 시달린 고향 없는 자들이여, 내게로 오라."는 에마 라자루스의 시가 온 인류를 향한 초청의 말로 새겨져 있습니다. 차라투스트라가 서른 살이 되었을 때 자기 고향과 고향의 호수를 떠나서 고뇌의 여정을 시작했듯이, 니체의 허무주의는 고향을 떠나 세상을 헤매는 여행에서 시작되었던 것입니다. 방황하는 인간의 솔직한 모습이요 현주소가 아닐 수 없습니다. 휴식은 삶의 폭풍에 가차 없이 시달리며 고향을 잃은 우리를 향한 거룩한 시간에의 초청입니다.

빛이 있으라는 태초의 말씀은 인간 존재의 집을 밝히는 최초의 불꽃입니다. 그리고 인간은 본래적으로 그 밝은 고향에 거주하도록 설계된 존재였습니다. 고향은 생명의 뿌리와 근원의 개념을 상징적으로 보여줍니다. 종교와 철학은 본질적 의미에서 고향으로 돌아가고자 하는 인간의 본능적인 충동이자 향수입니다. 우리가 살고 있는 이 시대를 고향상실(Heimatlosigkeit)의 시대라고 말합니다. 인간은 자신이 거주해야 할 고향에서 떠나 밤의 심연에서 유리하고 있는 것입니다. 인간 현존재(Dasein)가 자신의 고유한 실존에 이르지 못하고 퇴락한 존재로 전락했을 때, 〈신의 결핍〉에서 오는 고향상실의 현상을 만나게 됩니다. 숙명적으로 고향은 회복되어야하고 귀향은 성취되어야 합니다. 고향은 존재 자체의 근원이며 귀향은 근원으로 돌아감이기 때문입니다. 존재의 진리가 밝히 드러나는 곳으로 귀향하는 노력 이것이 바로 제7일의 의미를 관통합니다.

고향을 잃어버린 우리는 고향의 들길에서 들려오는 자연의 소리에 귀를 기울여야합니다. 그래서 일곱째 날은 모든 인간이 뿌리를 찾아 나서는 귀성 길 같은 것, 의미도 알차고, 행렬도 장엄합니다. 사랑의 뿌리, 존재의 근원을 찾아 나서는, 궁극적 귀향을 예감하는 날이요, 우리의 영혼을 경외심과 경탄으로 사로잡는 신비의 현존을 느끼는 날이기도 합니다. 성경의 두 거대 담론인, 창조의 신비와 구속의 역사가 길 양편에 기념비로 세워져 근원으로 향하는 길을 비추고 있습니다. 우리 생명의 뿌리가 창조자와 구속자에게 연결되어 있음을 확인시켜주는 집약된 진리의 기념일입니다.

햇살이 붉게 영그는 일몰을 보며, 거룩한 시간을 뒤로하고 다시 나그네 길로 되돌아갈 마음의 준비를 합니다. 살다 보면 슬픔의 골짜기를 지날 때도 있고, 기쁨의 눈부신 꽃밭을 지날 때도 있습니다. 때로는 희망의 언덕에서 찬송을 부르고 성취의 동산에서 호산나를 외칩니다. 이 석양의 순간에도 지저귀는 새들의 노래 소리가 아름다운 시가 되고 정다운 음악이 되듯이, 이 노년의 시간에도 산처럼 흔들리지 않고, 호수같이 맑고 은은한 믿음의 여생을 살아가기를 기원하는 조용한 기도 소리가 저 붉은 하늘가로 긴 여운을 남기며 흩으져 갑니다.

III. 철학적 명상과 종교적 성찰

6

진리에의 여정

　조촐한 나의 일생은, 철학을 더듬다가 종교로, 종교를 살피다가 기독교 신앙으로, 감리교회의 경건한 삶과, 장로교회의 개혁신앙을 거쳐 순수한 성경적 신앙에로의 일생에 걸친 순례였습니다. 둘러둘러 나는 성경으로 돌아왔을 뿐인데, 결국 성경 진리를 있는 그대로 가감 없이 믿고 따르는 교회에 다다르고 말았습니다.

　절대자를 만나 그분을 믿고 따르며, 계시된 교의를 받들고 지키는 것이 신앙의 기본적인 정의라면, 하나님을 유일한 절대신으로 믿으며, 성경에 계시된 그분의 말씀을 절대적 진리로 받아들이면서, 생의 매 발자국마다 전적으로 의지하고 순종하며 살아가는 삶의 총화가 바로 신앙일 것입니다. 따라서 공허한 주관적 사색이나 명상의 산물이 아니라, 하나님의 초월적인 부르심에 한 인격체인 인간이 전 존재를 걸고 응답하는 실존적인 만남입니다. 이러한 부르심과 응답의 체험과 신앙의 결단으로 삶의 중심에 하나님을 모시고, 신앙고백을 통해서 온전히 자신의 의지와 감성과 지성, 나아가 삶 전체를 하나님께 순종으로 종속시킬 때 비로소 신앙은 가능해집니다. 나아가 신앙을 밀어내려는 세속의 폭풍과 시련의 쓰나미를 끝까지 견디어내는 지혜와 불굴의 용기까지를 포함합니다.

아시다시피 인간은 자연 안에서도 연약한 한 줄기 갈대에 지나지 않습니다. 그를 박살내기 위해 온 우주가 무장할 필요는 없다고 파스칼은 증언합니다. 한 줌의 증기나 한 방울의 물이면 그를 죽이기에 충분할 만큼, 인생은 한 번 피고 스러지는 하얀 서리꽃에 불과합니다. 끝없이 팽창하는 우주 공간은 우리를 겹겹이 에워싸, 하나의 점으로 쉽게 삼켜버릴 수는 있지만, 하나님의 형상으로 창조되고 사유와 이성적 성찰을 통하여 〈생각하는 갈대〉로서 우주를 포괄할 수 있다는 점에 실로 인간의 존엄성이 있습니다.

신을 직관하고 대면하는 것은 이러한 이성적 존재를 걸고 투척하는 과감한 용기입니다. 신앙은 초월적 계시의 단순한 동의가 아니라, 인간의 구원을 약속하신 창조주의 무지개 빛 언약과 사랑의 계시에 전적으로 의존하여, 궁극적으로 신이며 인간이신 그리스도 예수로 말미암아 구속이 성취될 것을 인격적, 주체적으로 확신함입니다. 인간의 생을 규정하고 그에게 삶의 방식과 의미와 목적을 부여하는 궁극적 진리를 수평적으로 넓게 파악하여 표상으로만 이야기하면 종교 일반에 머물고, 수직적으로 내면을 향해 좀 더 깊이 파고 들어가 개념적으로 서술하면 철학이 되겠지만, 전 인격을 걸고 영혼의 깊이에서 생명을 걸고 수용하며 믿고 고백할 때에야 비로소 신앙이 됩니다.

일상성에 매몰되어 허덕이는 우리의 삶을 실현 불가능한 희망에 가두어 놓고, 참 자아의 실현이라는, 우리의 힘으로는 도저히 도달 불가능한 애매한 초월적 세계를 끊임없이 추구하게 하는 신비종교가 여러 형태로 우리를 유혹합니다. 그러나 신앙은, 하늘로부터 계시의 빛이 내려서, 우리의 마음속에 한 줄기 진리의 푸른 강을 흐르게 하여 지친 영혼이 그 물가에서 쉬며, 그 맑은 물로 때 묻은 자아를 씻어내어 구겨진 삶을 펴고 시들은 생을 소생시켜 참 자아의 진실한 삶을 살도록 이끌어 줍니다. 인간의 마음속에 창조주께서 심어 놓으신 〈종교의 씨앗〉(semen religionis)을 잘 발아하게 하여 열매를 맺게 하는 것입니다. 그때에야 신앙의 새로운 세계, 영의 세계, 영원한 하나님의 세계가 눈앞에 활짝 펼쳐지는 것입니다.

그래서 기독교는 하나의 종교가 아니라 궁극적 신앙입니다. 종교는 교양이고 이해이며 마음의 평화이지만, 신앙은 이 단계를 지나 초월이고 신비이며, 헌신이자 희생의 불꽃입니다. 이성이 아니라 은혜와 믿음의 통로로만 도달할 수 있는 창조주의 영역에의 접근입니다. 초자연적인 계시가 없는 종교는 인간이 건설한 허구이고 하나의 무속에 불과하며, 보편성이 없는 종교는 역시 미망입니다.

인간 스스로 늠름하고 의미 있고 의연한 삶을 살 수 있도록 하는 것은 기껏해야 철학 아니면 고상한 윤리로도 충분합니다. 계시종교는 이 모두를 포함하며 동시에 이를 뛰어 넘는 그 무엇이어야만 합니다. 철학은 종교에로 열려있는 문호는 되겠지만 대신할 수는 없으며, 종교는 신앙으로 안내하는 필요한 통로는 되겠지만 충분할 수는 없는 이치입니다. 종교가 있고 또 신앙이 있습니다. 종교의 사상적 지평은 시공을 초월한다는 의미에서 영원의 철학(philosophia perennis)이라고 불릴 수는 있을 것입니다만, 신앙과 종교에는 궁극적으로 큰 차이가 있습니다. 종교 일반은 모양의 차이가 조금씩은 있지만 결국은 인간의 노력과 정성으로 참 자아를 발견하고 복을 받고자 하는 자구적 노력일 뿐입니다.

종교가 만일 개인의 궁극적 관심사(the ultimate concern)가 되면 그때에야 신앙의 영역으로 넘어가는 발판이 확보되는 셈입니다. 기독교는 하나의 종교가 아니라 궁극적인 신앙이라고 하는 이유는 하나님이 이미 이루어 놓으신 구원을 믿음으로 받아들이기만 하면 되는 것이기 때문입니다. 대부분의 종교는 인간에게서 시작되었지만, 기독교 신앙은 하나님에게서 시작되었습니다. 신앙의 역학은 그 단초가 이 땅에서가 아니라, 하늘에서 내려온 계시의 하향성에 있습니다.

세상의 여러 종교들은 사람에 의해 만들어진 것이기 때문에 언제나 인간의 한계와 이해 범위 안에서만 머물지만, 신앙은 살아계신 창조주 하나님에게서 비롯되었기 때문에 인간의 한계와 자연을 몇 천 척 뛰어넘는 초월성을 포함합니다. 믿음이란 나의 생에 나타난 하나님의 역사가 나의 능력이 아니라 기적을 토대로 일어났으며, 나의 선함이 아닌 그분의 언약에 기초하여 일어난다는 사실을 깨닫는 것입니다. 불확실성 가운데 살면서 지도에도 없는 길을 걸으며 불투명한 미래를 향해 나아가고 있을지라도, 나를 향한 하나님의 신실하심을 영적 항해술로 확신하고 따라가는 것입니다. 하나님을 믿는다는 것은, 그분의 말씀 위에 자기 자신의 삶을 송두리채 맡기고 실어버리는 용기입니다.

종교는 대부분 인간의 작품이므로 인간의 이성으로 접근하면 이해가 됩니다만, 신앙은 인간의 이성만으로는 다 이해할 수 없는, 창조주 하나님의 영역이 있기 때문에 믿음으로 접근해야 합니다. 보이지도 않고 들리지도 않는 그분의 빛과 음성을 향해 영의 눈과 귀를 여는 것입니다. 이성이 아니라 은혜와 믿음의 통로로만 도달할 수 있는 창조자 하나님의 영역입니다. 종교는 계속적인 깨달음을 통해 자아를 발견하고 깨어있는 이생의 삶을 약속하지만, 영적 삶과 구원이라는 초월적 목표에는 미치지 못합니다. 많은 종교의 신들은 모두 인간의 손과 머리로 만들어진 허구요 죽은 신들일 뿐입니다. 신앙은 전혀 낯선 새로운 체험, 영의 세계, 하나님의 나라의 영역입니다.

우리는 종교인임을 지나서 어느 경점에 은혜로 신앙인이 되었습니다. 주님을 믿는 일이 각자의 생에서 가장 잘한 일이며 우리 생애의 최고의 사건이었습니다. 생명을 구원해 주신 일만으로도 영광과 찬미를 받으셔야 하는데, 이 역사의 막바지에 오직 성경(sola Scriptura)이 가르치는 그대로의 순수한 진리와 맑고 신선한 삶의 신조를 가진 재림신앙 안으로 불러주신 주님의 섭리와 배려가 눈물겹도록 감사합니다.

펼쳐진 성경 위에 서 있는 십자가, 삼위일체의 불길로 겹겹이 싸여 있는 지구, 그리스도의 재림과 성도의 부활 및 승천 등으로 상징되는 교회의 로고는, 온 천하에 재림신앙의 핵심과 정체성 그리고 그 마지막 사명을 한 눈에 선명히 보여줍니다. 세상 역사의 마지막 때에, 이 로고의 깊이 있는 표상성에 전 세계의 재림신자들의 신앙 모습이 걸맞게 어울리고 정확하게 겹쳐져야 하는 당위와 필연이 있습니다. 그들이 신앙에 대하여 주장하는 것들이 그들의 경전인 성경의 내용과 정확하게 일치하지 않으면 그 신앙은 올바른 신앙이라고 할 수 없을 것입니다.

시간과 더불어 진하게 익어가는 재림의 소망처럼, 뒷뜰에서는 소담하게 여물어가는 들깨의 향이 바람 소리에 실려 소슬하고, 보랏빛 도라지꽃을 따라 춤추는 고추잠자리가 어릴 적 함께 뛰놀던 어린 동무들처럼 정겹고 눈물겹습니다.

7

율법과 복음

　율법과 복음의 영롱한 조화-은혜로 포장된 값싼 믿음의 황당한 신기루가 교회사의 지평에 떠오르더니, 믿음과 순종이 서로 서먹해지고, 율법과 복음의 사이가 다소 어색해진 묘한 분위기가 생겨났습니다.

　언 땅을 녹이고, 불신의 흙더미를 밀치면서 봄은 깨금발 들고 일제히 돋아납니다. 피워야 할 꽃이 있고 맺혀야 할 보람이 있으며, 돌아가야 할 고향이 있음으로 자연은 행복합니다. 진실로 봄은 아다지오로 흐르는 자연의 장엄한 교향곡입니다. 창조주의 지휘봉에 순응하여 온 우주가 탄주하는 위대한 환희의 송가입니다. 약동하는 생의 축가입니다.

　공의의 질서요 창조자의 사랑의 말씀, 특히 십계명을 단지 명령으로만 받으면 우리는 굴종으로 반응하여 종이 되는 것이고, 의무로만 받으면 맹종으로 응답하여 머슴이 되는 것이며, 단순한 지시사항으로만 받으면 복종으로 반응하여 노예가 되는 것이고, 생의 질서와 삶의 원칙으로 받으면 순종으로 반응하여 하나님의 자녀로 사는 것입니다. 선택은 우리 각자의 몫이지요.

이미 하나님의 은혜를 입고 있던 노아는 이 은혜에 반응하여 그분께서 주신 명령들을 충성스럽게 순종함으로 방주라는 실로 거대한 생존의 집을 건조해 내었습니다. 이처럼 은혜는 순종으로 이어질 때 아름다운 결실로서 구원을 완성합니다.

율법과 복음이 신앙이라는 금화의 양면처럼 뚜렷이 구별은 되지만, 이 두 개념을 분리시키는 것은 전혀 합당하지 않습니다. 율법과 복음을 쪼개는 이분법적 사고는 신앙이라는 금화의 파괴를 불러오고, 믿음과 행함의 분열을 초래하여, 급기야 율법폐기론으로까지 기울어집니다. 믿음으로만(sola fide) 의롭게 된다는 종교개혁의 주된 사상은, 이후 교회가 순종 없는 믿음 일변도로 나아가는 흐름을 자초했고, 결과적으로 신앙적 실천이 경시되고, 믿음과 행함이 조화를 이루지 못하는 어색한 분위기가 생겨났습니다.

이 혼란은 아시는 대로 바울이 로마서에서 율법의 속성을 경우에 따라 다소 모호하거나 상이하게 진술함으로 율법에 대한 용례와 개념의 일관성을 결여했음에 기인했지요. 그래서 슬프게도 은혜로 포장된 값싼 믿음의 신기루가 교회사의 지평 위로 떠오르게 되었습니다.

사막과 같은 이 세상을 나그네로 힘들게 걸어가는 우리 성도들에게 수시로 떠오르는 환상의 신기루가 있습니다. 실로 뿌리치기 힘든, 순종 없는 믿음의 오아시스라는 유혹의 신기루입니다. 각자 소견에 따라 믿고 싶은 대로 믿으면 되고, 교리는 한갓 사치품이며, 개인의 감정이나 경험에 충실하면 되는 주관적인 믿음, 순진하게 기적을 믿지 않아도 되고, 철학으로 풍장을 갖추고, 휴머니즘 사상으로 격식을 차리며, 이성과 논리로 무장한 현대화되어 있는 신앙, 전통적 가치는 붕괴되어야 할 무엇이고, 성경의 권위와 근본진리를 부정하는 자유주의 신학을 포용하며, 구원은 신앙의 궁극 목표가 아니어도 된다는 허풍 위에 소위 지성을 갖춘 세련된 신앙, 한마디로 성경에 적혀 있는 그대로를 믿지 않아도 되는 허황한 신기루와 같은 신앙 말입니다.

굳이 뼈를 깎는 뉘우침이나 처절한 회개가 없이도 죄가 용서되는 통큰 은혜는 정말로 달콤하고 매혹적으로 들립니다. 순종 없는 은혜, 십자가의 고통이나 죽음이 없는 은총, 인간이 되신 예수의 겸손과 피 흘림을 망각한 칭의, 자기 부인이 없는 제자의 길, 희생을 거부하는 신앙생활, 이런 것들로 가득한 교회가 기독교를 값싼 은혜의 종교로 전락시키고 있습니다. 은혜가 온 땅을 덮고 있으므로, 더 이상 하나님의 계명을 지킬 필요가 없다고 선언하며, 어차피 은혜로 구원을 받았는데, 성화와 삶의 개혁이 무슨 필요가 있는가 라고 힐문합니다.

인간의 순종은 하나님의 은혜에 대한 반응입니다. 계명의 준수는 주의 백성이 주님과 맺은 새 언약을 유지하는 길입니다. 이스라엘이 율법을 지키는 목적은 구원받기 위함이 아니라, 이미 받은 구원의 언약 안에서 매일을 살아가기 위한 것이었듯이 말입니다.

　인간의 의는 순종의 삶에서 비켜서면 생명이 없는 위선이 됩니다. 사랑은 감정이 아니라 원칙입니다. 원칙은 곧 법입니다. 사랑은 하늘의 법을 허무는 무정부주의가 아니라, 빛나는 진리의 질서 위에 세워진 영원한 도덕률의 완성입니다. 성경은 하나님의 형상인 그분의 품성으로 돌아가기 위한 성령의 역사에서 구원이 완성된다고 말합니다. 성령의 역사는 회개입니다. 회개를 촉발하는 것은 죄의식이고, 이것을 가능케 하는 것은 우리의 내면을 비춰주는 거울인 계명입니다. 그러므로 율법과 복음, 정의와 자비, 그것은 두 개념이 아니라, 바로 하나님 자신이신 하나의 개념입니다.

　그렇습니다. 실천 없는 믿음은 실로 공허하고, 순종 없는 은혜는 맹목일 뿐입니다. 따라서 공의 없는 자비는 여전히 공허하고, 율법 없는 십자가는 값싼 맹목에 불과합니다. 눈먼 신앙입니다. 믿음과 실천이 나란히 걸어가고, 은혜는 순종과 동행하며, 자비는 공의를 세우고, 십자가는 율법을 완성합니다. 그리하여 주님은 십자가에서 모든 의 즉 율법과 사랑을 "다 이루었다."라고 선언하셨습니다. 우리를 향한 하나님의 사랑을 한 쪽으로만 국한하는 것은, 하나님의 약속에 눈멀게 하며, 그분의 희생을 희석시켜, 십자가의 가치를 절반으로 평가절하 하는 우매에 불과합니다.

　하나님의 손으로 직접 돌판에 기록되고 언약으로 받아들여진 십계명과 함께, 안식일은 은혜의 확인이자 구원의 결과이며, 창조의 정신이고, 우주적 삶의 원칙이자 예감입니다. 날짜에 관한 의미를 훨씬 초월하지요. 진리는 과녁에 꽂히는 화살입니다. 자신이 죄인임을 고백하는 회개하는 가슴에 비치는 영원한 빛줄기입니다. 진리는 공의와 자비, 정죄와 용서, 율법과 십자가를 포함하는 우주적인 구속의 포괄적 개념입니다.

8

재림교회와 자유주의 신학

자유주의 신학-그것은 세속화에의 끊임없는 유혹이요 인본주의적 회유이며, 인간 이성의 달콤한 속삭임이자 죄된 성향의 점진적 파행입니다.

재림교회를 포함하여 어떠한 교회도 자유주의의 탁한 물결에서 자유로울 수 없습니다. 교회사를 통해서 그 현상은 꾸준히 계속되어 왔고, 지금도 현재진행형입니다. 숙명의 신앙행진이라는 이 도도한 흐름의 대열에서 잠깐 곁눈질하며 바깥바람을 쐬겠다던 똑똑이들은, 잠시 후 대열을 놓치고 뒤쳐지더니 결국은 뒤따라오는 흙먼지와 함께 멀리 사라져 갔습니다. 이것은 자유로운 사상을 꿈꾸는 세속화에의 끊임없는 유혹이요 진행이며, 인간 이성의 변증법적 전개이자 죄된 성향의 점진적 퇴행 과정입니다.

19세기 초, 독일의 쉴라이어마허의 〈종교론〉 출판으로 시작한 자유주의 신학은, 형식과 내용 및 방법론에서 정통적 복음 이해와 뚜렷이 구별되는 신학의 흐름으로서, 전 유럽을 석권하더니 곧 바로 미국을 거쳐 전 세계의 신학계를 주름잡으며 쓰나미처럼 쓸고 간 하나의 신학사조였습니다. 자유라는 이름 그대로 어떤 기존의 사상 체계나 주장을 절대시하거나 그것에 제한을 받지 않는다는 당돌한 입장으로, 자연히 개인과 자유에 큰 방점을 찍으며, 이성과 과학, 개방과 관용 쪽으로 그 운동장이 기우는 선명한 특징과 뚜렷한 성향을 보였습니다.

	역사의 흐름과 함께 자유주의는 종교, 철학, 정치 및 사회 전반을 아우르며 폭넓은 영향력을 행사해 왔으며, 특히 종교적 자유주의는 당대의 이성적인 시대정신(Zeitgeist)에 깊이 발을 담근 채, 지성인과 젊은 세대에게 외면당하고 있던 당시의 기독교 신앙을 재해석함으로, 나름 기독교를 변호하려는 가상한 노력으로 시작되긴 했었습니다. 이성이 온통 판을 휘젓고 다니는 현실에서 계시를 말하고 초월을 진술하는 종교 일반이 어떻게 가능하며, 특히, 기독교가 어떻게 존립할 수 있는가 라는 본질적인 문제에 대한 시대적 응답으로 나오긴 했습니다. 종교와 신학의 가능성, 나아가 기독론의 가능성이 주된 관심사였던 시대였지요. 그러나 불행하게도 이를 위해서는 더 큰 희생을 치러야 했던바, 신학의 중심을 하나님의 말씀(text)이 아닌 인간의 정황(context)에 둠으로써 결과적으로 인간 중심의 신학이 되어버린 얼룩과 아쉬움을 남겼습니다.

헤겔이 정확하게 말한 것처럼, 모든 인간의 사상과 철학은 그 시대의 딸이자 산물입니다. 어떤 시대적 배경에서 자유주의 신학이 일어났는가를 이해하는 것은 자유주의 신학에 깊숙이 감추어져 있는 무서운 함정을 이해하는 지름길이 될 것입니다. 당시의 상황을 보면, 정치 분야에는 민주주의가, 경제에는 자본주의가 태동하고, 산업혁명이 사회적 분위기를 이끌고 있었으며, 결과적으로 사회 계급이 발생했습니다. 과학과 기술이 발전함에 따라 과학이 모든 문제를 해결할 수도 있겠다는 소박한 신념이 확산되었고, 이러한 변화와 도전에 대응하여 자유주의 신학은 개인의 자유와 이성의 능력을 신뢰하는 계몽주의의 관점에서, 비평의식과 합리주의로 무장하고, 관용주의와 칸트 철학의 골격을 이용하여, 감히 기독교 신앙의 재해석을 시도했던 것입니다.

우선 계몽주의는 성경의 기록과 과학이 충돌할 때 성경보다 과학을 주저 없이 선호합니다. 따라서 창조와 타락에 대한 성경의 이야기는 더 이상 무비판적으로 받아들여질 수 없어져버렸습니다. 비평주의는 모든 사실과 자료들의 확실성을 일단 의심한 후, 연역적으로 분석 또는 검토해야 한다는 데카르트 철학의 입장입니다. 따라서 성경 역시 재검사의 대상이 되었으며, 급기야 고등비평이란 칼날을 휘두르며 무자비하게 성경을 난도질하기 시작했습니다.

성경 비평은 기독교가 계몽시대의 새로운 학문과 이념에 적응해 보려는 나름의 이성적인 몸부림이자 시도였던 것이었지만, 합리주의는 이성의 능력을 분별없이 강조하여 이성을 진리의 척도로 추대하고, 판단의 기준으로까지 격상시켰습니다. 기독교의 모든 교리 역시 이성에 의해 비판을 받아야 한다는 대담한 태도를 보이고, 그 결과 그리스도의 신성, 동정녀 탄생, 기적 등에 대한 교리들이 비판의 과녁으로 떠올랐습니다.

나아가 관용주의는 절대적 진리를 주장하는 대신, 계속성의 원리를 더 선호합니다. 그리하여 자연적인 것과 초자연적인 것, 인간과 하나님의 연속성과, 기독교와 타종교의 연대성을 주장하고 기독교를 다른 여러 종교들 가운데 하나로 평준화 내지 격하시키고 말았습니다. 더욱이 순수이성 비판과 실천이성 비판으로 이어지는 칸트의 비판철학은 초자연적인 종교의 가능성을 일단 의심하거나 보류하고, 단지 이성의 한계 안에서 가능한 종교만을 논함으로 종교를 도덕의 수준으로 축소시켰습니다. 이러한 칸트의 철학은 자유주의 신학의 이론적 토대가 되었으며, 종교의 윤리적이고 이성적 측면만을 강조하게 만들었습니다. "하늘엔 빛나는 별, 내 마음엔 반짝이는 도덕률"이라는 잘 알려진 그의 묘비명이 이를 잘 대변해줍니다. 이들 모두는 한 목소리로 성경을 하나님의 계시된 말씀과 최고의 권위로 믿는 복음적이고 정통적인 성경관에 의심의 안개를 드리우고 부단히 의문을 제기했던 것입니다.

그러나 제1차 세계대전과 경제 대공황을 실망으로 경험하면서, 인간 이성의 능력과 낙관주의, 역사적 진보주의에 대한 신뢰가 무참하게 깨짐으로 자유주의 신학은 다소 그 사상적 기반을 잃게 되었습니다. 죄로 얼룩진 인간 본성의 어두운 측면을 인식하지 못하고 인간의 능력에 너무 낙관적이었다는 것이 위기의 시대를 겪으면서 입증되었습니다. 따라서 인간 중심주의로부터 하나님 중심주의로의 전환이 다시 이루어져야만 했던 것입니다.

이성과 과학을 진리의 척도로 간주한 자유주의의 오류는 이렇듯 그릇된 출발점에서 비롯되었던 것입니다. 하나님의 말씀이 아닌 인간의 말이나 체험을 신학의 출발점으로 삼은 것입니다. 잘못된 시작은 잘못된 결론에 이를 수밖에 없습니다. 복음의 핵심을 상실하고 기독교를 계시종교로부터 윤리종교로, 하나님의 말씀 중심의 종교로부터 인간 중심의 합리적인 종교로 만들었던 것입니다. 파울 틸리히가 "유럽에서 개신교는 죽었다. 개신교 신학의 마지막 200년은 본질적으로 잘못되었다."고 외친 것도 바로 이 때문이었습니다.

이 절체절명의 시대에 재림교회는 하나님의 말씀으로 되돌아가는 필연의 과정에서 폭넓은 다양성과 포괄성을 지닌 신앙운동에서 태동되었습니다. 신학이라기보다는 오히려 신학적으로 정의하는 데 오랜 시간이 걸린 대각성이요 복음적 운동이었던 것입니다. 여기서 복음적이란 말은 인간 중심에서 하나님 중심으로, 자유주의적인 것에 반하여 보수적인 것에로, 현란한 철학적 언어유희와 정황(context) 위주에서 말씀(text) 자체로 되돌아감을 뜻합니다.

재림운동은 예수님의 재림을 향한 지속적인 역동적 각성을 포함합니다. 19세기 대각성운동으로부터 일어난 신앙전통을 따라서, 성경의 궁극적 진리와 권위를 되찾기 위한 끊임없는 종교개혁의 의지, 하나님의 구속사역의 역사성, 신인(神人)이신 그리스도를 믿음으로 만 얻어지는 구원, 전도와 선교, 점진적인 계시의 빛과 역사적인 예언의 성취 및 영적 변화의 중요성을 강조하고 실천합니다. 나아가 초자연적 거듭남의 필요성을 강조하고, 모든 성경을 하나님의 계시로 고백하며, 구원과 재림을 전파하고, 그리스도의 죽음과 부활의 구속적 의미를 성도의 삶에서 재현하려고 애를 씁니다. 복음이 개인적으로 체험되고, 성서적으로 정의되고 열정적으로 전파되어야 한다고 믿는 자들이 바로 그들입니다.

재림운동은 역사적으로 종교개혁 운동, 경건주의 운동, 청교도 운동을 거쳐 드디어 대각성운동을 통해서, 거룩한 삶에 대한 열망, 종교적 체험에 대한 강조, 종교적 헌신에 대한 관심, 그리고 성경의 권위에 대한 강조를 주님의 재림이라는 종말론적 대단원으로 결론짓는 숙명의 영적 대장정입니다. 종교개혁의 표어들인, 오직 성경(sola Scriptura), 오직 은혜(sola gratia), 오직 믿음(sola fide)의 원리기 재림교회의 정체성을 이루고, 그 위에 오직 그리스도(solus Christus)가 우리의 영원한 신앙고백으로 빛나는 보석처럼 우리의 가슴 위에 새겨져 있습니다. 우리는 말씀의 백성입니다. 영원토록 변치 않는 진리의 말씀만이 자유주의의 위험으로부터 우리를 자유케 할 것입니다.

9

영원한 어머니 교회여

빛나는 진리교회여,
영원한 어머니 교회여.

죄악의 슬픈 역사,
그 캄캄한 굴 속을
도도한 생명력으로,
세 천사의 기별을 울리며,
지치지 않고 달려온
숙명의 대장정.

은혜로 촉촉히 젖어 있는 이슬,
진리의 햇살로 반짝이는 초록,
불타는 미래의 꿈은
신성한 예감으로 전율하고,
시간과 공간을 넘나들며
여명의 숲을 관통하는
도도한 복음의 빛줄기여.

영원의 광채를 추구하는
성스러운 교회의 영광이여,
소망으로 치솟는 생의 약동,
사명은 하늘의 음악처럼,
뜨거운 심금 위에
진군의 나팔소리로 내리고,
풋풋한 믿음은
성소의 향기로 피어오릅니다.

오늘도 밝은 새 날은 다가와,
어둠은 밝음으로 교차하고,
천국은 소리 없이 다가와,
황금 빛 무지개를
시간의 지평 위에 드리웁니다.

떨리는 신비함으로
영원한 복음의 첫 장을 열듯이,
경건의 옷깃을 여미고,
재림의 벅찬 소망으로
뛰는 가슴을 불태우고,
한 마음 그윽한 엄숙함으로
역사의 새 아침을 맞이합니다.

고요한 달빛처럼 내리는
평화의 기별로
우리의 영혼은 풍요를 누리고,
햇살처럼 퍼지는
사랑의 복음으로
온 세상은 더없이 환해집니다.

성스러운 교회여,
시온의 영광이여,
역사의 대단원을 장식할
위대한 어머니 교회여,
주의 길을 곧게 하고,
진리를 수호하며,
유혹에 맞서고,
불의를 대항하며,
말씀의 능력을 회복하여

영원한 복음을 선포하라.
성도들을 깨끗케 하며,
진리를 추구하는 남은 교회를
거룩한 품성으로 단장하여
영원한 신랑을 맞게 하라.

깜깜한 밤일수록
별은 더 밝게 빛나듯이,
이 시대의 등불로서,
이 세상의 소금으로서,
그리스도의 향기와 편지로서,
처연한 결심으로
마지막 지상명령을 성취하라.

영원한 어머니,
그 따스하고 너른 가슴에
붉고 검고 희고 노란
다양한 색깔의 병아리들,
이 세상 모든 성도들을,
어미 닭처럼 품고 다독이는
성스러운 세계교회여,
그대의 앞날에 축복 있으라.
밝아오는 내일에 영광 있으라.

⑩ 기술사회 유감

　과학기술과 세상 종말-파국을 향한 기술문명의 독주에 결정적인 제동의 쐐기는 있는 것인가?

　컴퓨터를 전공한 사람도 급변하는 과학기술을 따라 잡기에는 퍽이나 숨이 찹니다. 어쩌다 스마트폰을 잃어버리거나 고장이라도 나면, 방대한 양의 자료와 기능을 소장, 탑재하고 있었을 경우, 다음 스마트폰에 모두를 그대로 복원하여 옮기는 것은 불가능하거나 엄청 머리를 썩혀야 합니다. 한마디로 며칠간 골머리를 앓는 것이지요. 옛날의 단순한 삶이 그리워지는 대목입니다.

　과학기술이 우리 인간의 삶에 무엇을 의미하느냐 라는 다소 당돌한 물음보다는, 무엇을 의미하지 않느냐 라는, 다소 소극적이고도 조심스런 입장을 취하고자합니다. 이것은 마치 사본에서 원본을 떠내는 낯선 작업 같아서 정확성과 엄밀성을 결여하고 있다는 비난의 여지를 남깁니다. 오늘 만큼이나 과학기술이 우크라이나의 전쟁터를 비롯하여, 우리 삶의 구석구석을 지배하고 꼴지어 가는 결정적인 요소가 된 적은 일찌기 없었습니다. 그래서 우리는 자랑스레 이 시대를 기술혁명의 시대라고 부릅니다. 〈지식=힘〉이라는 베이컨의 소박한 등식으로 대표되는 근세로부터 오늘날의 고도화된 첨단 전자망에 이르기까지, 기술문명은 눈부시게 범위와 폭을 확장하고, 그 차원을 다양화하면서 인간의 질적 양적 삶의 방식과 관련되어 끊임없이 사회적 문화적 변화를 촉발하고 강요해 왔습니다. 한 세기 전 만하여도 단지 인간에게 봉사하는 수단에 불과했던 이 기술이, 놀랍게도 이제는 인간 삶의 목표 또는 목적으로 까지 격상되어 자리 잡게 되었습니다.

돌이켜보면, 지혜인(homo sapiens)으로만 알아온 인간에 대한 소박한 정의는 이성적 동물(animal rationale)을 거쳐 제작인(homo faber)에 이르기까지 베이컨의 말처럼, 자연의 관리인 내지 해석자로서 끊임없이 자연을 변형, 가공, 착취해 왔습니다. 여기에다 프로메테우스에 의해 전해졌다는 불의 발견은 현대와 같은 기술도시 사회를 건설하는데 결정적인 발판을 제공해주었습니다.

기술이란 인간 활동의 모든 분야에서, 합리적으로 도달하여 절대적인 효율성을 추구하는 방법들의 총체라고 정의할 수 있을 것입니다. 손을 손으로 쓸 줄 알았던 원시인이나 자연 요소인 불을 다룰 줄 안 프로메테우스적인 예지인이나 모두가 기술문명 등장의 필요조건을 제시하고는 있지만 충분한 조건은 물론 되지 못합니다. 본격적인 의미에서의 기술 즉 손이나 도구를 넘어 기계의 힘과 고도의 전자장치나 컴퓨터를 이용하여 자연을 훼손하고 파괴하며 인간의 방만한 욕구를 충족시키기 시작한 것은, 겨우 최근 100년 동안이라는 극히 짧은 기간 동안이었습니다.

현대의 기술 발전이 획기적으로 가속도가 붙은 이유는, 경험의 축적에서 방법의 축적까지를 가능케 한 〈발명하기 위한 방법〉이 방법화되고 체계화되었기 때문이었고, 이것을 가능케 하는 데에는 중세의 스콜라 철학적인 자연관과 이후에 나타난 르네상스 시대의 세계관 즉 모든 존재를 양적으로만 분석하려는 양적 세계관이 있었습니다.

공기에서부터 에테르, 올림푸스 층을 거쳐 천사권, 삼위일체권으로 이어지는 일곱 겹의 질적 계급적 공간 표상은, 코페르니쿠스나 케플러, 갈리레오 이후부터는 완전히 하나의 양적 체계로 변하고 말았으며, 사물 간의 질적 상징적 관계는 원근화법이라는 구체적 시각적 관계로 대치되고, 기하학은 천체 공간의 구획을 재배치함으로 우주의 신학적 종교적 신비를 무장 해제시켜 버렸습니다. 단테나 밀턴의 영화롭고 낭만적인 상상력이 자유롭게 난무하던 영적 공간은 이제 색채로 향기도 없고 유기적 생명이 깨끗이 거세당한 엄격한 기하학적 공간에 의해 대치되고 말았습니다. 때마침 발명된 기계적 시계는 단순히 시간의 자취를 더듬는 기계가 아니라 인간의 집단적 행위를 동시각으로 일치시키는 입법자가 되었고, 컴퓨터는 인간의 생각과 시간을 엄청난 효율로 절약시키는 〈사유경제〉를 달성함으로 눈부신 발전의 고삐를 늦추지 않았습니다.

인구폭발의 충격이 채 잦아들기 전에, 지식폭발이라는 쓰나미가 그의 '무서운 아이들'(les enfants terribles)인 과학과 기술을 앞세우고 인류의 문명을 위협하기 시작했습니다. 이제 기술 문명은 그 제어할 수 없는 방대한 힘 때문에, 주인인 인간에게 새로운 국면의 도전과 위협의 요소가 되기 시작합니다. 고도의 기계화와 눈부신 자동화 및 정교한 인공지능이 궁극에 가서는 인간 이성의 지배를 벗어나 시스템 자체의 의지를 발동시킬 무서운 단계가 도래한 것을 소박하게 믿기 때문이 아니라, 그 전개 및 발전 단계에 있어서 기술문명은 인간 의지에 지배되지 않는 일면과 거꾸로 인간 의지를 지배하는 타면을 동시에 갖기 때문에 생기는 지극히 타당한 우려입니다.

마치 수술환자가 그가 만들어낸 마취도구에 의해 거꾸로 자신이 마취당해야 하듯이, 인간은 스스로 만들어낸 기술 문명에 대하여 나르시스적인 사랑에 빠져버리고, 자신의 존재가 어떻게 변모해 가고 있는 지를 모르고 있다는 우려입니다. 기술 그 자체는 선도 악도 아니요, 아직 이를 사용하는 사람에 따라 선도 악도 될 수있다는 기술 중립성을 가리켜 맥루한은 "몽유병 환자의 잠꼬대 같은 무책임한 낙관"이라고 공격합니다. 하이데거도, "우리는 항상 기술의 힘에 얽매어 있다. 우리는 기술을 단지 중립적인 것으로 볼 때 가장 속수무책으로 그 힘에 몸을 맡기고 있는 것이다." 라고 동조합니다. 더욱이 인공지능(AI)은 주인인 인간이 종인 기계에게 거꾸로 제한 당하는, 〈주인은 종의 종이다〉라는 새로운 역설을 배태시키기에 충분합니다. 인간

이성의 최대의 걸작품인 이 기술이 어떻게 서서히 그의 주인은 인간의 이성의 제동을 벗어나 오히려 인간이 그것으로부터 소외되는 역현상을 초래하게 되었는가 하는 반성의 겨를도 없이 인간은 어느 날 갑자기 기술의 힘에 얽메여 있는 초라한 자신의 모습을 뒤늦게 발견하게 된 것입니다. 그도 그럴 것이 이러한 변화는 최근 30년 간 거의 순식간에 성취되었기 때문에 더더욱 그러합니다.

이처럼 과학기술의 다양한 성과에 대한 지나친 신뢰는 최근에 와서야 비로소 자기비판과 자아 검증의 절차를 거치게 되었다는 것은 참으로 슬픈 일이 아닐 수 없습니다. 드디어 기술은 인간으로부터 독립하여 그 자체의 내면적 자율성을 갖게 된 듯하고, 현대인은 머지않아 진정한 삶의 의미와 목적을 상실하고 기술에 철저하게 순응하는 단계에 이르게 될 듯합니다. 이는 기술이 더 이상 다른 외부적인 요소들에 의해 제약을 받거나 결정되지 않으며, 기술의 효율성과 합리성만이 최고의 기준이 되었다는 의미이며, 더 나아가서 기술은 이제 우리가 사는 총체적 생활환경이 되었다는 의미입니다.

마지막 때에 많은 사람들이 빨리 왕래하고 지식이 증가하리라는 다니엘서의 오래된 예언은 이제 그 극단한 상태에서 받아들이지 않을 수 없게 된 듯합니다. 하지만 제아무리 과학 기술이 범람하여 인간의 물질적 문화적 삶을 고양하고 지양했어도, 지금까지의 어떠한 고도의 과학도 생명의 신비에, 우주의 광대무변한 질서에 명석하고 판명한(clara et distincta) 해답을 주기는커녕, 오히려 인류의 존립을 위태롭게하는 새로운 잠재세력으로 등장했으며, 어떤 과학기술의 논리적 구조도 인간 생명의 끊겨진 고리를 연결시켜주지 못했고, 특히 무덤 저편의 상황에 대한 인간의 끈덕진 호기심을 충족시킨 어떤 형이상학도 아직 가지고있지 못합니다. 인간 이성이 쌓아올린 여하한 형태의 과학 기술도 인간의 근본적인 삶과 불투명한 미래에 결정적인 보탬이 되어주고 못했고, 오히려 전혀 예기치 않았던 새로운 문제점만을 우리의 어깨에 부하시키는 역반응을 야기시켰으며, 인류가 오래 전부터 시문해온 근본물음에 명쾌한 Q.E.D.(증명완료 부호)를 주지 못했습니다. 기독교는 인간과 세계의 역사를 포괄하는 우주적인 미래에 대한 희망이 되기 위해서는 현대의 세계가 처해 있는 불투명한 위상을 정확히 짚어줘야 하며, 파국을 향한 걷잡을 수 없는 기술 문명의 독주에 결정적인 제동의 쐐기가 되는 데 주저하지 말아야할 것입니다.

 기술이 인간의 통제를 벗어났다고 곧 우리가 기술의 지배를 받으면서 살아야 하는 것은 물론 아닐 것입니다. 왜냐하면 과학은 이 사회가 추구하는 목적이나 이상이 될 수는 결코 없기 때문입니다. 그 차원과 지평을 한없이 확장해가는 기술문명이, 결국 사단과 그의 검은 세력의 지배를 받는 거대한 짐승(leviathan)이 되어, 역설적이게도 인간의 자유의지를 제한하고, 창조의 질서를 훼손하며, 거대한 바벨탑으로 세상 역사의 종말을 엉뚱하게 앞당기리라는 염려를 떨칠 수가 없습니다. 이제 우리들은 깨어서 세 천사의 기별을 더 크게 외치며, 머지않아 오실 주님을 더 큰 소리로 선포하고, 서둘러 세상을 준비시켜야하는데, 오히려 과학기술이 파국을 향하여 더 급히 앞질러 가고 있는 것 같아 씁쓸해집니다.

11

죽음의 미학

복음은 죽음이 십자가에서 사망을 선고 받아, 그 쏘는 독침은 부러졌으며, 찌르는 칼날은 무디어졌다고 선언하며, 진리의 밑자락을 믿음으로 붙잡는 자는 죽지 않고 피투성이라도 산다고 말합니다. 그래서 우리는 미래 시제의 새 질서 안에서 영원을 향한 소망의 가치로 오늘을 살아가는 것입니다.

생명의 호흡이 있는 모든 육체를 옥죄고 제약하는 괴로운 포승줄은 단연코 죽음일 것입니다. 그래서 실존철학은 인간을 규정짓는 가장 본질적이고도 근원적인 요소가 죽음이라고 강조합니다. 방식이 다를 뿐, 우리는 언제 어디서나, 좋든 싫든, 의식적이건 암시적이건 이 죽음과 의미연관을 맺으며 살아가고 있습니다. 이 고유한 인간의 존재방식을 '죽음을 향한 존재'(Sein zum Tode)라고 명명하며, 이러한 본질적 차원의 음침한 분위기가 인간이 그간 애써 이룩해 놓은 모든 문화와 문명의 바벨탑 속에, 특히 문학, 음악, 미술, 종교 및 철학에 깊숙이 각인된 채 전승되어 왔습니다. 유한보다는 무한을, 시간보다는 영원을, 개별보다는 보편을, 육체보다는 영혼을 선호하며 그것만이 철학의 이상적인 주제라고 천명하며 추구해 온 전통철학도 따지고 보면 결국 죽을 수밖에 없는 인간이 자신의 숙명에서 벗어나 보려는 실존적인 몸부림에 지나지 않은 것을 깨닫게 됩니다.

죽음과 함께 고전적인 물음, 즉 어떻게 살아야 하는가에 대한 생의 실천적 화두가 자연스럽게 머리에 떠오르는 서늘한 계절이 성큼 다가왔습니다. 푸른 하늘을 머리에 이고 흙 내음을 맡으며, 이슬과 바람, 햇볕에 노출되어, 서둘지 않고 들길을 걷는 계절, 작은 생명체들과 교감하며 대화를 나누고, 자연의 속도로 호흡할 수 있는 여유로운 산책길에서 가을의 의미를 만납니다. 또한 천고마비의 젊은 날, 폭풍의 언덕처럼 우리의 영혼을 뒤흔들며 의식을 강타하던 소중한 지혜 서들을 호롱불 아래서 탐독하며, 갈급한 어린 영혼을 차곡차곡 지성과 영성으로 채워 나가던 두툼한 독서의 옛 계절이 다시금 돌아온 듯합니다.

이해와 배려와 자유 속에서 조화를 이루며, 온 누리와의 평화스런 공존이 모든 종교의 가르침이라면, 저 좁은 강줄기를 다투지 않고 유유히 흐르는 물과 확 트인 창공을 자유롭게 날아가는 새들한테서 우리는 그것을 이미 다 배우고 있습니다. 생이 자연이고 자연이 생이라면, 문자 그대로 우리의 삶은 자연적인 삶이 될 것이고, 부는 바람은 숨 쉬는 공기이며, 꽃들은 시, 새들은 음악이 되고, 숲은 종교가 되는 풍요한 삶이될 것입니다. 말없이 피고 지는 꽃들과 자연의 경이 앞에서 우리들이 늘 얻는 것은 창조주의 세심한 사랑과, 자연의 위로와 생명경외입니다. 먼 수평선을 바라보면서 자유롭게 사유하며, 느린 호흡으로 사는 것은 노년의 기쁨이자 특권이요 황혼의 요청입니다. 이 석양의 때에 자연을 더욱 애타게 찾는 것은, 마음에 심어진 에덴에의 향수이자 생의 근원과 영원에의 회귀 본능일 것입니다. 이 모두가 이 가을이 주는 가슴 벅찬 생의 선물들입니다.

우리는 본질상 미래 시제의 질서 안에서 내일을 향한 소망의 가치로 오늘을 살아갑니다. 사라질 역사의 썩어질 운명으로부터 자유로울 어떤 영원한 언어도, 탄탄한 논리도, 그리고 항구적인 철학도 이 세상에는 존재하지 않습니다. 단지 제한된 이성으로 가볍게 쓰인 철없는 글들이 이 죽음의 현실에 눈멀게 하고, 뭇 사람들의 사유와 인식과 신앙을 우회시키고 약화시킬 뿐입니다. 죽음을 부여안고 신음하는 언어의 떨림과 영혼의 고뇌가 없는 사상은 모두가 맹목이요 허구입니다.

역설적이게도 그리스도인에게는 죽을 준비는 바로 살 준비입니다. 가을이 떨어짐(Fall)의 계절이듯이, 죽음은 삶의 줄기로부터 떨어져 나가는 슬픈 일이겠지요. 그러나 가을은 수확의 시간이고, 이 추수는 다가올 겨울이라는 고난의 준비입니다. 가을은 삶의 성과를 확인하고 거룩한 죽음을 기다리는 집행유예의 시간이기도 합니다. 선선한 가을바람에 마음이 조급해짐은 지나온 일생에 대한 아쉬움과 불만일 것이고, 종말을 제대로 맞이할 수 있을지 불안하기 때문이겠지요. 멀고 가까운 사람의 죽음을 마주치다 보면 결국에는 자신의 죽음을 만나게 됩니다. 죽음을 부정하는 것은 자기기만이며 죽음에 당당히 직면할 것을 옛 성현들은 역설합니다. 죽음의 공포를 냉철히 마주하여 남은 삶의 매 순간이 소중함을 깨닫고, 살아 있음에 대한 순수한 기쁨을 누리며, 자신과 타인을 위해 마지막 열정을 발휘해야 하는 이유입니다.

후회 없는 삶도 없고, 불안하지 않은 미래도 없습니다. 낙엽을 보면서 흠칫 삶의 끝을 생각하고, 나무의 실과를 보면서 생의 열매를 곰곰이 반추해보는 계절이 가을입니다. 아름다운 만큼 잔혹한 가을의 문턱을 넘으며, 더 깊어지기 위해 사색과 명상의 시간을 가지고, 황금빛으로 물든 오솔길을 침묵으로 걷는 것도 가을입니다. 추수를 하고난 빈 들녘처럼 자신의 마음을 훌훌 털고 비우는 계절이기도 합니다. 이리하여 내면이 넉넉해지고 여백이 생기면, 새로운 채움과 평안이 우리의 겸허한 빈 가슴에 스며듭니다.

어차피 우리가 시한부 인생을 살고 있다면 더더욱 오늘을 함부로 살 수는 없습니다. 더 열심히, 더 뜨겁게, 더 의미 있게 살아야 하며, 더 다독이고 아끼며 살아야 합니다. 지금 이 순간을 의미 있게 살라고, 우리에게 사랑하고, 일하고, 쉬고, 밤하늘의 별들을 바라보는 소중한 여분의 시간을 주었습니다. 이것은 우리가 아직도 이 땅 위에 머물고 생존해야하는 최소한의 이유일 것입니다.

지금 이 순간, 뛰는 가슴으로 삶을 살지 않으면 안 됩니다. 그렇습니다. 우리는 내일을 사는 것이 아니라 바로 오늘, 이 순간을 가득하게 알차게 살아야 합니다. 이것이 죽음을 준비하는 성도의 바른 모습일 것입니다. 죽음은 타향으로 갔다가 다시 고향으로 돌아가는 귀향 정도가 아닙니다. 가을에 낙엽이 지는 것은 자연의 순리요 명령입니다. 가을에 단풍이 들지 않고 떨어지지 않는다면 그 나무는 긴긴 겨울을 살아남을 수 없겠지요. 늦가을에 떨어지는 낙엽은 슬픈 것이 아니라, 할 일을 다 마친 의무의 마감입니다. 우리의 삶도 할 일을 다 마치고 죽는 것은 슬픈 일이 아니라, 참다운 삶과 충실한 삶의 마감이요 경축인 것입니다.

태어나는 방법은 단 한 가지이나, 죽음의 방법에는 여러 가지가 있을 것입니다. 삶과 죽음이 하나의 과정이라는 깨달음이 새롭습니다. 봄 여름 가을 겨울, 작은 씨앗이 싹트고 꽃피고 열매를 맺고 결국 시들고 지듯 우리도 그렇게 살아갈 뿐입니다. 삶의 나무에서 나뭇잎이 하나씩 둘씩 흙을 향해 떨어지듯, 죽음이란 자연에게서 받은 옷을 벗어 되돌려주는 일쯤으로 볼 수 있다면 우리는 조금은 철이든 셈입니다.

죽음은 시시각각 우리에게 반갑잖은 안부를 물어 옵니다. 젊었을 때는 일 년에 한 번쯤 세배하듯 찾아오더니 그 이후에는 월례 행사로, 지금은 조석 문안을 걸르는 법이 없습니다. 바나나 껍질에 검은 점이 돋아나듯, 우리의 얼굴에도 검버섯이 피어나고 육체의 유통기한이 빠르게 지나갑니다. 멸망에 대해서보다는 구원에 대해서 말하고, 심판에 대해서보다는 용서에 대해서 더 많이 이야기하며, 생의 여정을 마치는 마지막 순간, 남보다 나 자신에게 더 칭찬받을 수 있는 삶, 내가 스스로에게 의미를 부여할 수 있는 삶을 살기 위해 애쓰고 치열하게 고민해야 합니다.

그러므로 죽음의 미학은 따로 없습니다. 죄송하지만 제목이 어색합니다. 두 단어는 전혀 어울리지 않습니다. 죽음은 어쩔 수없는 슬픈 총체적 비극일 뿐입니다. 슬픔은 오랜 세월 우리의 주변을 서성입니다. 하지만 이 허허로운 죽음에 자그만 미학의 예쁜 리본을 달아주는 것은 각자의 몫입니다. 오직 흔들림 없는 신앙만이 그것을 가능케 할 것입니다. '죽음을 기억하라'(memento mori)는 경구가 머리를 떠나지 않습니다. 다행하게도 복음은 십자가 사건에서 죽음이 이미 사망선고를 받았음을 선포하고, 이 진실의 밑자락을 믿음으로 붙잡는 자는 누구든지 죽지 않고 피투성이라도 산다고 말합니다. 아, 눈부신 진리의 빛이여, 복음의 광채여.

12

하이데거 형 애썼소!

한때 나도 형한테 반하여, 젊은 혈기로 학위논문까지 쓰면서, 현존재의 두꺼운 껍질을 뚫고 존재의 내밀한 비밀을 찾아 나선 적이 있었소만, 이제 팔순을 바라보며, 자연과 생에 대한 조화롭고 폭넓은 시각과, 생명현상의 영원한 신비와 그 초월적 가치, 그리고 소우주와 대우주를 접목하는 절묘한 신학적 안목을 나름 갖추고 나니, 비지땀을 흘려가며 어떤 때는 자신도 모르는 소리를 횡설수설 반복하고 있는 형이 무척이나 안쓰러워졌소.

천재적 사상가와 예술가 특히 시인은 천재일우의 순간에 느닷없이 조우되는 깊이 있는 존재의 체험을 통해 그 튀는 불꽃을 소중히 붙잡고 예민하게 반응하면서 존재의 진리를 시적 언어와 개념으로, 예술로 드러내는 창조적 열정을 발휘합니다. 우리가 불현듯 경험하듯이,

내밀한 명상의 숲에 깊숙이 잠겨 걷고 있을 때 갑자기 눈앞에 황홀한 시공간이 열리면서, 은폐되어 있던 존재는 홀연히 비-은폐(a-lētheia)되어 진리(alētheia)의 섬광으로 눈부시게 다가와 말을 건네곤 합니다. 사유(Denken)의 숲길에서 존재(Sein)는 스스로 인간에게 자신의 모습을 드러내고 말을 걸어오며, 우리는 존재의 집인 언어를 통해 그를 만나고 기술합니다. 이는 과학적이고 기능적인 사고가 다다를 수 없는 너무나 시원적인 존재의 경험이고, 그것의 경이와 신비를 겸허히 받아들이는 성실과 초연함을 포함합니다.

누구를 공정하게 취급하기 위해서는 후세로부터 받은 과도한 명성을 잊어 버려야 하듯이, 그 반동으로 나타난 과장된 비난도 함께 묻어 버려야 하는 것은 상식이요 양심일 것입니다. 1, 2차 세계대전을 거쳐 현대에 이르기까지 긴 세대에 걸친 독일의 시대정신(Zeitgeist)을 대표하는 사상가로서의 마르틴 하이데거를 단순한 실존주의자라든가 현상학자라는 개개의 그물로 덮어씌울 수도 없지만, 전후의 불안한 상황 속에서 싹터 나치의 허무적이고 자학적인 광란의 소용돌이 속에서 성장해온 일련의 그의 사상을 훗설의 현상학과 니체적 허무주의라는 일방적인 틀에다 우격다짐으로 다 포괄시켜버릴 수는 없는 노릇입니다. 하지만 이것은 그가 그러한 일련의 사상들과 전혀 거리가 있다는 것이 아니라, 오히려 그의 고전에 대한 해박한 지식과 독일어와 희랍어의 언어기술을 종횡으로 구사하면서 그들과의 긴밀하고도 밀착한 관계 하에서 자신의 독자적이고도 독특한 논리를 전개하고 있다는 것을 미리부터 암시해주는 것이기도 합니다.

두 차례의 세계대전과 그 사이에 있은 세계적 규모의 경제 공황을 거치는 동안, 구미 대륙에 풍미하던 한 철학사조가 그 공통적인 특성을 키에르케고르에서 초점을 이루고 있었습니다. 헤겔의 〈객관의 전제〉에 대한 의식적인 반항으로 〈주체로서의 진리〉를 주장하는 이 "기독교화한 햄릿"에 의해 처음으로 해석되고 일군의 철학자들에 의해 가공 내지 발전되어온 실존(Existenz)이라는 개념은 특히 하이데거의 탈존(Ek-sistenz)에 와서 그 절정을 보여주는 듯합니다.

존재의 의미가 그 주된 관심사였던 하이데거의 소위 〈실존론적 존재론〉은, 실존을 절대자와의 관계에서 본 야스퍼스의 〈실존해명〉과, 〈실존주의〉로까지 극단화시킨 사르트르와 함께 세 주류를 이루면서 한결같이 그 기원을 헤겔의 범논리주의에 반기를 든 키에르케고르에서 발견된다는 사실은, 이미 논리학이 진리의 절대적인 형태로서 최고의 법정이라는 서구의 전통적인 전제를 그 진원에까지 소급해서 반성하고 부정하는 극단적 입장을 말해주고 있습니다. 이것은 논리적 사고가 영원한 진리에 대한 탐구에 있어서는 전혀 무용하다는 것을 대담하게 선포한 것이었습니다.

또한 불트만은 이 실존론적 이해를 계시 이해의 전제로 보고 하이데거의 현존재(Dasein) 개념을 그대로 케뤼그마(Kerygma) 이해에 적용한 것이 이른바 복음의 실존론적 해석이었으며, 이것이 복음을 싸고 있는 껍질로서 남아있는 모든 신화적 요소들을 제거하는 일련의 비신화화(Entmythologisierung) 작업으로 표현되었습니다. 비평가들은 그가 하이데거의 실존범주를 빌려다가 성경을 억지로 해석하고 있다고 비난하지만, 불트만 자신은 참 문제 즉 성경이 말하고 있는 것을 철학자들이 독립적으로 말하고 있을 뿐이라고 극구 변명하고 있습니다. 마르부르크에서의 불트만과의 친분을 고려해 볼 때, 오히려 하이데거의 개념들이 기독교 개념의 세속화된 형태라고 보는 일각에서의 석연치 않은 비판도 크게 무리는 아닐 것입니다.

신학과의 상호연관이 언급된 이상, 신의 존재에 대한 하이데거의 입장을 무신론적 범주로 우선 파악한다면, "존재의 질서로부터 소외되어 있는 인간 현존재의 재정초를 시도했던" 니체도 그의 사상적 계보에서 제외되어서는 안 될 것입니다. 그가 신을 부정했다면 그것은 아마 인위적인 형이상학적인 신이었을 것입니다. 하이데거가 말하는 신이란, 존재와의 상호관계에 있어서 존재와 진리가 밑받침되어 있는 다소 생소한 철학적 신을 말하는 것이었습니다.

그는 또한 서구의 전체 철학을 상대로 하는 무모한 대결에서, 과감하게도 서구사상을 집약하는 최고 가치로서의 신의 부음을 니체를 통해서 전해 듣고 받아들였습니다. 전통적인 서구 형이상학을 꿰뚫고 있는 이성(ratio)의 어쩔 수 없는 주권은 니체의 허무주의에서 일단락 지었다고 보고, 그는 단순히 존재자-학(Onto-logie)이 아닌, 진정한 의미에서의 존재의 학을 위한 기초존재론을 주창하고, 전통적인 재래의 형이상학을 극복하는 이른바 〈형이상학의 형이상학〉이라는 맥락으로 그의 사유의 길을 호기롭게 더듬어 나갔습니다. 여기서부터 그의 사상은, 철학이라는 거대한 나무가 뿌리를 내리고 있는 토양에 초점을 맞추기 시작했는바, 이것은 바로 소크라테스 이전에로의 소급을 의미하는 것이었습니다.

좀 어렵게 이야기하면, 하이데거에 있어서 존재론이란 존재에 이르는 지평으로서 실존의 세계를 현상학적 방법에 의해 해명해 나가는 것이고, 이것이 바로 그의 학적 체계 안에서의 현존재의 꾸준한 분석의 골격이 되어 있었던 것입니다. 실존에 의한 존재의 철학으로서 존재 일반에로의 통로가 되어 있는 인간 현존재의 해명을 끊임없이 수행해 나가는 선에서 야심적인 기초존재론을 폈던 것입니다.

존재자의 본질과 그것의 구성단계에 대한 문제를 제기하지 않고 존재의 의미에로 직접 침투하고자 했던 점에서 하이데거는 다른 철학자들과 사뭇 입장을 달리했습니다. 그는 현상을 묘사하고 해석함으로써 존재를 해명하고자 하는 것이 아니라, 현상적인 것으로부터 숨어있는 것, 은폐된 것, 즉 존재자의 존재의 의미와 가능성을 직접 파악코자 했던 것이지요. 하지만 그의 시도는 명료하기에는 너무나 방대했고, 전체 진리를 포용하기에는 너무나 구체적인 역사 환경에 제약되어 있었습니다.

그의 사상은 아직도 그 최종적 결론에 도달하지 못하고 있지만, 그의 저술들을 통해 이미 말해진 것은 존재의 비밀을 속 시원히 펼쳐 보이지 못했습니다. 아직도 말해지지 않은 것이 항상 그의 사상에 있어서 배경을 이루면서, 때로는 주저하고 때로는 언어유희의 숲 속으로 숨어 버리고, 또 어떤 때는 고대 희랍으로 넘나들면서 그의 존재 해명은 줄기차게 숨바꼭질을 거듭해 왔습니다. 그가 말하는 명제들은 우리를 당혹하게도 하고 때로는 불가해석적인 신비의 울타리로 둘러싸기도 합니다. 마치 존재의 비밀을 알고 있는 소수의 철학자들 사이에서만 공유되는 어떤 지혜의 깊은 심연에서 솟아 나온 듯, 짙은 안개에 싸여 모호하고 불투명하기만 합니다.

그는 사유란 무엇인가?로 묻는 것이 아니라, 무엇이 우리를 사유하게하는가?로 치환하여 시문함으로, 결국 존재가 우리를 사유케 한다고 보았습니다. 그리하여 사유의 본질은 궁극적으로 본질의 사유라고 일갈했던 것입니다. 존재를 사유하지 못함은 인간의 본질을 이해하지 못함을 의미합니다.

그리하여 존재의 의미를 해명하고 존재의 진리를 망각으로부터 구제하기 위해서, 사유라는 말의 어원과, 파르메니데스의 명제를 주석함으로 사유와 존재와의 상호 종속적 관계와 동시에 존재의 우월성을 제시하기에 이르렀습니다. 사유의 본질이 무엇인가 라는 물음은 사유와 존재의 이러한 맥락 속에서 규정되어야 하며, 존재는 인간이 지은 집, 즉 언어 속에 거주하고, 인간은 시를 쓰거나 사유를 통해 그 집을 지키고 있다고 다소 몽롱한 소리를 하고 있습니다. 그래서 우리 인간은 모두가 시인으로서 또는 사유하는 자로서 살아야할 탈존적 자유 즉 존재를 청종하고 존재의 부름에 자신을 투기하는 결단에 살아야한다고 당부합니다. 이것이 존재의 집을 지키는 인간의 본래적인 참 삶의 모습이라고 조언합니다. 참으로 알 듯 모를 듯 마치 동양의 노장사상을 보는 듯 많이도 닮아 있습니다.

인간만이 지금 어디에 서 있고 어디로 가고 있는가를 줄기차게 묻습니다. 유전자 지도가 부풀려 놓은 희망 속에서도 우리는 인간의 모습을 찾지 못하고 있습니다. 인간은 자신이 누구이고 어떻게 살아야 하고, 무엇을 위해 살아야 하는가에 대한 이성적 물음을 끊임없이 던집니다. 말하자면 하이데거는 서양 형이상학이 닦아놓은 이미 잘 알려진 철학의 궤도에서 잠시 물러나 길을 잃고 우회로에서 헤매면서 미답의 흑림(Schwarzwald)에서 일생을 외로이 존재와 진리의 보물찾기를 해왔던 것입니다.

이처럼 하이데거에게는 극복되어야 할 약점과 뛰어 넘어야 할 한계가 많습니다. 그의 현상학적 방법이 너무나 독특한 이론에 치우치고, 상대적으로 구조적인 본질을 경시하게 된 미급함과, 나아가 이유와 설명이라는 객관적 명증의 거부에 이르는 종말론적인 성격의 편협성 등은 반드시 메꾸어져야 할 간격이요 시정되어야 할 한계라고 지적할 수 있을 것입니다.

그래도 흑림(Schwarzwald)에서 깊이 사유한 희대의 사상가로서 그가 점하고 있는 서구 사상사의 독특한 위치가 흔들리지 않음은, 그의 철학이 기독교 신학, 언어학, 문학과 철학 및 그 비판 영역에까지 끼친 영향의 지대함이 그 지속적인 강도를 유지하면서 뒷받침해주고 있기 때문입니다. 이런 점에서, 나는 하이데거 형의 어깨를 토닥토닥 두드려주며, "형 애썼소!"라고 속삭여주고 싶습니다. 그가 만일 성경을, 아니 요한복음만이라도 구도자의 진지한 자세로 깊이 있게 연구했더라면, 그 안에서 태초에 "빛이 있으라" 말씀하신 〈존재〉의 광휘와 조우했을 것이고, '감추어진 하나님'(deus abscoditus)께서 육신으로 비은폐(a-letheia)하시어, '계시되신 하나님'(deus revelatus)으로 직접 나타나 우리에게 보여주신 진리(alētheia) 그 자체를 만남으로 그의 영혼도 자유케 되었을 텐데 하는 아쉬움은 여전히 남습니다.

13

카를 바르트 유감

집요한 인간의 철학과 끈질긴 인본주의 논리가 진드기처럼 형의 신학의 골격과 내면에 엉겨 붙어있음을 보고 정말로 정나미가 떨어졌소.

바르트 형의 출현을 흔히들 자유주의 신학자들이 놀고 있는 놀이터에 던져진 폭탄이라고 표현하며 열렬한 박수로 환영했지요. 그만큼 형은 자유의 물결을 타고 종횡무진하던 당시의 〈무서운 아이들〉(les enfants terribles)에게 일격을 가했던 것이고, 그들의 신학을 〈아래로부터 위로〉의 인본주의 신학이라고 바르게 꾸짖으면서, 진정한 신학은 〈위로부터 아래로〉의 계시의 신학이어야 한다면서 기염을 토했지요. 나아가 자유주의 신학은 엄밀히 말해서 신학이 아니라 문화적 인간학에 불과하다고 너무나 똑 부러지게 지적하면서, 하나님의 초월, 복음, 영원, 구원 등은 바로 하나님의 계시를 통하여 오는 것이며 인간은 순종함으로 받아들여야 함을 강조했을 때만해도 참으로 순수하고 복음적이었지요.

그래서 무섭게 범람하는 자유주의 신학의 물결을 힘겹게 헤쳐 나가던, 나를 포함한 수많은 정통 복음주의자들은 한때 그를 든든한 우군으로 착각까지 했을 정도였습니다. 아마도 쉴라이에르마허와 리츨로 시작되었던 자유주의의 물결이 정통적 신앙에서 너무나 멀리 떨어져 있었기 때문에 그 반동으로 일어난 그의 신학을 순진하게 복음적인 것으로 착각했던 것이었지요. 그러나 분명한 것은 그의 신학은 결코 보수 정통신학과 맥을 같이 하고 있지 않을 뿐만이 아니라 오히려 이를 헤치는 치명적 독소들이 여기저기 끼어 있다는 충격적 사실입니다.

처음에 그가 강조했던 것은 〈하나님의 말씀〉이었습니다. 지금까지의 자유주의 신학이 즐겨 사용해 오던 인본주의 또는 이성 중심으로부터 다시금 하나님의 계시에로, 말하자면 코페르니쿠스적 전환을 시도했던 셈이지요. 이러한 그의 발상전환은 가히 당시에 창궐하던 자유주의 신학에 뼈아픈 쐐기와 쓰라린 제동이 된 것은 물론입니다.

한데 이러한 당찬 비판에도 불구하고 그는 결국 자유주의 신학을 극복하지 못하고, 그들의 방식을 완전히 저버리지 못한 채 엉거주춤 화해하려는 과정에서 결국 성경과 계시에 대한 올바른 이해와 믿음을 애석하게도 놓치고 말았습니다.

그는 성경이 이차적이라는 인식 안에서 성경을 역사적인 기념물에 불과한 것으로 생각한 듯합니다. 성경은 신적인 계시의 내용도 있지만, 그 안에는 인간의 역사와 문화가 함께 포함되어 있기 때문에 반드시 이 두 가지를 구별해야 하는 것이라며, 〈인간의 말〉과 〈하나님의 말씀〉을 구분해야 한다고 상당히 그럴 듯하게 추론했지요. 성경은 단지 계시에 대한 인간의 말인 한에서 계시와는 구별되며, 주어진 것을 기록한 증거이지, 무오한 것이 아니라고 까지 주장합니다. 성경의 무오성을 부정하고 고귀한 전통적인 믿음을 배제하면서 결과적으로 멀찌감치 자유주의자들의 꽁무니를 엉거주춤 따라가는 꼴이 되고 만 것입니다.

그리하여 20세기의 가장 영향력 있는 신학자였던 그가 급기야는 가장 논쟁의 대상이 되고야 말았고, 소위 신정통주의(neo-orthodoxy)라는 어정쩡한 명찰을 달고, 자유주의 신학자도 아니고 그렇다고 정통주의 신학자도 아닌 두루뭉술한 신학자가 되고 말았습니다. 인간 중심의 신학을 예수 그리스도 중심의 신학으로 옮겨온 그의 초기 신학적 업적은 인정하지만, 복음적 정통신학의 편에서는 여전히 자유주의적 색채를 띤 혼돈의 신학에 불과한 것이었습니다.

그가 성경의 영감과 무오를 전적으로 송두리째 부인하지는 않았지만 계시와 성경을 분리하여, 성경이 가진 절대 권위를 희석시켰음은 모두가 인정하는 바입니다. 좀 더 자세히 들여다보면 그의 신학은 결국에 가서는 비성경적 신학이며, 칸트와 헤겔의 사상을 기초로 하여 나름대로 변증법적 신학으로 발전시킨 것에 불과합니다. 바른 신학이란 계시로부터 출발하여 하나님의 말씀인 성경 전체를 하나님의 계시로 굳게 믿고 바로 해석하고 이해하며 순종하는 데서 출발하는 것은 삼척동자도 다 아는 사실입니다.

바른 궤도에서 벗어난 바르트의 계시 개념과 더불어, 그의 비뚤어진 신학을 이해함에 있어서 꼭 알아두어야 할 함정은 바로 그의 모호한 역사 개념입니다. 그가 역사를 언급할 때에는 두 가지 역사 개념 즉 〈일반 역사〉(Historie)와 〈초역사〉(Geschichte)를 구별하여 말합니다. '일반 역사'는 직선의 시간 위에서 발생되는 사건, 즉 우리가 보통 알고 있는 역사를 말하며, 역사가나 과학자들이 탐구하고 분석하는 사건들로서 영적 의미가 제외된 역사입니다.

반면에 '초역사'는 특별한 의미의 역사입니다. 영적 초월적 의미가 들어있는 사건을 말하며, 과학적 혹은 역사적 관점으로 이해될 것이 아니라, 믿음으로 이해되는 역사, 즉 하나님이 나타나시며 믿음을 불러일으키는 순간을 의미합니다. 바르트 신학에 있어서 그리스도로 인한 구속 역사는 일반 역사가 아니라 초역사입니다. 나아가 창조조차 일반 역사가 아니라고 주장하기까지 합니다. 그리하여 진화론적 가설과 과학이 신앙 안으로 침투할 빌미를 제공했습니다. 창조, 타락, 구속 사건들은 우리가 아는 식의 역사 속에 발생된 사건들이 아니라 초역사적 사건으로 보았습니다. 그리고 성경의 역사적 사건들 전반에 대해서조차 노골적으로 회의를 표합니다. 이처럼 그는 성경의 중요성을 언급하면서도, 자유주의적 해석의 틀을 여전히 지니고 있었으며, 나아가 성경의 고등비평을 용인하고, 드디어 성경 속에 신화적 요소가 있음을 인정하기에 이르렀습니다.

칸트는 인간의 순수이성으로는 하나님의 계시적 사건들을 이해할 수 없고 인간의 언어로 표현할 수도 없다고 보았습니다. 그러므로 바르트는 칸트의 영향력 하에서, 하나님의 계시를 말하기는 하지만, 그것을 인간의 언어로 표현할 수 없다고 말함으로써 성경이 말하는 하나님의 계시와 기적들, 그리고 그 증거들의 확실성을 불투명하게 만드는 오류를 범한 것입니다.

어떤 이들은 이같이 뚜렷한 부정적 측면이 산재함에도 자유주의에 완전히 매몰되지 않았다는 점을 높이 평가해 그의 신학을 어느 정도 수용할 수 있다는 입장인 반면, 재림신자들처럼 '오직 성경'(sola Scriptura)에 기초한 정통적 복음 신앙을 붙잡고 살아가는 신앙인들에게는, 그의 이상한 계시관과 굴절된 성경관 그리고 모호한 역사관 때문에 그의 신학 전반을 수용하기에는 오류가 너무 많아 엄청 부담이 되어 왔습니다. 그래서 나도 이쯤해서 형과는 아쉽게도 결별해야 할 것 같습니다.

이름값을 하느라고, 칼같이 단호하고 바르게, 자유주의의 탁류를 대항한 카를 바르트 형이 참으로 신선하고 대견하여 나도 처음에는 퍽이나 존경하고 따랐소. 그런데 세월이 흐르고 깊이 들여다볼수록, 그 집요한 인간의 철학과 끈질긴 인본주의 논리가 진드기처럼 형의 신학의 골격과 내면에 엉겨 붙어 있음을 보고 정말로 정나미가 떨어졌소. 미안하오.

밖은 온통 흰 눈으로 덮여 춥고 쓸쓸하지만, 우리의 마음 속 깊은 곳에 자리잡은 고귀한 재림신앙의 눈부신 따스함으로, 끝내 우리는 이 역사의 마지막 불신의 겨울을 이겨낼 것입니다.

14

선악나무와 생명나무

선악나무와 생명나무의 불편한 공존-선악과 없이 생명과 없고, 이 둘이 상징하는바 율법과 은혜는 십자가를 이루는 두 쪽 나무요, 구속의 알파와 오메가이며, 인간 생의 피륙을 짜는 촘촘한 씨줄과 날줄입니다.

선악나무와 생명나무가 에덴동산의 중앙에서 어깨를 나란히 다정하게 서 있었듯이, 두 나무가 상징하는바 하나님의 율법과 그리스도의 은혜는 언제나 빛과 그림자처럼 병행해서 인류의 역사 위에 면면히 공존해 왔습니다. 때때로 우리는 안타까운 마음에, 왜 하나님은 동산 중앙에 범죄의 현장을 그토록 아담하게 마련하셔서 네 개의 풍요한 강줄기로 두르시며 기화요초로 덮으시고, 아름다운 동물들이 뛰어 놀게 하시며, 울창한 숲과 빛나는 과일 나무들로 장식하시면서, 한

편으로는 탈선의 기회를 허락하시며, 범죄를 방관하셔서 결과적으로 인간이 치명적인 죄를 범하도록 방치하셨을까? 라고 집요하게 묻습니다. 이 의문은 단순하게 들리지만 신학적으로는 상당히 복합적이어서 제한된 인간의 피조성과 인격성, 범죄와 자유의지의 아슬아슬한 상관관계, 나아가 하나님의 깊은 사랑과 구속의 경륜에까지 이어지는 신비하고도 심오한 총체적 질문입니다. 하나님은 어떤 분이시며, 인간은 어떤 존재로 창조되었고, 그가 행사할 수 있는 자유의지의 한계에 대한 진지한 통찰을 포함합니다.

인간은 그의 출생, 성장, 종말에 이르기까지 오직 창조주에게 의존되어있으며 또 그분의 뜻에 따라 그 모든 생의 과정이 이어져 간다는 의미에서, 아무리 인간의 인격성이 뛰어나다 해도 그것은 상대적이어서, 결코 그의 피조성을 뛰어 넘을 수는 없는 노릇입니다. 단지 피조된 인격체(created personality)라는 점이 인간 생의 신비이자 한계입니다. 다른 피조물, 특별히 동물과 엄청 다르다는 점에서 기껏해야 선택권을 소유한 피조물(creature of option) 정도일 뿐입니다. 요컨대 상대적 자유의지를 갖고 있는 피조물이라는 뜻입니다.

이런 의미에서 하나님의 임재의 상징인 선악과는 아담에게 자신의 근원적 정체성을 기억하고 환기시켜주는, 참으로 의미심장한 장치였습니다. 말하자면 "네 자신을 알라!"는 철학적 경고 같은 것이었지요. 선악이라는 이름이 암시하듯이, 그대로 두면 선으로 남아있을 나무였고, 따먹으면 악을 알게 해주는, 그래서 마치 율법과 같은 나무였습니다. 율법처럼 하나님의 축복이었지 처음부터 인간을 죄악에 빠트리는 걸림돌이 결코 아니라는 뜻입니다. "먹는 날에는"이라는 표현은 범죄의 결과가 선악과 자체에서 나온 것이 아니라 선한 언약 즉 계명을 어긴 사실에서 비롯된 것임을 암시합니다. 보암직도 하고 탐스러워 지혜롭게도 할 것 같다는 환상은 이후 긴 세월 동안 인본주의 사상의 뿌리가 되어, 하나님과의 동등 욕구 내지 초월 욕구로 인간의 심리에 깊이 뿌리박히게 되었습니다.

하나님께서는 자신의 형상을 지닌 아담과 선악나무를 증거의 표로 삼아 언약을 맺으셨습니다. 이 언약은 사람의 유익을 위해 하나님께서 직접 찾아 오셔서 맺으신 참으로 은혜로운 언약이었습니다. 그것은 하나님과 인간의 뛰어 넘을 수 없는 경계선이었으며, 인간이 자신의 자유의지로 하나님과의 언약을 지켜 순종함으로 곁에 서있는 생명나무를 통하여 영생이라는 최상의 은혜를 누리라는 의미였습니다. 선악의 나무를 범하지 않는 한, 생명의 나무는 늘 곁에 서 있었지만, 선악과를 따 먹은 순간 생명과는 즉각 천사의 화염검으로 보호 격리되었습니다. 이처럼 선악나무와 생명나무는 연동된 성격을 지니고 있습니다.

에덴의 중앙은 하나님이 거하시는 성소입니다. 선악과 금령은 하나님께서 이미 그에게 부여하신 하나님 백성 됨을 유지하는 길이었습니다. 하나님 백성이 되기 위함이 아니라 유지하기 위함이었습니다. 모세의 율법도 마찬가지였지요. 지키면 하나님의 백성이 되는 것이 아니라, 이미 애굽에서 구속하여 하나님의 백성이 된 사람들이 그의 백성 됨을 유지하는 법이었습니다.

천지와 만물이 다 이루고, 아담과 하와를 위해 에덴동산을 창설하신 후, 신적 임재의 약속과 위대한 창조의 낙성 기념물로, 시간 위의 성소로는 창조의 목적이요 결과인 안식일을, 공간 위의 성소로는 참으로 이상향인 에덴동산이 설치되었고, 그 지성소인 중앙에다 통치이념으로서 율법과 은혜, 정의와 사랑을 각각 상징하는 선악나무와 생명나무가 심겨졌습니다. 그런데 선악나무는 훼손되었고 생명나무는 옮겨졌습니다. 얼떨결에 눈이 밝아져 서로의 벗은 몸들이 보이자 당황하여 무화과 잎으로 몸을 가리고 무서워 떨며 숨느라 곁에 서있는 생명나무가 보이지 않았던 것입니다.

인간에게 인격성을 주시고, 상대적 자유의지를 갖게 해 주시며, 천사보다 조금 못하지만 이 땅을 다스리게 하시고, 하나님과 교제하며 그분께 영광을 돌릴 수 있게 해 준 일들이 얼마나 큰 은혜인지 모릅니다. 환언하면 인간을 로봇이나 동물로 만들지 않고 당신의 형상대로 만드신 것이 얼마나 큰 축복입니까? 선악과는 바로 자유의지를 허락하신 하나님을 감격으로 바라보게 하는 장치였습니다.

에덴동산은 하나님의 나라의 작은 모형입니다. 하나님의 나라는 하나님의 백성이 하나님의 땅에서 하나님의 법을 지키며 살아가는 곳입니다. 에덴동산도 사람이 사는 곳이기에 질서가 필요했습니다. 그렇다면 하나님의 백성은 아담과 하와, 하나님의 땅은 에덴동산, 하나님의 법은 바로 선악나무입니다. 이스라엘 백성이 시내산에서 율법을 받은 것도 바로 이러한 맥락에서였습니다.

선악나무와 생명나무는 고도의 상징성을 갖습니다. 문학적 장치인 비유와 상징에는 원형적 관념이 따로 있듯이, 하나님은 우리가 사모하면서 이르러야 할 가장 중요한 푯대를 마치 두 개의 깃발처럼 동산 정 중앙 자리에 높이 게시하셨던 것입니다. 공의와 은혜, 심판과 사랑, 이것은 신의 가장 중요한 속성이며, 또한 거룩함이라는 가장 높은 차원의 하나님의 성품을 보여주는 신성의 양면입니다. 이 두 나무는 하나님의 가장 중요한 두 속성을 오롯이 반영하고 있고, 선악과를 따 먹은 행위는 하나님에 대한 불신앙과 불만족 그리고 불순종을 표출하는 것이었습니다.

인간의 독립성은 절대적이지 못하고 상대적입니다. 왜냐하면 인간은 본성적으로 하나의 피조물로서 모든 삶의 근거를 하나님에게 의존하고 있기 때문입니다. 창조 때의 인간의 지성적 능력과 감성적 깊이 및 의지력의 강도는 지금보다 오히려 뛰어났을 테지만 범죄 이전이라 해도 인간의 인격성과 자유의지는 결코 절대적이지 못하고 상대적이었습니다.

정의와 용서처럼 율법과 은혜는 실로 큰 차이를 보이면서 이 둘은 날카롭게 대조됩니다. 선악과는 바로 자유의지를 허락하신 하나님을 기억하며 감사함으로 바라보게 하는 장치였습니다. 하나님이 하나님 되시고 인간이 인간됨을 알게 하고, 창조질서를 유지하기 위해서는 반드시 선악과라는 법이 있어야만 했습니다. 율법 중 하나를 범하면 전 율법을 범하는 것처럼, 선악과를 따먹는 행위는 율법 전체에 대한 범법이었습니다. 하나님 없이 내가 주인이 되어 내 마음대로 살겠다는 것이 곧 영적 죽음이고 죄의 뿌리이며, 선악과 사건의 본질입니다.

하나님께서 인간이 타락할 것을 아시면서 왜 선악과를 만드셨을까에 대한 대답은 역설적이게도 바로 그들이 불순종으로 타락할 것을 아셨기 때문이라고 말할 수 있습니다. 죄는 죄에 만 그치는 것이 아니라 궁극적 선의 실현에 밑거름이 되었습니다. 그리스도의 십자가를 통한 구원의 계획이 태초부터 마련되어 있었다는 사실이 선악과 사건의 전말을 이해하는 데에 하나의 실마리를 제공합니다. 만약에 아들을 통한 구속의 계획이 없었다면 하나님은 인간의 타락을 처음부터 허용하지 않으셨을 것이고, 인간 자체를 만들지 않으셨을는지도 모릅니다. 그 외의 다른 대안은 없기 때문입니다. 그래서 타락이 따를 것을 아시고도 후속 조치가 있기에 천지를 예정대로 창조하시고 인간을 가장 인간다운 모습, 피조된 인격성을 가진 존재로 만드신 것입니다. 그래서 창세 전에 이미 구속의 계획은 존재했던 것입니다.

죄가 없던 에덴동산에 그것도 동산 중앙에 율법의 상징인 선악나무가 있었던 것처럼, 새 하늘과 새 땅에도 어떤 형태이든 율법의 상징물이 존재할 것입니다. 십자가에서 율법이 폐했다고 주장하면 우주의 질서는 무너집니다. 흥미로운 점은 에덴동산의 그룹 천사가 생명나무를 지켰던 것처럼, 지성소에 있는 두 그룹 천사가 법궤 즉 십계명을 지키고 있는 것입니다. 하나님께서 법궤가 있는 속죄소 양편에 두 그룹 천사를 세우신 이유는 바로 그곳에 영생에 들어가는 생명과가 있기 때문이었습니다. 즉 십계명은 아담과 하와가 따먹은 선악과 대신에 주신 것입니다. 그래서 예수님께서는 영생을 얻으려면 계명들을 지켜야 한다고 강조하셨던 것이지요.

　선악과를 우리에게 주신 이유는 우리에게 자유의지를 주시고 싶었기 때문입니다. 하나님은 인간이 따먹을 줄 알면서도 인간 스스로가 선택할 수 있는 권리와 권한을 주신 것입니다. 결국 선악과의 의미는 자유의지에 대한 순종의 상징이자 삶과 죽음 사이의 선택입니다. 자유의지는 결국 선택이고 선악나무는 그 선물이었습니다. 자유의지를 활용해 우리가 철이 들고 성숙해지는 자녀가 되는 것입니다. 하나님만을 의지하고 살 수 있도록 선악과와 생명나무를 중앙 동산에 두셨다고 칼뱅은 말합니다. 선악나무와 생명나무는 하나님의 존재를 반영하며, 인간에게 금지와 허용의 양면성을 보여줍니다. 이것을 동산 가운데에 두신 것은 눈에 잘 뜨이도록 하기 위함이요 중앙은 가장 중요한 자리라는 의미에서, 에덴이 성소라면 동산 중앙은 지성소가 되며 가장 거룩한 공간이 됩니다. 이 두 나무가 우리의 영혼 중앙에 서 있어서 겸손히 하나님을 인정하고, 사랑하는 마음으로 계명에 즐거이 순종하는 곳이 우리 각자의 에덴동산이 되어야 할 것입니다.

　율법과 은혜는 가깝고도 먼 떼려야 뗄 수 없는 참으로 묘한 관계입니다. 두 개념이 다 성경에서 발견되지만, 율법은 구약 성경의 핵심 주제이고, 은혜는 신약 성경의 중심 복음입니다. 두 개의 나무로 연결된 주님의 십자가는 구약과 신약의 통합이며, 에덴동산의 선악나무와 생명나무는 참으로 의미심장하게도 겟세마네 동산의 나무 십자가에서 수평과 수직으로 교차, 수렴되어 결국 율법과 은혜의 두 상징을 두 손과 발에 못이 박혀 피를 흘림으로 연결하신 주님의 거룩하신 희생으로 완성되어 있습니다. 십자가는 결국 이 두 나무, 즉 선악나무와 생명나무의 상징적 결합체로서 율법의 완성과 구속의 은혜를 선포하는 영원한 상징이 되었습니다. 이리하여 선악과의 요구는 가차 없이 실현되었으며, 생명나무의 그림자에는 실체가 주어졌습니다.

15

성화를 가능케 하는 칭의의 현재성과
영화를 향한 종말론적 삶의 긴장

    생명현상은 과거 현재 미래라는 그물처럼 짜여진 3차원의 시간개념 위에서 펼쳐지고, 복음이 제시하는바 구속의 원리도 이에 병행하여 위의 세 시제를 망라합니다. 말하자면 칭의는 과거 〈그때 거기에서〉 시작되었고, 성화는 〈지금 여기〉에서 현재 진행형이며, 영화는 미래의 어느 때에 완성되리라는 믿음의 긴 순례입니다. 칭의가 시작이라면, 성화는 과정이며 영화는 결과요 최종 목적지입니다. 이처럼 구원은 시간성을 꿰뚫고 있는 연속적인 일련의 과정입니다. 그렇지만 이미 이루어진 칭의와 아직은 완성되지 않은 영화 사이에는 늘 종말론적인 긴장이 흐르게 마련입니다.

    구원의 단초는 칭의이지만, 그 이후에는 하나님의 성품을 닮아가는 기나긴 성화의 과정이 우리를 기다립니다. 따라서 칭의 없는 믿음은 맹목이며, 성화 없는 신앙은 허구이고, 영화 없는 구원은 실로 공허합니다. 생애에 나타나는 성령의 재창조 사역은 칭의의 사건이 과거에 있었음을 확인해줍니다. 칭의와 영화는 순간의 사건이지만, 성령과 함께하는 성화는 가히 일생의 과정이어서, 성령을 거스르는 삶은 성화의 기회와 함께 구원을 놓지고마는 명백한 이유가 됩니다. 또한 구원의 진리는 오묘하게도 칭의를 실현하신 성자와 성화를 가능케 하시는 성령 및 영화를 선언하시는 하나님, 이렇게 그 역할분담 면에 있었어도 삼위일체적입니다.

물론 칭의와 성화는 송두리째 십자가의 은혜와 의에 기인합니다. 우리로 의롭다 칭해주시는 의는 입혀주는(imputed) 의이며, 우리를 성화되게 하는 의는 나누어주는(imparted) 의입니다. 칭의는 장차 우리로 하여금 하늘왕국에 들어가게 할 그리스도의 피로 쓰인 붉은 빛깔의 초청장이요, 성화는 하늘나라에 입성할 흰 빛깔의 예복이며 그 적합성입니다. 성화는 성령 안에서 신자들이 칭의의 선한 열매를 맺는 과정으로서 일회적으로 끝나지 않고 전 생애에 걸쳐 지속됩니다. 성화 없는 칭의나 칭의 없는 성화는 그래서 불가능합니다. 진정한 칭의를 얻은 자는 필연적으로 예외 없이 성화를 수반합니다. 그러므로 순종이 없는 믿음, 윤리가 포함되지 않은 믿음은 기복신앙에 불과하거나 미신과 다를 바 없는 것입니다.

칭의 교리는 인간의 노력을 통해 구원을 이루려는 대부분의 종교와 철학의 자력적 구원을 부정하고, 오직 하나님의 은혜로만 구원을 얻는다는 기독교 복음의 고유한 핵심입니다. 하나님의 은혜는 그분만이 가지시는 주권적인 은혜이므로, 인간의 정성으로 어느 정도 구원을 이룰 수 있다는 생각은 다분히 이교적입니다. 하지만 현재의 기독교 일반이 안고 있는 윤리적인 후퇴와 도덕적 쇠락은 불행하게도 칭의의 느슨한 이해와 맞물려있습니다. 종교개혁 이후의 칭의론이 성경이 가르치는 심오하고 포괄적인 칭의의 의미를 충분히 드러내지 못했다는 아쉬움을 남기는 대목입니다.

아시다시피 루터가 죽음의 문턱을 서성이다가 용서하시는 그리스도의 〈낯선 의〉를 발견하고 "오직 의인은 믿음으로 말미암아 살리라."는 칭의를 발견한 것이 급기야는 종교개혁으로 까지 연결되었습니다. 그래서 칭의론은 개신교회가 그 위에 당당히 서든가 아니면 걸려 넘어지든가 하는 문지방과도 같은 교리가 되었습니다. 루터의 칭의론은 로마 천주교의 믿음과 행위 구원론이 로마서에서 증언한 바울의 복음에 위배된다고 주장하고, 〈오직 믿음만으로 의〉를 역설하면서 아우구스티누스 이래 중세 천년 동안 상실된 기독교의 칭의 교리를 재발견한 것이었습니다.

칭의는 우리가 실제로는 아직 죄인임에도 불구하고 우리가 믿는 예수님 때문에 죄가 없다고 선언하는 법정적인 개념이면서, 우리를 하나님의 언약의 백성으로 삼으시고, 그리스도의 나라로 옮겨 통치를 받게 하는 언약론적이고 종말론적인 개념을 동시에 포함합니다. 칭의를 단지 의인이 되었다는 법정적·선언적 의미로만 볼 것이 아니라, 새로운 신분을 갖게 되었고, 하나님과의 올바른 관계를 가지게 되었다는 관점으로도 보아야합니다. 현재적 칭의는 예수 그리스도에 대한 믿음에 의해 결정되어지나 최종심판 때 주어지는 칭의는 신자의 신앙적 삶에 의해 결정된다고 하여, 〈구원이 이미 이루어졌지만 아직 완성되지는 않았다〉는 구조 속에서 구원론을 이해하면 칭의와 성화의 관계를 더욱 선명하게 이해할 수 있습니다.

칭의의 완전한 수확은 종말에 까지 유보되어 있기 때문에, 한번 칭의를 받은 자라도 거룩한 반응의 삶을 통해 그 칭의의 상태를 계속 유지하지 못하면 최종적인 칭의에 들어가지 못하고 탈락될 수 있다는 우려를 남깁니다. 칭의와 성화는 하나의 통합체로서 서로 분리될 수 없습니다. 칭의는 〈이미 이루어졌으나 아직은 완성되지 않음〉이라는 종말론적 구조 속에서, 믿는 자로서 약속은 이미 받았으나, 그 완전한 수확은 종말의 때까지 유보되어 있다는 사실, 즉 칭의의 종말론적 긴장이 남아 있습니다.

1517년 종교개혁 이후 500여 년 동안 개신교회가 하나의 제도로 자리잡기 시작하자 칭의론이 가진 이러한 종말론적 측면, 즉 모든 신자가 마지막 날에 하나님의 심판대 앞에 서야 한다는 엄숙한 진실은 서서히 불편해지고 퇴색해 가기 시작했습니다. 성화의 과정을 제쳐둔 오직 은혜(sola fide) 사상이 슬며시 들어와 죄를 뉘우치거나 죄에서 해방되기를 기도할 필요를 없게 만들었습니다. 왜냐하면 이 〈은혜만의〉 교리에서는 자신의 죄를 덮어줄 넉넉한 평계와 숨겨줄 구멍을 얼마든지 쉽게 발견할 수 있었기 때문이었습니다.

종교개혁적 칭의론에 의하면 하나님과의 올바른 관계로의 회복은 피조물인 우리가 창조주 하나님의 통치를 받는 관계로 들어간다는 말입니다. 그러므로 칭의는 주권의 이전 즉 〈하나님의 아들의 나라〉로 이전되는 것을 의미합니다. 즉 예수 그리스도의 주권에 의지하고 순종하는 삶을 살게 되는 것입니다. 이처럼 의인이라 칭함을 받은 자는 하나님과의 올바른 관계에 서게 된 자이므로, 성화의 생애를 통하여 그리스도께 믿음으로 순종하며 의의 열매를 맺어야 함은 지극히 당연한 것이었습니다. 왜냐하면 그리스도는 허물과 죄로 죽었던 우리를 살리셨고, 본질상 진노의 자녀였지만, 긍휼이 풍성하신 하나님이 우리를 그리스도와 함께 살리셨기 때문입니다.

칭의는 예수님의 십자가 대속으로 죄인을 의롭다고 선언하시는 하나님의 행위이기 때문에 반복될 필요가 없습니다. 하나님은 한번 칭의를 선언한 자에게 다시 칭의를 확인하라고 하지 않으십니다. 대신 그로 하여금 선한 행실의 열매를 맺으라고 초청하십니다. 칼뱅은 우리가 성화를 이루기 위해서 칭의를 받았다고 까지 성화를 강조했습니다.

하나님의 법정적 선언으로 칭의 그 자체가 획득되었기 때문에 과거의 단계에만 머물지 않고 성화의 단계 속에서 칭의는 부단히 현재화합니다. 칭의를 그리스도의 통치, 즉 하나님 나라의 틀 안에서 이해하는 것은 정당합니다. 칭의는 일회적이며 선언적이나 그것으로 끝나지 않고 성화의 열매를 맺는 구원의 과정 안으로 들어가게 합니다. 그래서 구원의 과정 안에서 칭의는 성화의 열매 속에서 늘 현재적입니다.

단 일회적으로 주어진 칭의는 성화를 통하여 그 내용이 더욱 풍부해지며 종말에 가서 완성되나 그 질이 변하는 것은 아닙니다. 성화에 의하여 칭의의 내용은 성령의 아홉 가지 열매를 맺음으로 풍성해지는 것입니다. 종말에 가서 칭의가 다시 주어지는 것이 아니라 처음 주어진 칭의가 완성되고 재확인되는 것입니다. 나의 행위에서 난 의가 아니라 예수 그리스도로부터 전가된 의, 곧 선취적으로 주어진 처음의 의가 완성되고 재확인되는 것입니다.

칭의와 성화는 불가분의 관계입니다. 칭의를 받은 자 곧 하나님 나라의 시민이 된 자는 자기가 속한 나라의 법을 준행합니다. 이리하여 천국 백성의 열매를 맺는 것입니다. 칭의된 자들은 예수 그리스도에 대한 〈믿음의 순종〉으로 의의 열매를 맺어야 한다는 바울의 요구는, 선한 목자의 제자가 되어 선한 열매를 맺어야 한다고 요구하신 예수님의 부르심에 상응합니다. 의인이라 칭함을 받은 자는 하나님과 올바른 관계 안에 들어가 하나님의 나라로 이전된 자이므로, 〈믿음의 순종〉이 기대되는 것은 지극히 당연합니다.

성령 안에서 행하는 선행은 참된 믿음을 보여주는 표지(mark) 내지 표징(sign)으로 필수적입니다. 하지만 신자의 선행이 하나님의 인정을 받는 까닭은 그것이 온전하기 때문이 아니라, 우리가 믿음으로 그리스도와 연합된 자들임을 증명해 주기 때문입니다. 그리스도께서 오신 것은, 그의 백성들을 위해 구원을 성취하시는 의의 행위였습니다. 이것은 결코 윤리적 요구를 늦추는 것을 암시하지 않고, 오히려 산상수훈이 보여주는 것처럼 윤리적 감각이 더 예리해짐을 의미합니다. 우리들에게 하나님의 형상이 회복되는 삶의 변화, 즉 그리스도를 닮아가는 성화가 나타나지 않는다는 것은 성화를 이루시는 성령이 우리 안에 일하시지 않는 다는 증거입니다. 칭의를 얻었다고 자부하는 많은 사람들에게 성화를 이루시는 성령의 역사가 없다는 것은 스스로가 착각에 빠져있음을 의미합니다. 왜냐하면 칭의를 얻은 자들에게는 반드시 성령의 성화의 사역이 시작되기 때문입니다.

칭의의 일회성 선언만을 가지고 무책임한 삶을 살아가는 것이 아니라, 칭의의 연속성인 성화 속에서 하나님의 백성으로의 머무름을 이루기 위해 성령의 도우심을 의지하여 살아가는 종말론적인 긴장이었습니다. 먼저는 믿음이 있어야 하고, 이후에는 순종의 삶이 있어야 합니다. 성실한 믿음은 반드시 진실한 행위와 경건한 생으로 이어져야하며, 스스로 믿음이 있다는 말만 하고 행위가 없는 사람은 바로 자신의 믿음이 죽은 것임을 자인하는 것입니다. 행위는 믿음의 표현이고 믿음은 행위의 근원입니다. 그러므로 믿음에 의한 칭의가 우선 있어야 하고, 성화의 일생을 통하여 그 칭의가 종말론적 현재로서 마지막 영화의 날까지 유지되어야 하는 것입니다. 성령께서는 성화의 과정을 통하여 과거에 받은 칭의를 매순간 현재화하고, 우리의 발걸음을 미래의 영화를 향해 믿음으로 나아가게 해줍니다. 이것이 〈두렵고 떨림으로〉 구원을 이루기 위하여 필요하고도 충분한 늦은비 성령의 도우심이 늘 우리의 곁에 상존해야 하는 명백한 이유입니다.

16

쉼의 찬가

　쉼은 우리의 존재를 튼실하게 동이는 금빛 띠이고, 존재의 외연을 영원으로 확장해주는 은빛 날개이며, 그 자체가 생의 기쁨이요 빛나는 가치입니다. 일은 생의 엄격한 요청이자 법칙이지만 쉼은 삶의 축복이요 보람입니다. 십자가의 복음이 율법을 배척하는 것이 아니라 더 높은 차원에서 포용하듯이, 쉼과 일의 상관관계도 그러합니다. 하나님께서 만드신 제도들 중에 가장 오래되고 완벽한 것은 아마도 안식일 제도일 것입니다. 이 날에 얽혀있는 창조의 진리와 사랑의 언어 그리고 궁극적 의미는 너무나 깊고 오묘한 비밀이라 속속들이 다 알기는 불가능하며, 그나마 우리의 지각에 잡힌 의미는 빙산의 일각에 불과할 것입니다. 그러나 분명한 것은 이 안식일이야말로 피조물의 존재를 가장 고귀한 것으로 확인시켜주는 황금사슬이고, 그 외연을 가장 아름답게 꾸며주는 황홀한 날개라는 사실입니다.

아브라함 헤셸은 유대교가 공간의 종교가 아니라 시간의 종교라는 독특한 성격을 가지고 있다고 지적합니다. 성서는 공간보다 시간에 더 관심을 갖고 있는 듯이 보입니다. 그래서 안식일 시간은 삶의 막간이나 조각이 아니라 삶의 절정이라고 까지 주장합니다. 예를 들면 등산 중에 취하는 휴식은 산에 오르는 것만큼이나 중요한데, 그 이유는 산을 느끼면서 땀을 씻고 주변에 펼쳐진 전망을 통해 등산의 목적인 자연과 생을 즐기는 질적인 시간이 바로 쉼이기 때문입니다. 인간은 자연과 신으로부터 멀어질수록 질병과 불행에 더 가까워진다는 것은 사실입니다. 매주 하루 안식일에 쉬면서 인생은 더 여유로워졌으며, 건강은 증진되었고, 오래된 지병은 나았으며, 소중한 자신을 재발견하고, 존재를 경이롭게 바라보는 지혜를 깨닫게 되었다고 많은 사람들이 고백합니다.

안식일을 준수하는 것은 시간이라는 영적이고 경이로운 영역에서 그 날을 〈즐거운 날〉이라 부르며 창조주를 찾고, 주신 생을 즐기고 예찬하는 것입니다. 이 날은 세파를 헤치며 오는 동안 갈가리 찢겨진 삶을 다시 싸매고 수선하는 날이기도 합니다. 뜨거운 사막을 걷는 낙타가 힘이 들어 다리가 휘청거리면 그때가 바로 무릎을 꿇는 시간이듯이, 우리 삶의 숨결이 힘을 잃을 때, 길게 한숨을 돌리고 다시 삶을 가다듬는 날이 이 쉼의 날입니다. 무서운 적막과 고독의 파도를 헤치고 안전한 해안으로, 창조자의 넉넉한 품으로 돌아가는 맘 설레는 귀향의 시간입니다. 그런 의미에서 안식일의 의미를 일찍 발견하고 매일의 삶에 수용한 그리스도인들은 참으로 복 받은 백성들입니다.

우수한 인재를 만드는 것은 역설적이게도 〈일하지 않은 시간 즉 휴식의 힘〉이라고 말합니다. 세계의 지성과 세기의 부를 주름잡고 있는 유대 문화의 핵심에 안식일이 있음을 부인할 사람은 아무도 없습니다. 그 쉼에 온 가족은 물론 나그네와 짐승까지도 참여하도록 배려하셨습니다. 어느 종교나 철학에서도 쉼의 문제를 이토록 소중하게 취급한 경우는 없습니다. 예수님께서 제자들에게 "잠간 쉬어라."는 말씀은 매우 단순하지만 의미심장한 말씀입니다. 이 땅에서의 쉼은 맛보기의 쉼이고 그야말로 잠깐 쉬는 쉼이지만, 진짜 쉼인 영원한 쉼의 예행연습이기 때문입니다.

씨앗 속에는 장차 나올 나무가 숨겨져 있듯이, 이 땅에서의 쉼은 미래의 하늘나라를 품고 있는 현재의 작은 천국입니다. 광포한 시간의 바다, 격렬한 수고의 대양 한가운데 두둥실 떠있는 평화의 섬입니다. 우리는 그 섬에 정박하여 쉬면서 인간 본연의 존엄성과 가치를 회복합니다. 밀물처럼 쓸고 간 생의 뒷자락에 따스한 시간의 위무와 훈훈한 저녁놀의 위로가 안식일입니다. 쉼의 날이 있음으로 고난의 날들이 감미로워지고, 지친 영혼에게는 참된 본연의 모습으로 되돌아갈 기회가 주어집니다.

놀랍게도 하나님은 인간 창조와 더불어 쉼의 문제를 파격적으로 십계명 속 깊은 중앙에 넣어 명하셨습니다. 그래서 민족의 정체성을 토라와 안식일에 두고 있는 유대인의 생활철학은 우리들처럼 '열심히 일하라.'가 아니라, '먼저 쉬고 후에 일하라.'입니다. 놀라운 지혜입니다. 그래야 행복과 창의력과 속도감이 생긴다는 것입니다. 아담과 하와가 그들 생의 첫 날이 의미롭게도 안식일이어서 얼떨결에 쉬고 난 후 신혼 삶을 시작했던 사실에 그 기원을 두고 있겠지요. 그들은 일을 해서 쉼을 얻은 것이 아니라, 일주일 내내 창조의 엄청난 역사를 행하신 하나님께서 준비하시고 선물로 주신 쉼을 함께 누렸던 것입니다. 이처럼 먼저 쉬고 후에 일하는 것이 성경적인 창조의 정신입니다. 태초에 하나님께서는 이렇게 인간을 위해 하루를 먼저 쉬고 엿새 동안 일하도록 에덴의 시간표를 친히 짜주셨습니다.

하나님의 형상으로 창조된 존재(Being) 자체가 자녀 된 우리의 권리로서 우선이고, 그 다음이 자연의 관리자로서의 행함(Doing)이 뒤따라오도록 설계되었습니다. 자녀의 신분을 먼저 확인하고 이후에 해야 할 본분을 찾으라는 뜻이겠지요. 쉼은 축복이며 자신의 발전을 이루는 길이요, 낭비가 아닌 여유입니다. 쉬 말라버리고 곧 끊겨질 삶에 다시 물을 주고 숨결을 북돋우어 주는 것이 휴식입니다. 창세기에서 공간 위의 성소인 에덴동산과 시간 위의 성소인 안식일을 창설하시고 인간을 신적 우정과 자연의 쉼에 초청하셨던 하나님은 먼 훗날 이 땅에 오셔서 "수고하고 무거운 짐진 자들아, 다 내게로 오라. 내가 너희들을 쉬게" 하시겠다고 옛 초청을 반복해 주셨습니다. 주님은 옛날이나 지금이나, 어제나 오늘이나 힘들어하는 양들을 잔잔한 물가 푸른 초장에 누이시는 선한 목자이십니다.

휴가를 뜻하는 바캉스(vacance)는 '비어 있는 시간'이라는 뜻입니다. 휴가 기간에 육체의 휴식도 중요하지만 그 이전에 우리의 내면에 가득 들어있는 생활의 찌꺼기를 말끔히 비워내는 것이 필요하다는 의미일 것입니다. 활도 쓰지 않을 때는 줄을 풀어 놓아야지 언제나 줄을 매어 두면 못쓰게 되고 맙니다. 사람은 그의 능력에 따라 자기가 하고 싶은 일을 할 때 가장 능률적이고 눈부신 창의성을 발휘하는 것입니다. 그러나 일만 알고 휴식을 모르는 사람은 브레이크가 없는 자동차와 같이 파멸을 안고 달리는 위험이 됩니다. 일과 쉼의 균형이 퍽이나 중요한 이유입니다.

쉼(rest)은 과거를 돌아봄 즉 반성(reflection)이고, 지금 숨을 돌리고 원기를 회복함(refreshment)이며, 미래를 위한 재창조(recreation)입니다. 이처럼 시간의 세 시제를 망라하면서, 매주일 이를 통해 새로운 자아로 다시 태어나는 것입니다. 일과 쉼 모두가 하나님의 선물이며, 결코 대립하는 두 개념이 아닙니다. 쉼과 일은 뗄 수 없는 관계로서, 일은 쉼을 불러내고 쉼은 일을 기대합니다. 이스라엘 백성들에게 출애굽이 외적인 자유의 상징이라면 내적인 자유의 상징은 이 안식일이었습니다. 죄로 인해 노예적 삶을 살아가는 인간이 하나님 안에서 온전한 자유를 누리도록 이 특별한 날이 주어졌던 것입니다.

안식일 휴식을 먼저 취하고 난 다음, 다음날에 일을 시작하는 것이 창조의 리듬입니다. 일보다 먼저 안식이 있었고, 그래서 안식일은 삶의 막간이 아니라 삶의 절정이며 경축으로 이해되었습니다. 참된 쉼을 통해서 인간은 새롭게 태어납니다. 소진이 아니라 충전의 삶은 창조적 삶으로 이끌어 줍니다. 온 땅을 통치하시고 운행하시며 우주를 섭리하시는 하나님께서 몸소 쉬신 이유는 우리에게 이 고귀한 쉼을 알려주시기 위해서였습니다. "나도 쉬었으니 너희도 쉬어라."고 말씀하십니다. 창조와 안식이 동전의 양면처럼 붙어 있다는 것은 의미롭습니다. 창조의 완성이 쉼이라는 뜻입니다. 일곱째 날은 하나님께서 축복하신 날로서, 어떤 의미에서 창조의 동기유발이자 목적이었습니다. 하나님은 십계명 특히 안식일을 통해서 자신과 선택 받은 백성들과의 관계를 확정하시고 그 관계를 유지하는 방편으로 삼으셨습니다. 안식일이 워낙 독특하고 소중한 것이어서 그 날을 지키는 것으로 이스라엘이 자신의 백성이라는 표징으로 삼으셨던 것입니다.

6일간의 노동 시간은 우리들이 세상과 관계를 맺는 시간이고, 하루의 안식은 하나님과 관계를 더욱 돈독히 하는 시간입니다. "우리가 안식일을 지키는 것이 아니라, 안식일이 우리를 지켜준다."는 유대인의 고백처럼 안식일을 통해서 우리는 창조적인 새 힘을 얻게 됩니다. 그러므로 안식일은 우리의 영혼이 하나님께 가장 가까이 다가가는 소중한 쉼표의 시간입니다.

삶의 의미를 되찾을 때에야 비로소 진정한 위로가 찾아옵니다. 우리는 내면에서 울려오는 생의 약동과 삶의 파동을 거룩한 쉼을 통하여 체험합니다. 쉼, 하나님의 고요와 영원을 경험하는 시간, 그 쉼이 우리 삶의 목적이고 완성입니다. 창세기에서는 일의 완성과 쉼이 평형을 이루고 있습니다. 쉼과 일에 대한 성경적 사고는 명료합니다. 쉼이 없으면 미완성이고, 완성은 쉼에서 비로소 이루어진다는 것입니다. 그러므로 거룩한 쉼은 시간 속에서 성취되는 영원의 조촐한 체험이며, 매 안식일은 이러한 쉼을 통하여 결국에는 우리를 영원의 지평에 이르게 하는 행복한 여정의 줄기찬 발걸음이 됩니다.

17

재림신앙의 역동성

재림신앙의 종교적 삶과 시대적 사명 및 신앙의 핵심을 표상적으로 선포한 교회의 상징처럼, 역사의 마지막 컨텍스트를 향해 치열한 각성과 개혁을 수용한 숙명의 운동이며, 창조와 재림을 아우르는 일사불란한 복음적 가치로 결성된 종말론적 신앙공동체가 재림교회입니다.

재림교회가 그 마지막 바통을 이어받아 역사의 최종 주자로 달리고 있다고 믿고 있는 독일 종교개혁의 전통이 〈성경으로 돌아가자〉 (zurück zur Bibel)고 했을 때, 당시의 부패한 독일 가톨릭교회라는 치열한 역사적 맥락(컨텍스트)이 있었던 것처럼, 재림교회도 합리주의와 실증주의의 차가운 선풍 아래서 존재의 위기에 처해 있던 당시 미국과 유럽의 기독교라는 암울한 교회사적 맥락에서 요원의 불길처럼 확산된 대재림운동으로 태동되었던 것입니다.

윌리엄 밀러의 1844년 시한부 종말론을, 역설적이게도 대실망(The Great Disappointment)으로 극복하면서 교회사의 지평에 떠오른 재림교회는, 성경 텍스트의 영감성과 예언의 신학적 역사적 해석의 정당성을 확보하면서, 교회가 이 땅에서 구현해야 할 믿음과 사명 및 경건의 당위성을 불멸의 신조로 확인하는 노력으로 시작되었습니다. 이 일련의 과정에서 성소신학, 특히 하늘성소 신학, 거룩한 안식일의 회복, 신앙 고백에 기초한 물속에 잠기는 원형적 침례, 영혼의 조건적 불멸 및 세 천사의 기별 등과 같은 주옥 같은 진리들을 발견하고 발전시켜 나갔으며, 지·덕·체의 전인적 인간 이해와 구속적 교육관 및 정결한 음식문화에 기초한 건강기별을 정립하기에 이르렀습니다.

아시다시피 성경 텍스트(text)의 연구는 역사적 컨텍스트(context)의 탐구를 요구합니다. 컨텍스트의 의미는 주어진 텍스트의 맥락 또는 문맥 즉 전후의 모든 문화적 관계를 망라합니다. 기독교 내에서는 사회적, 정치적 컨텍스트에 비교적 가까운 쪽은 진보 내지 자유진영이고, 텍스트의 내재적인 의미와 개인의 구원 및 신앙적 경건에 기울어져 있는 쪽이 보수 내지 복음주의라고 봅니다. 재림교회는 그 뿌리와 구성원, 나아가 역사의 경험을 통해, 보수적 복음주의에 깊이 뒷발을 담근 채 과감하게 역사적 예언의 컨텍스트를 향해 치열한 개혁과 각성을 수용한 숙명의 종교운동이었으며, 성경의 예언적 텍스트를 〈거기 그때〉(ibi et tunc) 그들의 문제만이 아니라, 〈여기 지금〉(hic et nunc) 현재의 우리의 문제로 인식하면서 성경 예언에 대한 종말론적인 해석에 따라, 이 시대를 위한 예언은 과거에서 현재 미래로 줄기차게 진행되고 있다고 믿으면서 태어났습니다.

  복음종교로서의 재림신앙은 그 자체가 원래 보수적이어서, 하나님의 초월성, 인간의 내면적인 가치와 보편적 이념 또는 내세적 초월에 그 방점이 찍혀 있습니다. 우리가 태어나고 성장해온 한국교회는 복음의 기별을 들고 들어온 초기 선교사들의 영향으로 이러한 보수적 경향에서 시작되었고, 이러한 보수성은 재론의 여지없이 고귀한 가치임이 분명합니다. 모든 성경을 하나님의 영감된 말씀으로 믿고, 그 교훈을 진정으로 따르며, 사랑으로 주어진 계명을 감사하는 마음으로 받들고, 열과 성을 다해 순종하며, 예배의 전통과 침례의 의미와 성만찬의 의의를 바르게 지켜나가는 것은 고귀한 교회의 자산이자 책무이며, 영혼구원에 중점을 두고 구제와 전도, 제자 훈련, 해외 선교 등의 사역에 집중하는 것은 지고한 교회의 임무일 것입니다. 그러나 좀 더 깊이 들여다 보면, 보수는 대체로 하나님에 대해서는 열심이지만, 상대적으로 사회 정의에 대해서는 소홀한 경향을 보입니다. 보수적 신앙은 순결하나 때로는 외곬이고, 너그러우나 필요한 때의 용기는 없으며, 사랑이 있어 보이지만 희생이 불가피하면 뒷걸음치기도 합니다. 또한 보수는 성경이라는 총체적 규범을 지키려는 열심이, 때로는 이론과 교리에 너무나 치우쳐서 유연성이 없고 우직하기도합니다. 진리를 지키기 위한 믿음과 열정은 드높지만 그것을 실천하는 삶에 있어서, 사회의 약자와 가난한 자, 억눌린 자를 돌아보는 복음의 기본정신을 망각하는 위험이 상존합니다.

한편 자유진영은 이성적 인본주의에 매몰되어 인권의 신장에 집중합니다. 어떤 사상 체계나 입장을 절대시하거나 그것에 제한을 받지 않으려고 합니다. 그래서 스스로의 보완책으로 사회 구원에 중점을 두고 민주화 운동과 사회 참여에 초점을 맞춥니다. 그러나 역시 하나님에 대해서는 소홀한 경향을 보이며, 인권의 이름으로 하나님의 권위를 무시하며, 눈에 보이지 않는 하나님보다 눈에 보이는 사람들을 더 가까이하는 경향과 우매함을 보입니다. 성토와 질타는 쉽게 하지만 정작 치료하는 능력은 없고, 사회적 불의에는 맞서나 정작 자신의 죄는 느끼지도 고백하지도 극복하지도 못합니다. 시대의 징조는 읽으나 좁은 문이나 협착한 길은 외면합니다. 나아가 생활과 상황에 몰입되어 영원한 성경진리와 원칙을 무너뜨리기도 합니다. 그리하여 성경의 영감성과 무오성 및 예수님만이 유일한 구원의 길임을 고백하는 데에 주저함으로 하나님의 말씀과 거룩한 계명에서 떠난 인본주의적 철학에 불과하다는 정당한 비판을 받습니다.

복음주의는 천성적으로 개인의 구원과 경건과 전통을 중히 여기는 대신, 전통을 벗어나면 반발하고, 자유주의는 체질상 자유와 인권과 사회개혁을 중히 여기지만, 전통에 얽매이면 발끈합니다. 재림신앙은 십자가의 복음과 성경의 권위 및 신앙의 정통성을 무엇보다 소중한 것으로 믿습니다. 복음주의와 함께 재림교회는, 인본주의적 지성과 첨예한 각을 세우고, 지나치게 내세 지향적이며, 사회와의 격리를 부추긴다는 비판을 받고 있습니다. 하늘 계시에 대한 확신이 인간 지성에 대한 회의와 불신을 가져왔고, 확실한 종말관과 내세관을 지향하지만 현세의 정치적 사회적 상황을 수동적 소극적으로 보게 된 것은 사실입니다.

성경으로 돌아가자는 마르틴 루터의 '오직 믿음으로(Sola fide)', '오직 은혜로(Sola gratia)', '오직 성경으로(Sola Scriptura)'라는 유명한 명제는, 인간의 의지나 행함이 아니라 믿음을, 노력과 적선 대신에 하나님의 은혜를 추구한 것이며, 예수님이 선포하신 복음서의 가르침을 회복하고자 한 것임을 재림교회는 믿고 그대로 계승하고 있습니다. 진정한 재림신앙은 율법을 지키되 율법주의에 빠지지는 않는 순수한 복음주의입니다. 성경은 십계명에 분명하게 명시된바, 위로 하나님을 사랑하고, 아래로 이웃을 내 몸처럼 사랑하라고 가르칩니다. 가장 바람직한 것은 신앙에 있어서는 보수를, 사회적 활동에 있어서는 진보를 추구할 때에 보다 효과적일 것입니다. 진정한 신앙인은 보수가 관심하는 하나님의 절대적인 권위를 인정하며, 진보가 관심하는 이웃을 사랑으로 섬기는 사람들일 것입니다. 교회는 정치적 사회적 이념이나 개인적 신념 때문에 모인 공동체가 아니라, 예수 그리스도의 복음적 가치 때문에 모인 하나님 나라를 지향하는 신앙공동체이기 때문입니다.

"그런즉 너희 하나님 여호와께서 너희에게 명령하신 대로 너희는 삼가 행하여 좌로나 우로나 치우치지 말고"(신 5:32).

이 얼마나 정곡을 찌르는 적절한 권면입니까? 재림교회의 정체성은 그러므로 좌우를 아우르고, 보수와 진보를 극복하는 진리의 초월성에 있습니다. 눈부시도록 복음적이고 성경적이며, 신선한 설득력을 지닌 재림신앙은 별처럼 빛나는 진리와 그 안에 깃들어 있는 영원한 생명의 길을 수호하며, 역사의 마지막 교회로서의 존재이유를 필요하고도 충분하게 만족시키고, 하나님의 기대와 사명을 묵묵히 소명해 나갈 따름입니다. 거룩하게 구별된 성도, 진리의 말씀을 성실히 따르는 남은 무리로서 코뿔소처럼 묵묵히 하루하루를 걸어가는 주의 백성, 세속에 물들지 않은, 하나님의 계명과 예수의 믿음을 지키는 거룩한 백성들입니다. "왕 같은 제사장들이여, 거룩한 나라여, 그의 소유된 백성들이여," 영원하라!

IV. 음악의 물결 위에서

1

음악의 재발견

　그 자체가 이미 풍부한 언어이며 고상하고 순수한 정신적 체험인 순수음악은, 에덴의 시원적 음향에의 접근이고, 신비에의 추구이자 영혼의 기도이며, 생명현상의 음악적 주석입니다. 이토록 매력적인 음악을 어떻게 사랑하지 않고 배길 수가 있단 말입니까?

　음악이 없는 생은 잘못된 생이며, 꿈을 잃은 유배된 삶이라고 니체는 말합니다. 잠들지 않고도 꾸는 꿈, 음악은 어떤 문학이나 철학보다 더 높고 그윽한 계시를 암시하며, 시간과 공간을 초월하여 영혼의 비밀을 들여다보는 프리즘을 제공해줍니다. 그리하여, 시의 새벽과 생존의 한낮 그리고 사색의 저녁이 끝나는 곳에 치유의 밤은 고요히 음악으로 깊어갑니다. 그것은 잔잔한 물결의 파문처럼 다가오지만 영혼을 파고드는 파급력은 실로 대단합니다.

인류의 가장 위대하고도 영광스러운 걸작품(magnum opus)은 물론 생 그 자체이겠지요. 그러나 그 안에 운명처럼 내재하는 혼잡한 언어와 제한된 지성 그리고 사상의 다양성은 인간 삶의 숙명적 한계를 말해주고, 음악을 포함한 예술은 이 한계를 초월적 감성으로 극복하려는 인간의 끈질긴 집념이요 시도입니다. 비트겐슈타인의 말처럼, "말해질 수 있는 것은 명료하게 말하고, 말할 수 없는 것에 대해서는 침묵해야 한다"면, 순수음악이 어쩌면 이 침묵의 공백을 어느 정도 채워주고 보상해줄 지도 모릅니다.

개념으로는 파악할 수 없고 언어로도 표현할 수 없는 존재의 깊은 본질을 오롯이 소리로 드러내는 것이 음악입니다. 존재의 비밀이 그 속에 숨어있는 순수음악은 한 마디로 언어를 초월하는 생의 철학이기도합니다. 음악 자체가 이미 풍부한 언어이며, 생의 음악적 주석입니다. 개념은 추상적이고 피상적이지만, 음악은 생의 내밀한 핵심을 직접 소리로 전달합니다.

갈증과 배고픔에 부단히 시달려야 하는 전설의 탄탈로스처럼 인간은 언제나 육적 욕망과 영적 갈증에 시달리며 살아갑니다. 둑 안에 갇혀있던 서정의 샘이 터지면서, 내면을 흥근히 적시며 도도한 물줄기로 흘러내리는 선율이 인간의 이 끝없는 욕망의 불을 끄고 달래줍니다. 나아가 무개념성, 무목적성이 예술의 본질이라는 칸트의 주장 처럼, 음악은 대상에 구속되지 않고 누구에게나 활짝 열려있는 보편적인 예술의 창입니다. 실로 고상한 예술인 음악은, 현기증을 일으키며 사납게 회전하는 이생의 차륜 밑에서 시달리는 그 많은 잿빛 시간 속에서, 우리의 마음을 지극히 따뜻한 사랑으로 감싸며, 꺼져가는 삶의 의욕에 다시 불을 지펴줍니다. 때로는 더욱 멋지고 더 아름다운 세계로 잠겨들게 하며, 때로는 감미롭고 신성한 화음을 통하여 우리 앞에 신비스러운 공간의 하늘을 열어줍니다.

음악은 신비의 의미를 추구하도록 우리를 유도합니다. 우리의 심장에 영혼을 불어넣고 의식에 날개를 달아 상상의 나래를 펼치게 해 줍니다. 때때로 가을바람처럼 우리를 사로잡아 먼 곳으로 데려가기도 하고, 봄바람처럼 포근히 안아 솜털 구름 위에 사뿐히 올려놓기도 합니다. 밤의 적막에 파묻혀 고요한 음악을 듣고, 고운 선율의 밀물에 밀려 내면의 무의식 속으로 깊이 침잠하거나, 서서히 퇴각하는 섬세한 가락의 썰물을 타고 피안의 세계로 떠밀려 가기도합니다.

때로는 위안과 평안이 되고, 마음의 강으로 흐르는 기도가 됩니다. 음악은 말없는 치유입니다. 내가 뿌린 고독, 내가 키운 비애의 싹이지만, 음악은 묻지도 따지지도 않고 치유해 줍니다. 때로는 따스한 위로의 말을 건네오고, 기댈 어깨를 빌려줍니다. 육체의 시공을 빠져나와 영원으로 달려가는 영혼의 바람소리 같은 심오한 아다지오, 뼛속 깊이 저려오는 음울한 안단테 칸타빌레, 낭만의 언덕에서 느닷없이 불어오는 사랑의 세레나데는 은근한 그리움으로 메아리치고, 가장 슬픈 이야기를 담은 애가의 단조는 놀랍게도 가장 달콤한 음악으로 변조되어 우리의 심금을 울립니다.

하늘과 통하려는 부단한 종교적 노력이 음악으로 승화하여 올라가기도 합니다. 종교음악은 영성을 강화하고 하나님의 품을 느끼게 하는 영적 도구입니다. 그리하여 바하를 음악의 아버지로, 헨델을 음악의 어머니로 교회음악이 태어나 양육되었고, 교회음악을 바탕으로 고전음악이 르네상스와 바로크 시대를 거치면서 태동하게 되었습니다. 플라톤은 음악을 〈선의 이데아〉의 모방으로 까지 격상시켰습니다. 음악은 공간적 구성을 전혀 갖지 않는, 소리만을 소재로 일정한 질서 속에서 움직이는 순수한 시간예술입니다. 양의 동서를 막론하고, 성의 남녀나 시간의 고금을 통틀어 한결같이 일치하는 인간감정의 동일성 위에 음악의 무한한 확장성이 놓여있습니다. 바로 제한 없는 음악의 보편성입니다.

왜 우리가 슬픔 속에 빠져있는지 그 이유를 다 알지 못하지만, 단지 슬퍼하기 위해서 우리가 이 세상에 존재하는 것이 아니라는 사실만은 확실합니다. 생명의 꽃잎을 함초롬히 적시는 맑은 새벽이슬처럼, 두 눈에 고이는 감동의 눈물은 피곤한 영혼을 달래주는 시원의 음악소리에 묻혀서 아침 이슬처럼 반짝입니다. 아마도 한 번쯤은 가슴 저미는 선율을 들으며 행복의 달빛 아래서 초록빛 나무를 부둥켜안고 감동의 눈물을 흘려본 적이 있을 것입니다. 이처럼 순수음악은 몸과 마음의 치유이자 인간이 누릴 수 있는 아름답고 순수한 정신적 체험이며, 어머니의 태 속에서 듣고 자란 시원의 소리에의 접근이고 하늘 신비에의 추구입니다.

음악은 인간의 정신을 표현하는 내면적 그림의 순수한 표상입니다. 얼룩진 자아를 씻어 내리는 정화(catharsis)의 강으로 흐르는 음악이면 더욱 그러하지요. 음악은 아름다운 소리의 의미 있는 배열이고, 순수음악은, 작곡가의 삶의 가치와 종교적 영성을 깊이 바닥에 깔고 있으며, 그의 고유한 감성으로 깊은 명상과 처절한 고뇌를 통하여 내면에 침전된 예술적 가치를 의미 있는 소리로 표현하는 것입니다. 이런 음악은 푸근한 밤의 가슴에 외로이 얼굴을 파묻고 사는 지친 영혼에게 영감을 주고 흐트러진 삶을 고쳐 펴줍니다.

음악의 생명적 숨결이 여린 심장을 다시 뛰게 하고, 그 성스러운 감동의 물결이 우리의 허기진 영혼을 가득 채워줍니다. 그리하여 음악과 시가 있는 한 우리의 영혼은 영원한 청춘입니다. 영원한 생명은 영원한 현재(nunc aeternum)인 신의 임재와 거룩한 음악 속에 살고 있는 사람이 누리는 축복입니다. 누구에게나 좋아하는 장르의 음악이 있으며, 그 좋아하는 음악이 자신의 문화와 교양과 감성의 질을 대표하는 매체가 됩니다. 부정적 감정을 내면에서 몰아내고 대신 조화로운 감정을 유지하는 데 기여하는 음악은, 그래서 약(藥)이 악(樂)에서 유래된 것처럼 고대로부터 병의 치유나 회복에 사용되어 왔습니다.

음악을 들을 때 우리가 느끼는 즐거움은 실제로 행복 호르몬이라고 불리는 도파민 분비를 증가시킵니다. 이렇게 뇌는 부정적인 감정을 다스려 행복감을 느낄 수 있도록 합니다. 밤에 연인의 집 창가에서 연주되던 사랑의 노래는 우리의 가슴을 물 흐르듯 서정의 낭만으로 애무하며 쓰다듬고 적시며 지나갑니다. 외로움은 병입니다. 불신의 바벨탑을 쌓아 마음의 흉벽을 구축하여 끝내는 우울 속으로 자신을 가두거나 익사시키는 요상한 병입니다. 특별히 음악은 외로운 영혼의 가장 친밀한 예술이요 벗입니다.

　　음악은 기쁨과 슬픔이라는 날줄과 씨줄로 생의 피륙을 짭니다. 이 복합적이며 암시적이고 상징적인 다양한 체험의 음악을 그저 한두 번 듣는 것으로 다 이해할 수는 없는 노릇입니다. 지속적으로 반복해서 들어야 음악이 우리의 머리와 가슴 속에 삼투되어 내면에 침전됩니다. 선율이 엄청나게 다양한 것은 그만큼 개체의 생김새와 개성과 살아가는 모습이 다양하다는 의미입니다. 예술은 뻣뻣한 사람에게는 감성을 불어넣고, 짐승 같은 인간에게는 이성을 불어넣는다고 합니다. 그래서 예술을 알면, 이성과 감성을 겸비한 성숙한 인간이 되는 것입니다.

　　일생을 통하여 애지중지 보물처럼 사 모은 800여 장의 CD는 골동품으로 변신하여 고스란히 벽장에 갇혀 있습니다. 이제는 매체들을 통하여 언제 어디서나 무료로 접근할 수 있는 클래식 음악의 광활한 들판에 들어서서, 예술의 밝고 부드러운 빛, 삶 자체의 신비와 순수성 그리고 나아가 생의 장엄함과 그 영원성까지 추구해 보려던 진지함의 세월이 갸륵하기만 합니다. 나의 얼룩진 영혼으로부터 일생의 먼지를 털어내기 위해 무슨 음악을 들으면서 죽음을 맞이할까를 궁리하는 요즈음, 선호하는 음악의 장르가 아침저녁 변하고, 듣고픈 곡명이 수시로 바뀌는 바람에 아직도 결정을 못 내리고 있습니다. 겸허한 성도의 삶과 죽음에 어울리는 바하 음악의 언저리에서 한 곡쯤 발견한다면 충분할 것입니다. 왜냐하면 그 이후에는 천사들이 연주하는 천상의 음악이 영원토록 이어질 테니까요. 지상의 음률도 몇 개는 참으로 깊고 아름다운데, 천상의 화음은 얼마나 심원하고 오묘하며 우주적일까요?

2

생의 숨결과 소리의 숲

음악의 산책길 I-순수음악은 상한 마음의 치유이자, 영혼의 기도이고, 어두운 흙빛 감성에서 빛나는 하늘빛 영성에로의 은근한 초청입니다.

모든 학문과 예술이 그러하듯이, 음악도 생명현상의 영원한 수수께끼인 출생과 삶, 죽음과 영원이라는 생의 다양한 단계의 표현이고, 자연과 감정의 단순한 미학적 표현에서 출발하여 생의 가치와 의미라는 철학의 영역을 거치면서, 영혼과 영원이라는 신학적 광채 속으로 그 초점이 서서히 이동해 갑니다. 종교적 삶은 진지하고 초월적이며, 철학적 호흡은 사색과 지성이지만, 음악적인 생은 종교와 철학을 망라하며 정신적이고 예술적인 품격까지를 포함합니다. 그래서 우리들처럼 황혼기에 접어들면, 고요하고 사색적이며, 영혼을 포근히 감싸주는, 명상적이고도 평화로운 곡들이 점점 더 마음에 와 닿는 것이지요.

 순수음악은 병든 몸과 상한 마음의 치유이자, 인간이 누릴 수 있는 숭고하고 순수한 내면적 체험이며, 근원적 신비에의 조심스런 접근입니다. 이런 음악은 밤의 가슴에 얼굴을 파묻고 사는 외로운 영혼에게 위로와 영감을 제공하고 세파에 흐트러진 삶을 반듯하게 추슬러 줍니다. 나아가 우리의 가슴에 믿음의 샘이 솟게 하며, 내면을 적시는 맑은 감성의 물결이 됩니다.

 앙상하던 가지 끝이 포름한 연둣빛으로 봄을 유혹하면, 들에서는 봄의 기지개 소리가 들리고, 황홀한 계절 뒤에 숨어있는 애잔한 슬픔이 봄의 감추어진 비밀처럼 느껴질 때, 문득 떠오르는 비발디의 〈사계〉 중 봄은 우리의 우울한 가슴에 에덴의 봄 동산을 불러다 줍니다. 안일의 동면에서 깨어나 작은 기지개를 켜는 봄날 아침에, 참으로 고상하고 아름다운 이 음율은 우리의 가슴을 음악의 샘으로 젖게 하고, 마음을 언어화하지 않은 서정으로 충만케 합니다. 세속의 때 묻지 않은 순수한 낭만의 음향은 아련한 옛 추억을 감동으로 불러오며, 우리의 가슴을 그리움의 눈물로 적셔줍니다. 그윽하고 깊은 멜로디는 우리 마음을 맑게 하고, 우리의 정신에 끼인 때를 말갛게 벗겨내지요. 그리하여 겨우내 움츠리고 있던 심장에 다시 붉은 피가 흐르고, 뛰는 가슴에는 조용히 기지개 펴는 생명의 소리가 들려옵니다.

 파가니니의 예술적 카리스마와 감성의 격동, 서정성과 현란함을 동시에 뿜어내는 실로 아름다운 〈칸타빌레〉(Cantabile)는 이름처럼 '노래하듯이' 여유롭고 잔잔하여 깊이 심금에 호소하는 섬세한 선율입니다. 이 곡을 들으면서 높고 낮은 오솔길을 따라 걷다 보면 어느새 자잘한 생각들은 사라지고, 너절한 상념들은 흩어져 버립니다. 머리는 맑아지고 마음은 밝아집니다. 그 위에 이 음악이 우리의 내면을 생의 깊은 의미로 차곡차곡 채워줍니다.

마음의 전율과 한없는 위로의 느낌, 순수한 환희의 감정을 선물로 제공하는 리스트의 〈위안〉(Consolations)은 내밀하고 사색적이며 슬픔과 위로의 깊은 감정으로 면밀하게 짜여진, 귀로 듣는 수상록, 팡세입니다. 생트 뵈브의 '이룰 수 없는 소망에 대한 아쉬움'의 시를 담은 이 섬세한 선율이 봄을 애타게 기다리며 울적한 겨울을 보내고 있는 우리 영혼에게 실로 큰 위안을 줍니다.

멀지 않은 곳에서 들려오는 저 봄의 내밀한 소리를 듣고 있습니까? 〈봄의 소리〉가 이윽고 두터운 겨울의 동토를 뚫고 점점 가까이서 들려옵니다. 어린 딸은 두근거리는 가슴으로 겨우 첫사랑을 고백했을 따름인데, 어머니는 이미 딸의 결혼을 서두르듯이, 흰 눈 쌓인 겨울 그 한가운데서 우리는 겨우 봄이 오는 먼 발자국 소리를 듣고 서둘러 봄을 노래합니다.

봄볕처럼 화사하고 사랑스러운 선율을 따라 봄의 정취를 한껏 느끼고 화려함에 넘치는 봄을 경축합니다. 왈츠의 순수한 즐거움과 기쁨을 우리에게 안겨준 쉬트라우스 가문은 매우 유쾌하고 활기찬 음악, 생명력 넘치는 열정으로 빛나는 음악을 창조함으로, 왈츠가 진지한 음악임을 입증하여 인류에게 위대한 유산으로 남겨 주었습니다. 아름다운 자연, 사랑, 꿈, 밤, 달빛 등 낭만적인 요소와, 문학과 미술의 테마를 창작의 소재로 삼아서, 청신한 감각으로 왈츠의 수준을 크게 고양시켰습니다. 우리는 이 곡에서, 고요하게 다가와 화사한 모습을 드러내는 봄의 내밀한 소리, 종달새 노래에 꽃망울이 터지고, 아지랑이 피어오르는 언덕 너머로 햇살이 따스하며, 부드러운 훈풍은 고운 숨결로 초원에 입 맞추어 봄을 깨우는 찬란한 봄의 소리를 듣습니다.

전율과 환상의 느낌, 순수한 환희의 감정을 주는 천상의 음률, 포레의 〈낙원으로〉(In Paradisum)을 처음 들었을 때를 아직도 생생하게 기억합니다. 얼마나 깊이 나의 젊은 영혼을 순수한 황홀감으로 파고들었던지 ... 종교적 분위기를 유지하면서도 가곡처럼 아름답고 서정적입니다. 화성적 미묘함과 표현의 다양성, 그리고 맑고 순수한 목소리가 심판과 저주가 아니라 용서와 희망을 노래합니다. 사망의 두려움이 아니라 죽음의 자장가이며, 서글픈 소멸이 아니라 행복한 구원을 노래하여 몸과 마음이 곤하고 아픈 우리에게 힘과 위로가 되어, 마치 낙원에 가 있는 듯한 황홀감을 안겨줍니다.

바흐 음악의 섬세한 안내를 따라서 낮고 안전한 G현을 타고, 맑고 따스한 공기(Air)를 얼굴에 듬뿍 받으며 〈G 선상의 아리아〉(Air in G)의 세계로 날아가 봅니다. 음악의 날개 위에서 이 눈부신 계절을 내려다보면 저 멀리 보이는 저녁놀이 더 붉고 짙고 아름답습니다. 마스네의 〈타이스의 명상곡〉이 그 위에 얹혀 있는 아름답고 애달픈 이야기,

늘 우리의 심금을 울리고, 명상과 기도의 마음을 고취시키는 이 위대한 곡만큼이나, 그 주변 이야기도 퍽이나 종교적이고 경건하여 우리를 숙연케 합니다. 우리의 신앙이 타이스의 명상만큼이나 맑고 진실해야하는 이유입니다.

음악의 그 넓은 지평을 맘껏 활보하면서, 생의 밝은 면과 어두운 면, 희극과 비극을 아우르며, 숭고한 것과 세속적인 것을 결합시키고, 영웅적이면서 또한 지극히 인간적이었던 베토벤의 걸작, 〈황제〉는 음악의 남성적인 면을 여지없이 보여주는 장엄한 곡으로 그 당당함과 웅장함으로 가히 '황제'라 불릴 만한 최고의 불후의 피아노 협주곡입니다. 자신의 천재성과 자신감을 이 곡에다 고스란히 쏟아 부은 셈이지요. 특히 제2악장 '아다지오'(Adagio)는 더없이 우아하고 부드럽고 조용하며, 천상에서나 울릴 법한 빛나는 영롱함이 있는, 기도처럼 한없이 성스럽고 명상적인 선율입니다. 고요한 평화의 강가로, 그 윽한 명상의 숲 속으로, 설렘과 소망의 아늑한 호숫가로 우리의 영혼을 한없이 이끌어 갑니다.

고상한 음악은 우리의 피곤한 몸과 마음에 청량한 치유제가 됩니다. 아름다운 음악이 지나온 시간의 틀 속에서 부대끼느라 지쳐있는 우리의 몸과 마음을 푸근히 감싸고 어루만져서, 정신은 더욱 맑아지고, 영혼은 더 너그럽고 순수하고 풍부해집니다. 이처럼 고상한 음악은 어두운 흙 빛 감성에서 빛나는 하늘 빛 영성으로 조용히 우리를 데려다 줍니다. 모진 삶의 궤적 마디마디에 맺혀 있는 가슴 아린 기억들을, 이제는 우리 생의 큰 그림인 무지개의 다양한 색깔로 담담하게 받아들입니다.

 밖에는 흰 눈이 소리 없이 내리고 적막에 싸인 새벽이 서서히 밝아옵니다. 순수한 음악의 흰 날개를 타고 이 땅에서의 죄와 슬픔을 뒤로 한 채, 저 푸른 하늘로 높이 비상하여 영원을 꿈꾸는 명상의 시간입니다. Musik, du holde Kunst(음악, 너 귀여운 예술이여)!

3

생의 숨결과 음률의 파도

　음악의 산책길 II-맑고 순수한 종교적 영혼의 샘에서 나온 음율 또한 순수하고 맑고 투명합니다. 인간 삶에서 경험되는 실존적 감정 즉 슬픔, 희망, 초월, 평화, 죽음 등은 그들을 통하여 폭넓은 종교적 음악으로 고백, 승화, 표현됩니다. 바흐의 음악이 그러합니다. 순수성으로 이루어진 그의 음악은 마치 수상록을 읽고 있는 것처럼, 듣고 있는 우리의 마음이 서서히 깨끗하고 맑게 정화되어 갑니다. 마치 오래 전에 창조되어 지금까지도 초롱초롱 빛을 내고 있는 저 하늘의 별빛과 같은 투명한 신성함 말입니다. 이것이 그가 오랜 세월 동안 수많은 사람들에게 이토록 깊은 사랑을 받고 있는 이유입니다. 그의 〈인류의 소망의 기쁨이신 예수〉는 시대의 소망이신 예수, 그 분이 주시는 기쁨과 평화 속으로 우리를 깊이 잠겨 들게 합니다.

깊고 광활한 고전음악의 좀 더 깊은 곳, 교향곡의 세계로 잠시 들어가 봅니다. 인간 생의 포괄적이고 다양한 체험과 깊은 감정의 흐름을 표현하기 위해, 가능한 한 모든 악기들을 총동원하며 복합적인 고도의 기교를 사용하는, 음악 예술의 최고의 봉우리이자 빛나는 장르인 교향곡입니다. 베토벤의 교향곡 제6번 〈전원〉(Pastorale)은 우리와 아주 친숙한 곡으로, 앙드레 지드의 소설 〈전원교향곡〉도 이 곡 이름에서 따온 것이지요. 베토벤만큼 자연을 사랑하고, 진심으로 그 아름다움에 잠겨 자연의 위대함을 찬미한 작곡가도 드물 것입니다. 그는 창작의 영감을 찾아서 끊임없이 숲이나 들판을 헤맸고, 계곡을 낀 오솔길을 줄기차게 산책했으며, 그가 청각을 잃고 난 이후에는, 자연은 그의 슬픔과 좌절을 어루만져 주는 어머니의 손길이자, 귀 없이도 교감할 수 있는 유일한 벗이었습니다.

이 곡은 그가 늘 즐겨 산책하던 하일리겐슈타트의 숲을 배경으로, 자연의 아름다움과 그 속에서 느끼는 평화로운 감정을 표현한 곡입니다. 역설적이게도 그는 전혀 다른 분위기의 두 교향곡 5번과 6번, 쌍둥이를 같은 시기에 작곡합니다. 남성적인 5번 〈운명〉이 전투와 승리의 메시지를 담고 있는 반면, 여성적인 6번 〈전원〉은 자연이 주는 평화를 섬세하게 소리로 형상화하고 있어, 당시 베토벤의 내면에서 일어나고 있던 이 두 세계의 치열한 대립을 엿보게 합니다. 바이올린이 시골의 민요 가락을 첫 주제로 밝고 환하게 제시한 후, 나뭇잎을 흔드는 상쾌한 바람소리, 맑게 흐르는 물소리, 새들이 지저귀는 소리와 함께, 전원에서의 즐거움과 평화로움 등 마음속에 떠오르는 느낌을 충실히 담았습니다.

생의 마지막 언덕을 허리춤 다잡고 숨 가쁘게 오르고 있는 노년의 우리에게는, 이 곡이 한없는 위안과 자연의 치유 및 달콤한 휴식을 가져다줍니다. 졸졸 흐르는 음률의 시냇가에 앉아, 시원하고 맑은 물에 발을 담그고, 이 음률을 따라서, 꿈 같은 과거를 회상하면서 영원을 향한 발걸음의 속도를 잠시 늦추고 쉬어 가게 합니다.

'천상의 선율'이라 불리며, 우리의 마음을 단번에 사로잡을 만큼 깊이 널리 사랑 받는, 모차르트의 플루트와 하프를 위한 협주곡, 아마도 50여 년 전일 것입니다. 우연히 이 곡을 처음 들었을 때, 그 선율이 너무나 곱고 섬세하며 뛰어나게 아름다워 감동의 눈물을 글썽이며 들었던 기억이 납니다. 말하자면 "정작으로 고와서 서러운" 그런 곡입니다. 차이콥스키의 안단테 칸타빌레를 처음 듣는 순간, 그 음률의 아름다움과 신비스런 순수성에 감동한 톨스토이가 눈물을 흘렸던 것처럼, 생전 처음 듣는 곡에 이토록 감동한 경험은 이 곡이 저에겐 처음이었습니다.

모차르트가 이 천상의 환상적인 콘체르토를 작곡한 것은 참으로 우리에겐 행운이요 고마운 일입니다. 고요하고 평화로운 분위기의 이 곡은, 무척 밝고 전원적이며 화려한 색채로 온통 장식되어 있지요. 이 짙은 색채감은 은구슬 같은 플룻 소리와 물방울 튀기는 듯한 하프 소리의 탄력 있는 고음의 현란한 교차에서 나옵니다. 플루트가 곡 주제의 으뜸 선율을 연주하고 하프가 그 위에 밝은 색채를 곁들여 전개하며, 두 악기가 서로를 감싸고 때로는 경쟁하며 융합하여 마치 르누아르나 세잔느의 인상주의 그림들처럼 맑고 생생하고 환상적인 입체

감으로 펼쳐집니다. 그리하여 마침내 밝고 아기자기한, 꽃들이 만발한 전원 풍경 앞에 서 있는 듯한 황홀한 느낌을 자아냅니다. 비록 우리들의 머리 위를 정답게 비쳐 주던 한낮의 해는 저물어 갔지만, 그 마지막 광휘, 아름다운 저녁놀인 이 곡을 놓치지 맙시다. 바로 이 곡이 우리의 황혼을 더욱 살찌우고, 여유롭고 의미 있게 빛내주며, 포근히 감싸 줄 위안이 될 것입니다.

봄의 소리가 따스한 봄볕을 타고 은은하게 속삭이며, 수줍어하는 목련 꽃 망울을 자주 빛으로 깨우는 눈부신 계절의 음악인 베토벤의 로망스 2번은 가히 음악으로 쓰인 시입니다. 로망스는 서정적·감성적 가곡을 가리키는 하나의 악곡 형식으로, 베토벤은 낭만주의 시대를 대표하는 이 새로운 기악 형태, 로망스 장르를 개척한 셈이지요.

고독하고 심각하며 장엄한 음악을 쓴 베토벤이 놀랍게도 이처럼 상냥하고 부드러운 두 개의 (1번&2번) 로망스를 쓴 것은 의외, 그래서 더 귀하고 소중하고 마음에 와 닿습니다. 하지만 그토록 애절했던 그의 실제의 로망스는 신분의 격차를 뛰어 넘을 수 없어 불행하게도 이루어지지 못하고, 아시다시피 그는 독신으로 불행한 삶을 마감하고 말았지요. 이 곡에는 절제된 고전적 사랑이 매우 서정적이고 절절하게, 때로는 처절하고 비극적으로 표현됩니다. 맑고 순수한 사랑의 아름다움과 격렬한 정서의 변화가 맞물려 우리의 예민한 감성의 눈물샘을 유감없이 자극하지요.

좀 색다른 분위기의 프랑스 음악, 드뷔시의 〈달빛〉(Claire de Lune)

은 베토벤의 〈월광〉(Mondschein)과 쌍벽을 이루며 잘 알려진 피아노곡입니다. 인상주의 음악의 독특한 분위기를 자아내는 초기 낭만주의의 풍성한 화음이 특징입니다. 달빛 어린 분위기를 세밀하게 표현한 서정적인 표제 음악으로, 기존 음악의 화성법과 규칙적인 리듬 일변도에서 탈피하여, 순간적인 인상이나 분위기를 자유롭게 표현하는 인상주의 음악의 대표작입니다.

세잔느, 고흐, 고갱 등의 인상주의 회화에서 영향을 받은 이 인상주의 음악은, 주 멜로디를 통해 악상을 전달하려는 종래의 음악에 비해, 우리 삶을 스쳐가는 수많은 영상과 규정할 수 없는 모호한 순간의 감정을 한 폭의 그림처럼 융합하여 복합적으로 그려 냅니다. 무수한 점들로 만 이루어진 인상주의 화가들의 그림들처럼 말입니다. 맑게 부서져 내리는 우아한 달빛을 고요하고 단아한 악상과 인상주의적인 화음으로 묘하고 신비스럽게 표현하고 있습니다. 신비한 달빛 고요 속으로, 어스름 달그림자 묻혀 있는 깊은 바다 속으로, 슬픔이 녹아 있는 달콤한 그리움 속으로 한없이 우리를 유혹하는 이 선율을 따라서, 구름에 달 가듯이 드뷔시의 요상하고 야릇한 달빛 세계로 우리도 유유히 흘러가 봅시다.

온 인류에게 가장 사랑받고, 너무나 유명하여 특별한 해설이 필요 없는, 베토벤의 최고의 기념비적 걸작, 교향곡 제5번, 〈운명〉(Schicksal, Fate). 인간을 포함한 우주와 자연 및 모든 역사를 지배하는 초월적인 힘, 운명! 4 음으로 된 단순하지만 영혼을 뒤흔드는 그 요상한 주제(motif)를 앞세우고, 운명은 우리의 삶의 문을 줄기차게 두드리며 집요하게 다가옵니다. 'So klopft das Schicksal an die Tür.'('운명은 이렇게 문을 두드린다')라는 선언과 함께, 남성적이고 장쾌한 이 주제는 화려한 음색의 혼의 연주로 시작하여 면밀한 구상 아래 빈 틈 없이 전 악장에 촘촘하게 전개·변형되어 숨 쉴 틈도 주지 않고 종횡무진 하다가 매력적인 오보에의 Adagio 연주에서 잠깐 휴식을 주고는 또 다시 박진감을 더하여 가차 없이 우리를 몰아가 장엄하게 끝을 맺습니다.

누구에게나 예외 없이 고통과 시련은 필연적으로 찾아오지만, 삶의 현장에서 직면하는, 파도같이 밀려오는 운명의 도전을 온 몸으로 막아 인내로 버티면서, 끊임없이 자신의 외연을 넓혀 나가 고통의 미학으로까지 승화시키며, 운명에 대한 몸부림과 절망을 희망으로 초월, 영웅적인 기백에 불굴의 의지로써 모든 난관을 하나하나 극복해 나가는 그의 절망과 희망, 고통과 행복의 극적인 요소들이 너무나 선명하게 곡 안에서 교차, 대립, 융합하고 있습니다.

의미심장하게도, 운명이라는 우리말은 움직일 수 있는 운(運)과 움직일 수 없는 명(命)의 합성어로서, 인간의 능력으로 어찌할 수 없는 하늘의 명을 겸허하게 수용하면서, 자신의 노력으로 변화 가능한 운을 잘 활용하고 슬기롭게 개척해 나가는 것이 바르게 사는 길이고 최선의 길이라는 의미가 됩니다. 작곡할 당시 베토벤도 큰 시련을 겪고 있었지요. 음악가에게는 생명과 다름없는 청력은 점점 희미해지고, 주변 세상은 전쟁 통에 온통 어렵고 혼란스러웠지요. 이 교향곡은 운명을 극복하는 인간의 의지와 투혼을 그려내면서 결국 클래식 음악을 대표·상징하는 최고의 걸작이라는 지위를 얻게 됩니다. 음악 안에 정신적 고뇌를 침전시켜 깊이 있게 표현한 점과, 치밀하고 탄탄한 음악적 구성력이 주목할 만한 특징입니다. 그래서 천재성은 타고 났지만 늘 고난과 싸워야 했던 베토벤의 고독한 투혼과 불굴의 예술혼을 대하는 것 같아 마음이 숙연해집니다. 가히 파란만장했던 우리의 삶의 모습도 여기서 다시 보는 듯합니다. 우리에겐 힘들고 지치고 때로는 외로운 순간의 연속이었습니다. 이 위대한 곡을 다시 들으며, 여기까지 우리를 인도하신 '도움의 반석(에벤에셀)'을 감사함으로 회상하는 이유입니다.

초겨울의 들녘은 쓸쓸하기만 합니다. 머지않아 화려하던 잎과 푸르던 들풀은 다 흙으로 돌아가고, 사슴들은 서둘러 잠자리에 들며, 새들은 긴 동면으로 들어갈 것입니다. 우리도 이 즈음이면 희미한 등불이 켜져 있는 고향집과 어머니의 품이 그리워지고, 무서리 내리는 초겨울 새벽이면 시린 어깨 위로 어김없이 찾아오는 '밉도록 아름다운' 슬픈 추억들이 생각날 것입니다. 철들면서 살아온 긴 세월, 모진 삶의 궤적 마디마디에 맺혀있는 가슴 아린 기억들을, 이제는 우리 생의 다채로운 무지개로 담담하게 받아들이며, 비창의 과거를 딛고 비상하여, 아름다운 미래의 꿈, 영원의 품속으로 날아가 봅시다. 쓸쓸한 나무에 작은 새 한 마리 울고 있고 석양이 그 위를 따스하게 비추고 있습니다.

4

생의 결과 음악의 결

음악의 산책길 Ⅲ-음악은 아름다운 소리의 의미 있는 배열이고, 작곡가의 가치관과 종교관을 깊이 바닥에 깔고 있으며, 그의 고유의 감성으로 깊은 명상과 처절한 고뇌를 통하여 내면에 집전된 예술적 가치를 의미 있는 소리로 표현하는 예술입니다.

숭고한 신념과 진심어린 사랑으로 원주민들에게 접근하려는 선교사 가브리엘이 휴식을 취하며 오보에를 불고 있는데 이 소리에 과라니족이 죽이려 모여듭니다. 가브리엘은 무섭고 두려웠지만 위험한 존재가 아님을 믿어 달라는 의미로 계속 오보에를 붑니다. 이 음악이 바로 저 유명한 〈가브리엘의 오보에〉입니다. 악기가 가진 고유의 음색으로 심금을 울리며, 영혼을 파고드는 아름답고 구슬픈, 이 애절한 오보에 소리가 밀림 속으로 울려 퍼지자 원주민들은 하나씩 둘씩 공격을 멈추고 소리 주변으로 모여듭니다. 순수하고 깨끗한 마음으로 종족의 차이를 극복하고 모두가 하나가 되는 이 극적인 장면은 바로 평화로운 하늘나라의 상징이고, 이 곡은 그 하늘나라를 묘사하는 음악입니다.

[나의 환상 속에서(Nella Fantasia) 모두가 정직하고 평화롭게 사는 세상을 봅니다. 떠다니는 구름처럼 자유로운 영혼을 꿈꿉니다.]

아침 바다는 그윽한 어머니의 품이요, 존재의 요람이자 내면의 고요입니다. 갓 그린 수채화처럼 마음 가장자리에 수묵으로 번지는 잔잔한 그리움입니다. 떨리는 신비함으로 여명을 맞이하듯, 경건한 마음으로 새벽을 깨웁니다. 이슬로 촉촉이 젖어 있는 들녘, 아침 햇살로 반짝이는 붉은 잎새들, 이것만으로도 나의 잔은 이미 넘칩니다. 시간은 안개 낀 바다 위에 서성이고, 추억은 날개를 달아 어린 동심의 아침 시절로 날아갑니다.

그리그의 〈아침〉, 극작가 입센이 쓴 극 〈페르 귄트〉에 곡을 붙인 것이지요. 그는 민족적 색채의 선율과 리듬을 도입한 노르웨이 음악의 대표적 작곡가입니다. 모로코 해안, 잔잔한 바다, 수면 위의 평화, 은근한 물결의 속삭임 그리고 안개 낀 해변의 깊은 고요를 구김살 없이 묘사한 아침의 노래입니다. 아침 햇살을 따사롭게 입고 깨어나는 어린 새들처럼 새벽빛이 서서히 떠오르는, 절묘한 해안 풍경을 서정적으로 묘사한 섬세하고 목가적인 이 선율은, 이 아침, 우리의 영혼을 티 없이 맑게 씻어주고, 말할 수 없이 아름다운 자연의 품으로 우리를 안내하여, 우리 마음에 깊고 고귀한 아침 평화를 가져다줍니다. 우리 어린 가슴에 영원히 남아있는 어머니의 그 포근하고 넉넉한 품처럼 말입니다. 백지(tabula rasa)처럼 깨끗하고 순수했던 푸른 시절에, 우리는 꿈과 낭만을 나누며 젊음을 호흡했지요. 이제 이 선율을 타고 다시 우리 삶의 아침 시간, 그 아침 안개 속으로 돌아가 봅니다. 아침은 긍정이고, 맑은 물은 평화의 미소입니다. 이 미소 위에 햇살은 〈아침〉의 음악으로 내려오고, 우리는 다시 영원한 아침을 꿈꿉니다.

막스 브루흐(Max Bruch)의 Violin Concerto 1번. 낭만주의적 선율이 특징인 이 곡은, 현의 감미로움과 풍부한 감정 표현 때문에 더욱 우리의 사랑을 받습니다. 브루흐는 총 3개의 바이올린 협주곡을 작곡했으나, 그 중 이 제1번이 가장 높은 명성을 얻었고, 완성도 면에서도 최고의 평을 받습니다. 가장 많이 연주되는 대표적인 낭만주의 바이올린 협주곡입니다. 황혼을 등지고, 삶의 바둑에서 정리 수순을 밟고 있는 노년의 우리에게는 정말 딱이지요. 특히 제2악장 Adagio는 바이올린의 순수하고 맑은 멜로디로서, 그 깊은 울림과 반향 때문에 이 협주곡의 심장이라 불립니다. 오케스트라의 잔잔한 반주에 따른 독주 바이올린의 고운 선율은, 생생한 낭만의 감동으로 우리의 영혼을 푸근히 감싸고, 애절한 감성으로 전율케 합니다. 비록 브루흐의 생애는 가난하고 힘들고 불행했지만, 〈스코틀랜드 환상곡〉과 함께 이 불후의 협주곡을 인류에게 위대한 유산으로 남겨 주었습니다. 이 곡을 듣고 있노라면 우리의 DNA, 그 어딘가에 파묻혀 있을, 아담과 이브의 에덴에서의 낭만이 멀리서 다시 들려오는 듯합니다.

프란츠 리스트(Franz Liszt) 하면 바로 연상되는, 그의 대표작인 야상곡(nocturne), 〈사랑의 꿈〉(Liebestraum)입니다. 그 중 가장 많이 연주되는 3번, 프라일리히라트의 시, 〈사랑할 수 있을 때 사랑하라〉(O lieb, so lang lieben du kannst)에 해당되는 부분입니다. 이 시의 절박한 사랑의 시상을 따라서, 리스트 음악의 격정적인 애정의 흐름에 온 마음을 맡기고, 우리의 감정도 이 도도히 흐르는 사랑의 물줄기를 따라 함께 흘러가게 합니다.

우아한 자작나무 숲, 정다운 새들이 다시 모여 웃고 노래하는 추억의 보금자리, 이 곳에는 푸른 하늘이 싱그럽고, 시원한 바람도 간간이 불어와, 오순도순 우정과 사랑을 나누기엔 딱입니다. 정다운 친구들이여, 이 황혼의 때에 우리도 순수한 영혼의 그리움으로 승화한 〈사랑의 꿈〉을, 다시 한 번 이 숲에서 함께 꿈꾸어 봅시다.

수채화 같은 파란 하늘은 어린 추억을 불러오고, 붉은 단풍은 가슴 위에 한잎 두잎 고향에의 향수로 쌓입니다. "세상을 바꾼 음악," 우리에게 너무나 친숙한 베토벤의 3번 〈영웅〉(Eroica) 교향곡은 혁명의 여명을 알리는 위대한 기념비이자, 새 시대의 도래를 선포하는 새벽 종소리로서, 환상적인 미래를 인류에게 희망의 여운으로 남겨준 걸작입니다. 우선 재래의 교향곡의 울타리인 답답한 형식과 제한된 길이, 감성과 문화의 좁은 경계가 이 곡에서 과감하게 허물어져 버립니다. 고전주의에서 낭만주의 시대로 넘어가는 과도기적 시기에 등장한 하나의 이정표처럼 우뚝 솟아있는 획기적이며 개성 뚜렷한 이 작품은 그래서 최초의 낭만주의 교향곡으로 간주되기도 합니다.

베토벤은 처음에는 나폴레옹이라는 영웅의 모습에서, 장차 구현될 프랑스 혁명의 드높은 이상에 감탄, 매료되었고 이 교향곡을 작곡하는 데 결정적인 영감을 제공 받았으며, 이 혁명의 정신으로 재발견된 인간의 잠재력과 이성, 자유와 평등에 대한 열망을 음악을 통해 구현하고자 했던 것입니다. 특히 제1악장은 자유를 위하여, 육체적 고통과 정신적 고뇌를 극복하기 위하여 맞서 싸우고 있는 보편적 인간의 용기를 잘 표현하고 있습니다. 제2악장은 느리고 장송곡 같은 인류의 절망을 전달하며, 제3·4악장에는 창조적 에너지의 지치지 않는 표현과 넘쳐나는 열정과 희망을 고스란히 담고 있습니다. 번스타인은 이 〈영웅〉 교향곡의 1·2악장을 "아마 모든 교향곡에서 가장 위대한 두 악장"일 것이라고 말했을 정도입니다.

베토벤이 기대한 영웅은 명예와 부를 쫓지 않고 개인적인 명성과 권력을 추구하지 않으며, 관용과 신뢰에서 우러나는 포용력, 생명존중의 인간애로 인류의 보편적 가치와 자유를 지향합니다. 따라서 영웅적인 삶은 절망 속에서도 희망의 빛을 찾아내고 권력을 탐하지 아니하며, 투명한 용기로 모든 생명을 사랑하는 삶이어야 하는데, 불행하게도 나폴레옹은 황제가 되면서 베토벤을 여지없이 실망시켰고, 이 곡을 그에게 헌정하려던 처음의 계획은 그래서 결국 취소되고 말았지요.

비록 젊음도 세월도 영웅적인 용맹도 우리를 다 외면하고 이제는 저만치 물러가 버렸지만, 이 곡은 마지막 황혼의 남은 때를, 한 알의 밀알이 되어 작은 빛으로나마 살아가도록 우리를 격려하며, 여유롭고 따스한 삶을 이어 가도록 독려할 것입니다. 베토벤은 이 교향곡에서 우리 모두에게 작은 영웅의 삶을 살 것을 기대하며, 열린 마음과 뜨거운 가슴을 주문하는 것처럼 보입니다. 음악은 메마른 심장의 인간에게는 감성을, 철없는 머리의 인간에게는 이성을 불어넣어 줍니다.

좀 색다른 음악입니다. 제임스 라스트(James Last)가 작곡한 〈외로운 양치기〉(The Lonely Shepherd). 게오르게 잠피르는 팬플루트로 유럽 지역에서 이름을 알리다가 이 〈외로운 양치기〉로 일약 전세계적인 인기를 얻게 됩니다. 영혼을 울리고 마음을 파고드는 애절한 음색과 바이올린의 어울림이 너무나 애절하고 구슬픈 곡입니다.

목가적이며 서정미가 짙은 악기인 팬플루트를 세계인의 악기로 승화시킨 이 루마니아 출신의 연주자를 위하여, 제임스 라스트가 〈외로운 양치기〉(Einsamer Hirte)를 작곡하여 그에게 헌정하였습니다. 외로운 목동의 고독이 음정 구석구석에 배어 있습니다. 메아리를 벗 삼아 첩첩 산의 품속에 안겨서도, 그리움에 사무쳐 몸부림치는 소년 목동의 아름답고 구슬픈 노래는 별빛 밤하늘에 고요히 울려 퍼지고, 양떼는 그 노래를 자장가로 삼아 스르르 잠이 듭니다. 우리 눈은 어느덧 눈물로 촉촉해 지고, 이 애절한 노래를 들으려고 하늘이 어둠과 함께 내려옵니다. 숙연하고 경건한 마음이 됩니다.

5

생의 파도와 음의 물결

음악의 산책길 IV-꽃은 아름답게 사는 지혜를, 나비는 우아한 자유의 몸짓을, 새들은 자연을 노래하는 법을 가르쳐주지만, 음악은 우리에게 깊은 명상을 통하여 고요한 시간의 놀라운 힘을 믿게 해줍니다.

인상적인 시베리아의 서정이 절절한 비극적인 음률처럼 애잔하면서도 무한한 동경을 자아내는 음악이 있고, 우리의 빈 가슴을 적시고 감싸주는 우아하면서도 감미로운 선율도 있습니다. 수많은 별들이 춤을 추는 환상적인 음악의 생명적 숨결은 우리의 여린 심장을 다시 뛰게 하고, 그 야릇한 감동의 물결이 허기진 우리의 감성에 생명력을 불어 넣어줍니다.

삶의 고뇌에서 태어난 감성의 소리는 우리의 잠자는 영혼을 일깨워 줍니다. 절망이 삶의 대부분이었던 작곡가의 내면의 깊이에서 태어난 영혼의 소리는 우리의 둔한 심금에 깊이 공명하면서 우리의 메마른 감성을 조용히 달래고 채워 줍니다. 그들의 실존적 삶과 인생관을 배경으로 깊은 명상과 고뇌를 통하여 침전된 예술적 이미지를 정화된 소리로 표현하는 것이 순수 음악이기 때문입니다.

차이콥스키가 자기 일생 최고의 걸작으로 꼽았던, 유명한 교향곡 〈비창〉(Pathétique)은 곡 전체에 흐르고 있는 슬프고 절망적인 감정을 잘 나타내 주는 매우 적절한 표제입니다. 그 자신도 이 곡은 마치 진혼곡 같다고 말했을 정도로 우울하고 처절한 느낌의 곡이지요. 작곡할 당시 그는 생에 대한 절망감과 우울증이 심화된 상태였는데, 곡 전반에 걸쳐 고독, 절망, 패배감 등 다분히 염세적인 분위기가 지배적이고, 4악장을 가장 비통한 느낌의 아다지오로 마무리하면서, 이 세상 삶의 모든 슬픔과 절망, 실존적인 비애와 번민을 한 곳에 다 담고 있는 듯이 보입니다. 그러나 선율은 매우 아름답고 깨끗하며, 금관악기를 적절히 사용하여 웅장한 분위기를 자아내는 곡이기도 합니다. 러시아와 숙명적으로 북쪽 끄트머리를 맞대고 있는 우리 민족도 이 춥고 광활한 대륙의 태생적 슬픈 정서를 조금은 공유하고 있는 듯, 전혀 이 곡이 낯설거나 생소하지 않습니다. 마치 체홉이나 도스토예프스키, 톨스토이의 문학에 예민하게 공명하는 우리의 섬세한 열린 마음처럼 말입니다.

쇼팽의 이별의 곡인 〈슬픔〉(Tristesse), 이별은 슬픔이면서 동시에 그리움입니다. 이토록 감미로운 멜로디는 내 생애에 처음이라고 그가 고백했을 정도로 아름답고 섬세한 곡입니다. 느린 만큼 곡에 깃들여 있는 감정이 너무나 풍성합니다. 비록 이별은 슬픈 감정이지만, 이별의 곡은 왜 이리도 아름답게 우리 속을 울리며, 포근한 엄마의 품처럼 정답게 영혼 깊숙이 스며드는지. 아마도 쫓겨난 에덴을 못 잊어 하는 아담의 후예들의 시원적 그리움이든가, 아니면 숱한 슬픈 이별에 파묻혀 살아가는 인생의 피할 수 없는 숙명적인 감정일 것입니다.

그렇습니다. 젊고 붉던 우리의 동안에는 어느덧 저녁노을이 짙게 드리우고, "바람이 싸늘 불어" 생의 가을은 자꾸만 깊어갑니다. 우리의 생애에 적어도 몇 번은 휑한 바람과 먹구름이 불어 닥치고 스쳐 지나갔을 것이며, 그 때마다 슬픔의 눈물이 깊은 허무의 심연으로부터 울먹이는 가슴을 타고 올라와 두 눈에 흥건히 맺혔던 쓰라린 아픔도 있었을 것입니다. 사무쳐 잊히지 않는 숱한 이별의 기억들은 비록 슬픔과 애수를 동반하지만, 이제는 닥쳐오는 슬픔과 주어지는 고난을 담담히 사색과 명상으로 달래며, 영혼을 감싸주는 고운 음악으로 위로받고, 맑고 투명한 지혜로 극복하면서, 시들지 않는 희망으로 평화의 포구, 영원의 지평으로 차분히 나아가야할 때입니다. 황혼의 의미입니다.

진정한 삶은 내면의 진정한 자아와 일치하는 삶을 살 때 성취된다고 합니다. 음악을 포함한 모든 예술이 추구하는 지향성입니다. 우리의 어릴 적 꿈, 슈만의 〈꿈〉(Träumerei), 어릴 때부터 들으며 성장해온, 매우 아름답고 친숙한 이 선율은, 어린이의 따뜻하고 순수하며 소박한 꿈을 표현함으로, 마치 어머니의 포근한 품속에서 자장가를 듣는 것처럼 잔잔하고 평화롭습니다. 이것은 삶에 지친 어른들에게는 달콤한 위로이고, 황혼의 우리 에게는 은은한 축복이자 위안입니다. 시들어 가는 영혼을 푸근히 감싸고 어루만져 주며, 우리의 눈에 그리움의 눈물이 맺히게 합니다. 깊은 호소력으로 영혼을 감미롭게 전율시킵니다. 저 밤하늘, 반짝이는 은하수를 넘어서 우리의 천진한 마음에 수많은 상처가 생기고 아물고 또한 잊혀 가는 동안, 때로는 비껴가던 야속한 꿈들이었지만, 그래도 우리는 실망하거나 포기하지 않고, 줄기차게 새로운 꿈을 꾸며, 고집하며 이 시간까지 버티고 살아온 것입니다. 꿈을 먹고 꿈을 생활하며 살아온 우리의 잃어버린 세월을 넉넉하게 보상해 주는 실로 고마운 음악입니다.

수채화 같은 파란 하늘은 어릴 적 추억을 불러오고, 붉은 단풍은 가슴 위에 한잎 두잎 애수로 쌓입니다. 스산한 바람과 함께 아련한 그리움이 소매 사이로 스며들어, 석양을 바라보는 눈에는 이슬이 맺힙니다. 엘가의 〈사랑의 인사〉(salut d'amour, Liebesgruß)는 비록 짧지만 풍성한 사랑의 감정이 소담하게 담겨있는 매우 아름답고 절제된 멜로디입니다. 그래서 사랑하는 연인들을 격려하고 축복하는 음악으로 자주 연주되곤 하지요. 1888년 여름, 소녀 앨리스는 〈Love's Grace(사랑의 우아함)〉이라는 제목의 시를 써서 따스한 마음의 애정을 담아 소년 엘가에게 전합니다. 이에 감동한 엘가는 즉시 그 시의 운율에 맞춰 〈사랑의 인사〉라는 곡을 붙여 뜨거운 사랑의 마음과 함께 화답하고는 다음해에 결혼을 하게 됩니다. 문학과 음악이 만나 조화를 이룬 예술적 찰떡궁합인 셈이죠. 여하튼 옛날이나 지금이나 남녀칠세 지남철이라더니 젊은이들은 도저히 말릴 수가 없습니다. 그리하여 이 곡은 시간이 지남에 따라, 문화와 세대 차이를 넘어, 남녀노소, 신분의 상하, 양의 동서와 시의 고금을 망라하여 그토록 줄기차게 사랑받고 애청되어 왔습니다. 이는 이 사랑의 인사가 그만큼 진실하고 고상하며, 귀엽고 우아할 뿐만 아니라, 밝고 아름답기 때문일 것입니다.

이 둘의 시와 음악을 통한 사랑의 인사는, 그 유명한 사랑의 시 〈노래의 날개 위에〉에 주옥같은 곡을 붙여 불후의 유산으로 인류에게 물려준 하이네와 멘델스존의 탁월한 예술적 교감을 생각나게 해줍니다. 이 고운 음률이 우리의 젊음과 사랑을 다시 한번 무지개의 영롱함으로 우리의 기억 속에 되살려 주는 사랑의 인사가 되었으면 합니다. 우리도 이 음악의 날개 위에 올라, 요단강 저편 들판, 붉은 꽃 만발한 정원으로 함께 날아가 봅시다.

쇼스타코비치의 〈로망스〉. 파란 밀어가 촘촘히 박혀있는 겨울 하늘의 저녁 빛이 곱습니다. 시원의 메아리로 들리는 바람 소리에 마음은 스르르 바람을 타고, 참으로 애틋하고 아련한 이름을 가진 낭만을 찾아 겨울 산책을 떠나봅니다. 쇼스타코비치의 〈로망스〉를 절절한 바이올린의 연주로 들으며 눈길을 따라 걷는 두 번째의 호젓한 겨울 산책입니다. 이 곡은 마스네의 〈타이스의 명상곡〉의 영향을 받아 쓴 작품으로, 듣고 있는 우리의 코끝이 시큰해오고, 심금에 그윽한 울림과 그리움의 굴곡을 남깁니다.

서정적·감상적 가곡을 총체적으로 가리키는 로망스는 원래 시(詩)라는 뜻입니다. 쇼스타코비치는 공산 치하에서 미운털이 박힌 채 서서히 예술혼이 시들어갔지만, 라흐마니노프나 스트라빈스키와는 달리 망명도 하지 않고 계속 러시아에 남아서 교향곡을 15개나 만들며 자신의 음악을 지켜냅니다. 세상의 수많은 음악 중에서 아름답고 사랑스럽지 않은 음악이 어디 있으리오마는, 어떤 작품에는 특별히 작곡가들이 서정적이고 낭만적이라 생각하여 로망스라는 제목을 붙인 곡들이 있습니다. 그러나 쇼스타코비치만큼 로망스를 애호했던 작곡가도 드물 것입니다. 이 곡은 너무나 곱고 아름다운 음악이어서 오늘날 까지도 많은 사랑을 받고 있지요. 세속의 때 묻지 않은 이 순수한 낭만의 음향이, 젊은 시절의 청순한 옛 추억을 감동적으로 회상시키며, 이 겨울 밤 우리의 가슴을 그리움의 눈물로 적셔줍니다. 맑고 깊은 조용한 멜로디는 마음을 맑게 하고, 우리의 정신에 끼인 때를 순화하여 벗겨내지요.

오늘 따라 이곳 미시간 날씨도 흐린 채 움츠려져 있고, 마음도 따라서 쳐져 있는 것이 생명의 약동이 그리운 날입니다. 〈아름답고 푸른 도나우〉(An der schönen, blauen Donau), 1867년에 작곡한 요한 슈트라우스 2세의 왈츠곡입니다. 오스트리아의 제2의 애국가라고 불릴 만큼, 이 곡은 지금까지 가장 인기 있는 왈츠곡으로 사랑받고 있습니다. 곡의 완성도가 매우 뛰어나고, 선율이 무척 아름다우며, 환상을 불러일으키는 깊은 정서가 담겨 있고, 품격 있는 낭만의 꿈이 서려 있습니다. 이 곡이 그의 가장 유명한 곡이 된 배경에는, 1866년 프로이센-오스트리아 전쟁에서 패배하여 침울해진 조국의 쓰라림을 이겨낼 희망찬 음악을 기다리는 시대적 상황과 민족의 역사적 요구가 깔려 있었습니다. 우리의 붉은 피 속에 도도히 흐르고 있을 생의 긍정과 환희, 삶의 찬미와 도취를 이 곡을 들으며 다시금 확인할 수 있습니다.

이 곡이 우리의 삶을 정화(catharsis)하고 정서를 윤택하게 하여, 생각의 깊이와 깨달음의 폭이, 명상의 삶으로 이어지는 풍요로운 노년의 매일이 되도록 도와줄 것입니다.

V. 눈물로 회상하는 어머니

① 어머니

오늘의 우리를 있게 한
존재의 샘터.

한 뼘도 안 되지만
넓고도 깊은 당신의 가슴,
맑은 옹달샘처럼
눈부시게 소담하고 풍성합니다.

약하고 여린 생명의 물레.
혼신의 힘을 다해
명주실 세 가닥 자아내시고,
목숨으로 지켜내시는 불꽃.

불굴의 믿음과
따스한 손길,
자비의 선한 눈빛으로
바른 길 찾아주시는 어머니.

영원으로도 다 표현 못할
가없는 은혜,
갚을 길은 아예 없는
숭고한 사랑.

우리 삶의 시작이요,
마지막 깃발인 어머니,
사랑합니다.
사랑합니다.

2

어머니날에

　수 마디의 꾸중의 말보다 더 무서운 어머니의 눈물, 어머니는 우리에게 살아있는 종교였고 장엄한 우주였으며 다시 돌아갈 시원적 고향, 에덴이었습니다. 철들기 전의 어렴풋한 어머니의 기억은, 어릴 때 배우고 읽던, 물려받은 낡은 천자문 책갈피처럼, 가장자리는 찢겨져 흐릿하고, 신비의 안개에 싸여 아득하기만 합니다.

　서울에 계시던 아버지께서 모처럼 집으로 내려오신 참에, 하루는 온 가족과 친척이 모여 가족사진을 찍기로 했습니다. 1950년 봄, 6·25가 발발하기 두어 달 전이었지요. 신이 나신 어머니는 아이들에게 어떤 옷을 입힐까 궁리하며 바쁘셨습니다. 사람들이 모이자 사진기가 설치되고, 햇빛이 잘 비치는 앞뜰에 의자들이 차례로 놓이면서 부산하던 모든 준비가 끝이 났습니다. 그때 모두의 눈길을 한몸에 받으며 등장한 여섯 살 맏이는 사람들의 감탄과 박수 소리에 어리둥절 몹시 당혹해 했습니다. 그 당시 시골에서는 보기 어려운 어린이 양복에다가 넥타이를 걸치고 검은 테 안경까지 끼고 나왔던 것입니다. 이 날을 위해 오래 전부터 마음먹고 준비하신 듯 어머니께서 뒤에서 흐뭇하게 웃고 계시고, 아버지는 하늘을 쳐다보며 난감해 하셨으나 웃고 말았습니다. 태어나자마자 둘째였던 나는 깜찍한 넥타이 하나로 만족해야 했습니다. 양반 집안의 9대 종손인 맏이와 차남의 차이는 이 남씨 가문에서는 야속하리 만큼 뚜렷했습니다. 아우는 겨우 한 살이 조금 지난 아기였구요. 가족사진과 함께, 돌아가며 한 사람씩 독사진이 찍혀졌고, 가족의 유대는 강화되었으며, 즐거운 웃음 속에 추억은 알알이 쌓여갔습니다. 이틀 후에 아버지는 다시 서울로 올라 가셨지요. 그러나 이 날의 아름다운 아버지의 기억이 마지막이 될 줄이야 누가 짐작이나 했겠습니까?

오, 통한의 6·25여, 민족은 갈라지고 국토는 유린되었으며, 세 아이는 아버지를 여의고, 어린 아내는 남편을 잃었으며, 가문의 품격은 실종되고, 가정은 감당하기 벅찬 타격을 받아 휘청거렸습니다. 아이들의 꿈은 산산조각이 났고 미래의 희망은 물거품이 되었으며, 생명마저 위협받는 생존의 위기에 빠지게 된 것입니다. 이것은 내가 네 살 때 본 아버지의 마지막 모습이자 다섯 손가락 안에 드는 몇 안 되는 그분의 추억입니다. 이 일이 있은 후, 아버지는 우리의 어린 넋에 메울 수 없는 텅빈 공허를 남기며 우리의 삶에서 멀리 은퇴하셨고, 우리의 기억 속에서만 살아있는 전설의 별이 되셨으며, 덕분에 우리는 삶의 의미를 슬픔과 외로움, 가난과 고통을 견디며, 실낱 같은 내일의 희망에서 찾고 개척해 나가야만 했습니다.

　남편이 납북되어 생사도 모르는 이 암담한 상황에서 든든한 의지가 되셨을 시어른들은 이미 다 타계하셨고, 어린 시동생과 철모르는 아이 셋 이렇게 다섯이 살기에는 집이 너무나 휑하니 크고 쓸쓸해 보입니다. 낮에는 단정하게 빗은 머리에 흰 수건을 두르시고 뙤약볕 들에서 그 긴 고랑의 밭을 매시며, 밤이면 첫 닭이 울 때까지 침침한 호롱불 밑에서 길쌈을 하거나 베틀에 매달려 삼베를 짜시던 어머니의 모습이 아련하게 떠오릅니다. 꿈에도 그리던 벅찬 해방의 기쁨을 보지 못하시고 애석하게도 일찍 돌아가신 시부모님이 생각나서 해방의 날, 둘째인 나를 배 속에 실은 채 무거운 몸으로 베틀 위에 앉아서 한참을 서럽게 우셨다는 갸륵한 며느리입니다. 집 담벼락 뒤로 졸졸 흘러가는 맑은 실개천으로 아직 잠이 덜 깬 어린 우리를 나란히 손잡고 데려가 얼굴을 씻겨 주시고는 앞치마로 정갈하게 닦아 주시던 어머니셨습니다. 여름철 뒷담을 따라 흐르는 잔잔한 물소리를 자장가 삼아, 어머니가 타시는 다듬이 방망이의 구성진 장단에 맞춰 스르르 잠이 들던 꿈속의 고향입니다. 어느 가을 따스한 날, 집 앞뒤의 키 큰 감나무에서 감을 따거나 뒤뜰 장독대 좌우로 나란히 서있는 아담한 두 그루 배나무에서 배를 따거나, 아니면 가까이 있는 선산에 선조들이 심어 놓은 나이 많은 밤나무들 밑에서 알밤을 수북이 줍는 날이면, 대견해 하실 모습을 상상하며 제일 먼저 달려가던 어머니의 품이 이 시간 몹시도 그립습니다. "품어가 반길 이 없어" 서러워하듯, 달려가 안길 품이 없는 자식은 그래서 언제나 한 편이 허전하고 서러운 법, 아직도 먹음직한 배를 보거나 탐스런 홍시를 보면 그분의 모습이 먼저 떠올라 가슴이 아려옵니다.

　집 안에 있는 방앗간에서 엄마의 손을 잡고 없는 몸무게로 깡충깡충 힘껏 방아를 밟아대며 추석 떡쌀을 찧던 동심이 한 폭의 동양화처럼 그립고 정겹습니다. 이 영양 남씨의 8대 종갓집 며느리는 결코 일에 능숙하거나 재빠른 솜씨는 아니었지만, 그 많은 제사들을 음식 준비로 받들면서 오직 정성을 다함으로 어른들의 꾸지람을 겨우 면하셨습니다. 어머니는 모내기 점심을 이고 논으로 나가시고, 두 살 위인 7살 형은 갑절이나 더 나이가 많은 동네 아이들과 소를 먹이러 멀리 들로 나가면, 나는 남아서 어린 아우를 업고 재우면서 집을 지키고 닭에게 모이를 주거나 혼자 딱지를 치고 놉니다. 그러면 어느덧 서산에 붉은 해는 기울어, 배부른 소를 몰고 형은 보무도 당당하게 집으로 찾아들고, 어머니는 퉁퉁 불은 젖을 안고 황급히 어린 아우가 배고파 울고 있는 집으로 달려옵니다. 이렇게 하루하루가 지나는 동안, 어린 몸은 자라고 여린 영혼은 티 없이 그렇게 영글어갔습니다. 초등학교에 들어가기 전의 전형적인 시골의 풍속도이자 풍경화이며 조촐한 제2 악장 전원교향곡입니다.

　우리에게 어머니는 늘 끊이지 않는 사랑의 샘물이었으며, 은혜의 빗물이자 용서의 눈물이었습니다. 가진 것 없이도 풍성할 수 있었던 것은 조무래기 우리들에게는 어머니의 따스한 품이 늘 곁에 있었기 때문이었지요. 어머니의 넓은 젖가슴은 어떤 비바람과 눈보라도 거뜬히 막아내는 거대한 산성이요 안전한 요새였습니다. 그 속에는 웃음과 행복이 깃들어 있었고, 밝음과 정결함이 속해 있었으며, 평화와 안정이 나란히 공존했고, 순종과 예절이 숨쉬고 있었습니다.

　어머니는 나의 언덕, 나의 뜰, 나의 정원이셨습니다. 어느 4월 봄날, 새 봄의 밝은 음향과 향기에 둘러싸여, 손수 지어주신 새 옷을 입고, 가슴에 하얀 손수건을 달고, 새 고무신을 신고, 엄마 손에 매달려 붕붕거리는 꿀벌 소리의 축복을 받으며, 벚꽃 만발한 신작로 길을 따라 초등학교 1학년 입학식을 향해 걸어가던 그 날의 기억을 평생 잊을 수 없습니다. 운동장에서 입학식을 마치고, 장터에서 만나면 생긋이 웃던 어여쁜 이웃 소녀의 손을 잡고 나란히 걸으면서, 파마 머리를 봄바람에 날리며 앞서가는 앳된 처녀 선생님의 뒤를 따라 새 교실로 들어가던 때의 야릇한 흥분을 잊을 수가 없습니다. 어리고 약한 몸으로 혼신의 힘을 다해 우리 세 아들을 자아내시더니, 홀몸으로 죽을 힘을 다해서 죽는 그날까지 셋을 책임지고 바르게 키워내기로 결심하고 실천하신 장하디장하신 우리 어머니. 학예회 때, 새로 지어주신 산뜻한 세라복을 입고 부러워하는 아이들과 어른들 앞에서 또박또박 환영의 인사를 했을 때, 물기로 반짝이던 어머니의 그 자랑스러운 눈빛을 어찌 잊을 수 있단 말입니까?

　우리에게는 어머니의 눈빛은 칭찬이자 회초리요, 눈물은 사랑이자 채찍이었습니다. 수 마디의 꾸중의 말보다 더 무서운 어머니의 눈물, 어머니는 우리에게 살아있는 종교였고 장엄한 우주였으며 언젠가는 다시 돌아갈 시원적 고향, 에덴이었습니다. 어머니 그립습니다. 그리고 사랑합니다.

③

어머니의 신앙

　진리의 지평은 눈앞에 활짝 열리고, 어머니의 일생에 걸친 신앙의 눈부신 대장정은 이렇게 시작되었습니다.

　생명의 불꽃을 나의 작은 영혼에 지펴주신 존재의 산실, 자신의 생명을 불태워 이 약한 불씨를 기어코 지켜내신 거룩한 모성, 어린 영혼을 가슴에 품고 질풍노도(Sturm und Drang)와 같은 험난한 생의 강을 건너오신 어머니입니다. 민족상잔의 전쟁 한가운데서, 뼈 마디마디마다 저려오는 엄청난 고통을 견디며, 생존을 위협하는 쓰라린 도전과, 투항을 유혹하는 숱한 절망 속에서도 끝까지 지켜 오신 귀한 생명의 불꽃입니다.

　많은 물이 한반도의 역사에 부침하며 흘러갔듯이, 더 많은 시간은 우리의 영혼에 크고 깊은 흠집을 내면서 스쳐갔습니다. 아침은 저녁이 되고, 봄은 가을이 되었으며, 어린 소년은 어느덧 쓸쓸한 노년이 되었습니다. 새벽을 노래하던 어린 영혼은, 나이 들어 음울한 음악 〈비창〉과 침울한 노래 〈안단테 칸타빌레〉에 잦아들고, 밝아오는 여명을 야망으로 붙잡고 전율하던 푸르던 젊음은, 이제 석양의 희미한 기억 속에서, 서산에 지는 해의 마지막 광휘에 애타하는 흰 머리로 바뀌었습니다. 바야흐로 철이 들어 침묵의 소리에 귀를 기울이며, 존재의 시원적 음향에 민감해지는 나이가 되고 나니, 아, 서러워라, 어머니는 이미 나의 곁을 떠나셔서 저 하늘의 별이 되셨고, 나의 영혼을 감싸주는 흰 구름이 되신 후입니다. 어머니의 애틋한 모습과 희미한 기억의 조각들을 알뜰히 채집하고 발굴하여 서로 연결하고, 생명을 부여하며, 언어와 역사의 옷을 입히는 의미 있는 노력은, 당연히 그분이 예수님을 만난 역사적 순간부터 시작되어야 할 것 같습니다.

참혹한 민족전쟁은 휴전으로 끝나고, 1954년 봄, 아이들의 교육을 위하여, 어머니는 처음으로 고향을 떠나, 동해를 안고 있는 아늑한 해변 마을로 이사를 하셨습니다. 처음 보는 바다가 신기하고 좋았으나, 모든 것이 낯설고, 말씨도 달랐으며 입고 있는 옷도 삶의 방식도 조금씩은 다 달랐습니다. 어린 우리들조차도 처음에는 어리둥절했지만 금방 적응이 되어 갔으나, 어머니는 완전히 고립된 이방인이었습니다. 조용하고 평화스런 농촌의 고고한 8대 종갓집 며느리는 이 부산한 어촌에서 조그만 가게를 열어 생계의 터전을 잡아 전혀 어울리지 않는 상업적 생활 전선에 첫 발을 내어 디디셨습니다. 입고 있는 정갈한 옷이나 교양 있는 말씨 그리고 우아한 행동 모두가 이곳 바닷가의 산만한 분위기와는 전혀 딴 판이었습니다. 누가 보아도 어머니는 딴 세상에서 온 한 송이 목련꽃이거나 아니면 흙 속에 반쯤 묻혀 있는 하얀 진주였습니다.

어느 날 어머니는 그간 전혀 눈에 띄지 않던 또 하나의 이방인을 목격하게 됩니다. 유별나게도 검은 비로드 치마저고리를 단아하게 차려 입은 곱상한 여성이 어머니의 가게를 방문한 것입니다. 옷도 말씨도 태도도 주변 사람들과는 사뭇 달랐습니다. 이 둘의 눈이 서로 마주치자 단번에 두 사람은 이곳에서는 낯선 이방인들임을 알아차렸고 일종의 동류의식을 느꼈겠지요. 인사를 나누고 필요한 몇 가지를 산 후 헤어졌습니다. 검은 저고리에 희고 깨끗한 동정을 단 갸름하고 긴 하얀 얼굴이 퍽이나 교양이 있어 보이는 같은 또래의 여성을 어머니는 유심히 보고 계셨습니다. 이 여인은 그 후로도 계속 와서 필요한 물건들을 사 갔으며 자연히 대화의 시간도 점점 길어져 갔고 비례하여 우정도 서서히 싹터 갔습니다.

며칠 후 그녀는 〈박 군의 심정〉이라는 손바닥 만한 요상한 그림책을 들고 와서 가게에 슬쩍 놓고 갔습니다. 초등학교 2학년인 나는 이 신기한 그림책을 얼른 집어 들고 호기심으로 들여다보았습니다. 박 군의 마음속에 복잡하게 들어 있는 온갖 더러운 것들이 험상궂은 짐승의 모양으로 그려져 있었는데, 거기에는 개구리, 뱀, 호랑이, 거북이, 염소 등이 있었고, 가운데는 붉은 털이 숭숭 난 키 큰 짐승(나중에 알고 보니 마귀)이 창을 들고 지키고 서 있었습니다. 첫 장을 넘기니 거기에는 번쩍번쩍 빛나는 십자가가 날개를 단 예쁜 여자(후에 알고 보니 천사)의 손에 의해 박 군의 마음속으로 들어오더니 그 시커먼 짐승들이 눈이 부시는지 다 밖으로 슬금슬금 기어 나가고, 그 다음 장에는 그

텅 빈 마음에 세상의 깨끗하고 아름다운 것들이 박 군의 심정을 다시 가득 채운다는 만화처럼 다소 황당하고 우스꽝스런 내용이었습니다.

나는 속으로 책을 주려면 좀 더 재미있고 신나는 긴 만화책을 주든 가, 아니면 동화책을 주지 뭐 이렇게 손바닥 만한 볼 품 없는 이상한 것을 주는가 하며 서운해 했습니다. 며칠 후 그녀는 또 와서 물건을 사고 비슷한 것을 남겨 두고 갔지만 재미가 없어 더 이상 거들떠보지 도 않았습니다. 어머니는 간혹 그것을 읽어 보시는 눈치였습니다. 어 릴 때 배우신 명심보감의 내용과 조금은 닮은 데가 있어 정감이 가는 구석이 있었나 봅니다. 알고 보니 그 검은 복장의 여인은 가까운 감리 교회의 여전도사였습니다. 어느 날 그 여성은 양복을 차려 입은 점잖 은 남자 분을 모시고 우리 가게를 방문했습니다. 교회의 목사님이었 지요. 이리하여 시작된 이방인들끼리의 죽이 맞는 만남은 계속되었고 많은 이야기들이 오가고, 책자들이 읽을거리로 주어졌으며 신 학문 에 거부감이 없으신 어머니는 배움에는 남다른 열성을 보이셨습니다.

결국 어느 날에는 빨갛게 옆이 칠해진 조그만 신약 성경이 어머니 의 손에 들어와 읽혀지기 시작했습니다. 냉혹한 삶의 벌판에 홀로 서 서 세파에 맞서던 어머니는 두려움과 외로움을 메꾸어 줄 더 큰 가치 를 찾고 계셨고, 죽음 저편에 또 다른 영원한 생명이 있다고 말하는 이 종교에 관심을 갖게 되었습니다. 풍랑을 꾸짖고 성난 바다를 잠잠 케 하는 장면은 비록 통쾌했으나, 성경이 말하고 있는 부드럽고 온순 한 사랑의 언어가 어머니께서 여기 지금(hic et nunc) 체험하고 계시는 험난하고 척박한 현실의 언어에 비해서 무척이나 유약하고 무기력한

듯이 보였습니다. 그래도 구원의 진리는 그 지평을 어머니의 의식 안에 서서히 열어주고 있었고, 오래지 않아 영의 눈이 떠지며 마음 문이 열리면서 어머니는 구원의 진리를 붙잡게 되었습니다. 이리하여 시동생과 어린 세 아이를 힘겹게 키우는 외로운 삶을 이해하고 위로하고 힘이 되어줄 하늘의 부드러운 손길을 발견하셨고, 위대한 십자가의 희생의 사랑을 만나게 되었습니다.

어머니의 평생에 걸친 신앙의 눈부신 대장정은 여기서부터 이렇게 시작되었습니다. 이어 세 아이의 교육과 장래와 영원을 꼴 지을 신앙의 도도한 대하의 흐름이 여기서 출발한 것입니다. 이후 어머니를 따라 바다가 멀리까지 내려다보이는 높은 언덕에 자리 잡은 아담한 교회를 꾸불꾸불 언덕길을 숨이 차도록 뛰어 올라가던 동심이 그립습니다. 부드러운 빛이 감돌고, 맑음과 밝음, 순수함과 깨끗함, 정겹고 따스한 눈빛, 천진스런 마음과 경건한 예배가 있던 우리들의 어린 시절은 이렇게 꿈같이 시작이 되었습니다. 썰렁하던 조그만 방에서는 찬송가 소리가 울리고 어머니의 축복의 기도가 우리들 머리 위에 이슬처럼 내리던 그 옛날이 꿈결처럼 아련합니다. 삶의 이유는 점점 더 뚜렷해졌고, 나아갈 길은 확연해졌으며, 자신을 고귀한 빛 속에서, 흩어지지 않은 양심으로 주님께 맡기는 고요한 신앙적 새 삶이 어머니를 통해 우리에게도 전해져 내려왔습니다. 겨자씨와도 같은 작은 믿음이 자라기 시작하자, 우리들의 어린 영혼의 집은 겨자나무의 울창한 잎으로 덮이고, 고운 새들이 깃들었으며, 감사의 기도로 집안은 더 아름답게 꾸며져 갔습니다. 가치 체계의 변화가 와서 흥미 없던 것이 재미있게 되며, 의식의 방향이 바뀌어 미워하던 사람을 사랑하게 되고, 증오하던 사람을 용서하기 시작합니다. 전혀 새로운 생의 질서와 삶의 가치가 시작된 것이지요. 태어나 제일 먼저 배운 첫 마디가 엄마이었듯이, 이 시절 어머니가 가르쳐주신 성경 말씀과 노래들은 언제나 나의 가슴에 마르지 않는 푸른 강으로 흐르기 시작했습니다.

잠들지 않고 언제나 깨어있는 늘푸른 바다같이, 어머니의 신앙은 나에게 꿈을 주었으며, 그분의 지혜는 나의 날개가 되었고, 그분의 희생의 어깨를 딛고 나는 울타리의 한계를 뛰어 넘을 수 있었습니다. 강을 거슬러 헤엄쳐 본 사람이 강물의 도도함을 가장 잘 알 듯이, 일생을 유감없이 역경을 거슬러서 살아온 우리 어머니만큼이나, 이 세파의 거센 물결과 생존의 처절함을 이해할 수 있었을까요? 그러나 그분은 이 모두를 신앙의 힘으로 헤치며 참고 극복해 나갔습니다. 어머니에게 신앙은 내세와 천국을 위한 약속어음이라기보다는, 현세의 몸부림이었고 현재의 처절함 그 자체였습니다. 누구에게나 예외 없이 고통과 시련은 필연적으로 찾아오지만, 삶의 현장에서 직면하는, 파도같이 밀려오는 운명의 도전을 온 몸으로 막아 인내로 버티면서, 끊임없이 자신의 외연을 넓혀 나가 고통의 미학으로까지 승화시키며, 전쟁과 그 이후의 기구한 운명에 대한 몸부림과 절망을 운명애(amor fati)를 넘어 하늘의 소망으로 까지 확장하셨던 한 위대한 영적 거인의 모습을 어머니에게서 발견합니다. 가냘픈 여성의 몸으로 올곧은 신념과 불굴의 의지로써 모든 난관을 하나하나 극복해 나가는 이 위대한 여성의 투지와, 공포와 비애를 이겨 나가던 일생의 과정은 오직 그분의 신앙 안에서만 설명이 가능합니다. 어머니의 신앙은 나의 마음 속에, 영원히 죽지 않는 불멸의 항성이 되었고, 고귀한 그분의 믿음은 나의 가슴에 영원히 살아 숨 쉬는 생명의 샘이 되었습니다.

　우리는 매일 늙어가는 것이 아니라, 하루하루 조금씩 익어간다고 합니다. 생활로 보여주신 어머니의 치열한 신앙인의 모습이, 이 시간 붉은 저녁 놀 위에 더욱 눈부시게 빛이 납니다. 소녀의 기도가 있듯이 나의 노년의 기도가 있습니다. 부디 노년의 여생이 자유와 평화이기를 바라고, 어머니의 빛나는 신앙이면 더욱 좋겠습니다. 스며드는 물처럼 고요하고 부드러운 마음으로, 떠도는 구름처럼 여유롭게, 영혼을 달래며 살고 싶습니다. 실로 소박한 석양의 기도입니다. 태어남과 죽음, 병듦과 늙음은 더 이상 우리에게는 위기가 아니라, 누구나 겪어야 하는 도도한 생의 흐름일 뿐, 신앙으로 품위 있게 담담히 맞아야 할 과정들일 것입니다.

　어머니는 이미 오래 전에 잠드셨습니다. 정말로 다행인 것은 죽음이 영원한 마침표가 아니라 우리에겐 당분간 쉼표인 것입니다. 죽음은 영원에의 접근을 위한 자장가입니다. 서글픈 소멸이 아니라 새벽의 약속이 있는 휴식의 잠입니다. 어머니를 다시 만날 가슴 벅찬 그날을 고대하며, 세파의 비바람 속에서도 믿음으로 고요와 평정을 유지하셨던 어머니처럼 나도 그 날까지 그렇게 살다가 새벽에 깨어 다시 어머니를 만나고 싶습니다. 어느덧 날씨도 점점 따스해 오고, 겨울 대지의 상흔을 파릇파릇한 새싹으로 치유하며, 소리 없이 피어나는 화사한 목련과 함께 계절은 고요히 익어갑니다. 어디선가 어릴 적 어머니께서 구워주시던 구수한 군밤 냄새가 나는 듯, 가까운 숲에서는 부엉이의 울음과 날갯짓 소리가 들려옵니다.

4

어머니를 그리며 (1)

　빠르게 변해 가는 풍속과 사조의 와중에서도 줄기차게 남아있는 영원한 불변의 상수는 아마도 어머니일 것입니다. 노을빛으로 물든 조그만 창에 초저녁 달빛이 고요하게 비쳐듭니다. 말없이 어린 나무들을 안은 채 졸고 있는 아담한 숲은 어머니의 가슴처럼 아늑하고 푸근하여 마치 젖 향기 나는 저 에덴의 동산 같습니다. 시간은 노을 진 하늘에 멈추어 서성이고, 추억은 날개를 달아 어린 동심의 시절로 유유히 날아가더니, 불현듯 이 저녁 어머니가 유난히도 그리워집니다. 전쟁과 외로움과 가난의 모진 세월을 차가운 눈밭과 험한 가시밭으로 줄곧 걸어오신 어머니입니다. 깊고 그윽한 어머니의 사랑은 나의 내면의 푸른 바다요, 은혜는 외연의 쪽빛 하늘입니다. 갓 그린 수채화처럼 내 마음 가장자리에 수묵으로 번지는 잔잔한 그리움은 이 가슴에 깊이 새겨져있는 또렷한 어머니의 눈물겨운 초상입니다. 이슬처럼 맑고 잔잔한 미소를 띤 어머니의 어지신 모습이 이 시간 애틋한 그리움으로 다가옵니다. 사랑은 진실로 그리움과 슬픔의 두 쌍둥이 자매를 키우나 봅니다.

나이 들어 '혐'이 쌓이더니 이제야 나도 조금은 철이 드는 모양입니다. 이제는 화려한 빛깔도 향기도 점점 어색해지고, 퍽퍽한 삶은 더 허허로워지며, 그 무성하던 기억의 잎들은 가을과 함께 하나씩 둘씩 떨어져 바람결에 흩어집니다. 서서히 망각의 강[Lethe] 초입으로 헤엄쳐 들어가면서, 다 잊어버리기 전에, 어머니의 고귀하신 삶과 그 등에 조개처럼 다닥다닥 엉겨 붙어있는 아름다운 추억과 기쁘고 슬픈 애환의 역사를 기록으로 남겨 두기로, 내가 생각해도 기특하고 대견스런 마음을 먹었습니다. 순간순간 아니면 매일매일 사라져가는 초라한 기억력에 맡겨두다가 이 몸과 함께 영영 땅 속에 묻혀버리기에는 너무나 아까운 한 위대한 여성의 장엄한 일생이기 때문입니다.

서늘한 초가을 바람을 타고 하얀 안개가 숲을 감싸며 고요히 흐르는 평화스런 오후입니다. 하늘은 잿빛 구름으로 차있고 간간히 부슬비를 뿌려 가을을 재촉합니다. 단풍 숲의 끝자락은 안개와 어두움에 포근히 안기어 졸고 있습니다. 밤이 되자 높은 하늘에는 설렘의 별들이 하나씩 둘씩 나타나 수줍은 듯 반짝이며, 나무 가지에 걸려있는 그리움의 밝은 달은 추석을 불러옵니다. 비록 쓸쓸한 황혼의 가을이라지만 어린 시절의 파란 추억과 눈물겨운 그리움으로 콧등은 왜 이리도 시큰하고, 시린 가슴은 왜 이토록 애틋하게 조여 오는 것인지…

1923년 12월 25일, 어머니는 출중한 한학의 선비이신 황세한과 부농의 딸 정도해의 가정에서 맏딸로 태어나, 후일에 두 남동생의 든든한 누나와 두 여동생의 자상한 언니가 됩니다. 온 세상이 경축하고 부러워하는 멋진 생일이었지만 그 날이 그 유명한 성탄절인 줄을 아는 데는 몇 년의 덤덤한 생일을 보내고 난 후였습니다. 어린 나이 열여섯에, 동해의 맑은 물을 끼고 산자락에 아늑히 자리잡은 기성이라는 한 조용한 해변 마을에서, 50리 떨어진 따스한 온천물이 흐르는 더 조용하고 더 아늑한 온정이라는 마을로, 당시 전문학교에 다니던 훤칠한 키에 귀공자처럼 잘 생긴 어린 학생 신랑에게 꽃가마 타고 꼬꼬재배 시집을 오셨습니다. 온 문중의 흐뭇한 축복 속에 다채로운 혼례를 치루고 신혼부부의 애틋하고 풋풋한 정분을 충분히 쌓기도 전에 남편은 다시 개학이 되어 멀리 떠나 버리자, 방패막이가 없어진 이 외로운 어린 새색시는, 하루아침에 신혼의 꿈 많은 소녀에서 도도한 영양 남씨 가문의 8대 종갓집 며느리가 되어 엄한 시어머니의 가차 없는 시집살이와 규모 큰 농사의 눈코 뜰 새 없는 일더미 속으로 속수무책 빠져들었습니다. 이것은, 여기서부터 숙명적인 어머니의 파란만장한 삶이, 일생을 통하여 파노라마처럼 펼쳐지리라는 일종의 예감이요 상징이었습니다.

  우리에게 어머니는 늘 끊이지 않는 사랑의 샘물이었으며, 은혜의 빗물이자 용서의 눈물이었습니다. 가진 것 없이도 풍성할 수 있었던 것은 조무래기 우리들에게는 어머니의 따스한 품이 늘 곁에 있었기 때문이었지요. 어머니의 넓은 젖가슴은 어떤 비바람과 눈보라도 거뜬히 막아내는 거대한 산성이요 안전한 요새였습니다. 그 속에는 웃음과 행복이 깃들어 있었고, 밝음과 정결함이 속해 있었으며, 평화와 안정이 나란히 공존했고, 순종과 예절이 숨 쉬고 있었습니다.

어느 4월 봄날, 새 봄의 밝은 음향과 향기에 둘러싸여, 손수 지어주신 새 옷을 입고, 가슴에 하얀 손수건을 달고, 새 고무신을 신고, 엄마 손에 매달려 붕붕거리는 꿀벌 소리의 축복을 받으며, 벚꽃 만발한 신작로 길을 따라 초등학교 1학년 입학식을 향해 걸어가던 그 날을 평생 잊을 수 없습니다. 어리고 약한 몸으로 혼신의 힘을 다해 물레에서 세 아들을 자아내시더니, 홀몸으로 죽을힘을 다해서 죽는 그날까지 셋을 책임지고 바르게 키워내기로 결심하고 실천하신 장하디장하신 우리 어머니. 학예회 때, 새로 지어주신 산뜻한 세라복을 입고 부러워하는 아이들과 어른들 앞에서 또박또박 환영의 인사를 했을 때, 물기로 반짝이던 어머니의 그 자랑스러워하던 눈빛을 어찌 잊을 수 있단 말입니까?

태백산 자락이 흘러내려 동해의 푸른 물에 발 담그고 멈추어 선, 산 좋고 물 맑은 곳, 마을을 그윽이 감싸며 굽이치는 해변을 따라, 꿈같은 혼례를 앞두고 허파에 잔뜩 바람이 든 한 처녀가, 쪽진 머리에 붉은 댕기를 매고 봄바람에 치맛자락을 펄럭이며 이웃 처녀들과의 마지막 봄나들이를 하고 있습니다. 물가에 핀 개나리가 웃고 있고, 뒷산에는 울긋불긋 진달래가 한창입니다. '남편 될 신랑은 어떤 사람일까? 쳐다보지도 못할 나무를 내가 과연 감당해낼 수 있을까? 게다가 양반댁 8대 종손이라는데.' 걱정은 되지만, 피어오르는 꽃봉오리, 꿈도 옹글고 야무집니다. 아름다운 푸른 꿈이 밀물처럼 이 처녀의 가슴에 기대와 호기심과 얼마의 두려움으로 밀려듭니다.

　미래의 삶을 무지개 빛깔의 봄소풍으로 생각하던 꿈 많은 이 철부지 소녀는 꽃다운 나이 16세에 겁도 없이 여인이 되었습니다. 그리고 20세에는 벌써 엄마가 되어 있더니, 26살에는 어느덧 사내아이 셋을 가슴에 품은 자랑스러운 어머니가 되었고, 아, 하늘도 무심하고 세월은 무정하여라! 28세에는 서럽고 원통하게도 이미 청상과부가 되어 있었습니다. 실로 기구하고도 숨 가쁜 인생반전이 아닐 수 없습니다. 밝고 따스하던 햇살은 변하여 찬 이슬이 되었고, 낭만은 어느 새 낙망으로 변했으며, 꽃이 피고 새가 노래하던 초원의 꿈은 급기야 찬 바람이 이는 거친 황야의 이리가 되었습니다. 별과 꽃과 푸른 하늘을 좋아하고 봄의 새싹과 부드러운 흙을 사랑하던 자연의 딸이, 이제는 고달픈 삶의 차륜 밑에서 홀로 힘겹게 네 생명을 굴리며 생존을 걸고 싸우는 전사가 되어 있었던 것입니다.

5

어머니를 그리며 (2)

　우리에게는 어머니의 눈빛은 칭찬이자 회초리요, 눈물은 사랑이자 채찍이었습니다. 수 마디의 꾸중의 말보다 더 무서운 어머니의 눈물, 어머니는 우리에게 살아있는 신앙이요 장엄한 세계였으며 언젠가는 다시 돌아갈 시원적 고향, 에덴이었습니다. 청상의 고독조차도 어머니에게는 사치로 여겨져 멀리 옆으로 제껴졌으며, 맨몸으로 거센 세파와 싸우면서, 옛날 친정 뒤뜰 구석에서 줄기차게 자라던 대나무들처럼 꿋꿋하게 버티셨고, 고향 선산의 소나무 숲에 보금자리를 튼 수많은 학들처럼 우아하고 흐트러짐이 없었으며, 어릴 때 부친께 배워 익히신 명심보감과 한학의 지혜를 따라 난처럼 품위 있게 역경의 삶을 하루하루 헤치고 나가셨습니다. 그러나 아, 불쌍한 우리 어머니, 밝고 선량하고 자유롭던 영혼의 모습은 삶의 무게에 짓눌려 점점 근심 띈 진지함으로 바뀌어 갔고, 곱게 빛나던 젊음은 치열한 삶의 전투에서 산화하면서 소진되어 갔으며, 강낭콩처럼 붉은 열렬한 모성애는 종교적인 열성 이상으로 아이들에게 아낌없이 다 쏟아 부어졌습니다. "죽으면 죽으리라."는 다부진 결의와, "죽으면 썩을 살을 아끼면 무엇 하리."라는 고매한 희생의 정신으로 정작 자신을 위해서는 실오라기 한 올, 쌀 한 톨도 남겨두지 않으신 어머니입니다.

삶이 이토록 어머니를 속이고, 차가운 현실의 회오리 속으로 내몰았지만, 참고 견디는 것 외엔 "슬퍼하거나 노여워" 할 여유조차 없으셨던 비운의 어머니, 그 분에게는 매일매일이 위기였지만, 정말로 숨막히는 위기의 순간이 여러 번 있었습니다. 한번은 초등학교 3학년 때의 초여름으로 기억됩니다. 전쟁의 폐허는 아직도 회복되지 않았고, 삶은 공평하게도 누구에게나 어디에서나 극도로 피폐해져 있던 힘든 때였지요. 유교 선비의 가정에 귀한 맏딸로 태어나, 손익 계산이 서툴고, 생활 감각이 약지 못해 허술하기까지 하신 어머니는 도저히 다섯 입을 감당할 힘과 궁리가 없게 되었습니다. 여성 가장의 생활력이 한계점에 다다른 상황에서 실로 처절한 결단을 내려야 하는 막다른 골목에 이르렀지요. 고향의 전답은 이미 많은 부분, 급한 김에 여러 차례에 걸쳐 헐값으로 처분된 후였습니다.

오랜 생각과 망설임 끝에 눈 딱 감고 입 하나를 고아원에 보내기로 비장한 결심을 하셨습니다. '하나를 고아원에 보내는 것이 차라리 다 굶어 죽는 것보다야 낫겠지.'라고 생각은 했으나, 몇 달 전에 어렵사리 받아들이신 신앙 양심상 아무래도 마음에 걸려, 기도하는 마음으로 하늘의 허락을 초조하게 기다리는 참이었습니다. 며칠 밤을 눈물로 기도하며 하늘을 향해 하소연하며 부르짖었으나 뚜렷한 응답이 없자, '그러면 그렇지, 가난은 하늘도 어쩔 수 없으신가 보다.' 짐작하고는 이전의 결심을 굳히셨습니다. '자, 누구를 보내지?' 시동생을 보내자니 도저히 양심이 허락하지 않았고, 가문을 향한 어머니의 반듯한 의무감에도 모양새가 어긋났으며, 세간의 이목도 의식되었습니다. 그렇다면 맏이를? 그건 천부당만부당 안 될 말이었지요. 왜냐하면 온 가문의 기대를 한몸에 받고 있던 하늘 같은 남편이 6·25 때 주요 인물로 납치되어 북으로 끌려가 생사와 행방이 묘연한 이 상황에서, '맏이는 그야말로 장차 남편의 명예와 광휘를 계승하고 전쟁 통에 기울어진 가문의 광영을 다시 회복해야 할 숙명을 지닌, 영양 남씨 가문의 9대 종손이 아닌가?' 이 당당한 가문에 맏며느리로 시집와서 엄정한 예의범절과 총명과 학식으로, 위로부터는 깊은 신뢰와 귀여움을, 아래로부터는 부러움과 존경을 한몸에 받아온 아름다운 기억과 그리운 남편을 향한 무거운 책임감이 어머니를 막아섰습니다. '그러면 막내를? 그 어리고 어여쁜 젖먹이 피붙이를 어떻게 떼어낼 수 있단 말인가? 게다가 그 어린 입이 먹으면 얼마나 먹는다고, 어불성설도 유분수지, 그건 하늘이 두 쪽 나서 내려앉아도 안 될 일이지.'...

어머니는 기도하다 말고 눈을 뜨시고, 아무 것도 모른 채 잠들어 있는 둘째인 나의 유난히 하얗고 야윈 얼굴을 내려다봅니다. 어느덧 눈에는 하염없는 눈물이 샘솟고, 심장은 피가 역류해 흐르는 듯 아파오며, 마음에는 애끓는 측은지심이 북받쳐 올라왔지만, 그 순간에도 머릿속에서는 찬 바람이 일고 비장한 결의가 처절하게 명확해져 갔습니다. '그래 둘째다. 불쌍한 것, 잠시만 맡겨두는 것이니 참고 버티거라. 내 반드시 너를 다시 찾아오리라.'… 그리하여 어려운 결심은 굳어졌고 더 어려운 생살을 베어내는 이별의 수순만이 오롯이 남게 되었습니다.

죽어서 헤어지는 것보다 살아서 헤어지는 생이별은 더 비통하고 잔인하나 봅니다. 드디어 날이 잡히고 생이별의 처연한 순간이 다가왔습니다. 천지를 모르는 어린 나는 차라리 담담했지만 어머니는 이미 마음 깊이에서 후회하며 오열하고 계셨습니다. 인륜을 어기고 천륜을 저버린다는 죄책감이 일시에 어머니의 약한 심장을 강하게 압박합니다. 바야흐로 마지막 포옹이 끝나면 살아생전에 다시는 못 볼지도 모를 일입니다. 격동의 세월이 이 아이를 어떤 운명으로 내몰아 갈지 아무도 예측할 수 없는 불투명한 때였으니까요. 심한 경련과 동요의 빛이 모성을 압도합니다. 평생토록 이 아이를 가슴에 묻고 살고 싶지는 않습니다. '잠시 내가 균형을 잃었나? 지금 무슨 정신 나간 짓을 하고 있는 거지?' 하고 후회하면서 어머니는 이 상황을 수습하고 타개할 결정적인 돌파구를 마지막으로 애타게 찾고 계셨습니다. 이렇게 '금쪽 같은 내 새끼'를 포기해야 하나? 아니면 거역할 수 없는 마지막 이유를 찾아내어 이 비극의 순간을 모면하느냐?의 갈림길에서 어머니는 어젯밤에 드린 긴긴 기도의 응답을 애타게 기다리셨습니다. 어떤 기적 아니면 하늘에서의 음성을 기다리셨는지도 모릅니다.

최후의 돌이킬 수 없는 결단의 순간이 타들어가는 가슴 위에 바싹바싹 다가옵니다. 맏이는 둘째를 껴안고 서럽게 울고 있습니다. 민족의 아픔과 비극이 여기서도 하나의 축소판으로 가차 없이 재연되면서 숙연한 시간이 무겁게 흘러갑니다. 그때였습니다. 교회에서 낯이 익은 한 여성이 조심스럽게 접근해 왔습니다. 그리고는 주위를 쭉 둘러보고 난 후 어머니를 옆으로 조용히 이끌고 가더니, 실로 믿기지 않는 놀라운 이야기를 하는 것이었습니다. 그녀가 어젯밤 기도하는 중에 한 천사가 나타나서 하는 말이, 내일 어디에 가면 한 불쌍한 어미가 어린 아이를 고아원에 맡기는 마지막 절차를 밟고 있을 터인데, 그것은 전혀 주님의 뜻이 아니며, 그 아이가 커서 해야 할 일이 따로 있으니 꼭 가서 전하라 하기에, 그 천사의 명을 전달하러 왔다는 것이었습니다. 이 놀라운 기별을 듣는 어머니의 가슴은 처음엔 믿기 어려울 만큼 혼란스러웠으나, 서서히 야릇한 확신이 솟았고, 얼굴은 감사와 결연한 용기로 다시 빛나기 시작했습니다. 순간 어머니는 어젯밤의 기나긴 애절한 기도가 맥없이 땅에 떨어지지 않고 이렇게 극적으로 응답되었다는 것을 깨달았습니다.

핑계는 기적처럼 찾아왔고, 돌파구는 때맞추어 문을 열었으며, 구명줄은 절묘한 순간에 하늘에서 내려왔습니다. 나는 그날 어머니께서 홀로 치르신 그 외롭고 비장한 야곱의 씨름에서 머리털 하나 다치지 않고 무사히 집으로 귀환할 수 있었습니다. 이 모든 사실은 어머니께서 내가 장성한 후에야 비로소 두고두고 소상히 말씀해주심으로 그때의 미안하고 참담했던 속마음을 여과 없이 나에게 보여주셨습니다.

비 내린 후에 땅이 더욱 굳어지듯, '금쪽 같은 내 새끼'라는 나의 자랑스러운 신분은 이리하여 천사의 개입과 어머니의 승복으로 재확인되면서 새로운 차원으로 격상되었습니다. 어느새 나는 어머니의 '금쪽 같은 내 새끼'에서 하늘의 '금쪽 같은 내 아들'이 되어 있었던 것입니다.

생명현상의 거대한 바퀴는 도탄의 자갈밭 위에서도, 누군가의 삶이 그 밑에서 깨지든 말던 개의치 않고 도도히 굴러갔으며, 어머니의 불굴의 모성은 이에 맞서 치열하게 아이들을 가슴에 품고 눈물과 기도로, 희생과 생명으로 지켜 나갔습니다. 지금 이 나이에 어머니의 이름을 부르는 것은 곧 눈물의 폭풍을 부르는 것이지만, 생의 강줄기를 따라 78년을 흘러오면서, 나는 매서운 생의 비바람과 눈보라에 철이 들면서, 닫혀 있던 눈물샘이 터지고, 나직이 흐느껴 우는 법을 터득했습니다. 희생의 대명사이신 어머니, 오늘 이 시간까지도 우리의 눈시울을 적시는 애잔하고도 숭고한 어머니 이야기는, 감사의 눈물이 되어 이 가슴을 타고 물결치며 흘러내립니다.

지금도 어머니는 내 영혼을 싸고 있는 흰 구름이자 동반자로 곁에 계시고, 향기로운 숨소리로 언제나 속삭이시며 밤하늘의 별로 늘 지켜보시고, 행여 의무에 게으르거나, 행함이 바르지 못하거나, 이웃을 대함에 영혼의 고귀함을 망각하는 때에는 바람결에 조용히 그러나 엄히 나무라십니다. 그분을 그리워하고 기리는 이 조촐한 회고담을 시작할 무렵에는 그토록 희미하던 어머니의 추억이 지금은 눈덩이처럼 불어 알 함브라의 궁전을 빼곡히 채울 수 있을 만큼 풍성하고 선명해졌습니다. 그리하여 이 뭉클한 기억들 속에서 이 아들은 이제 조금은 행복합니다.

6

어머니를 그리며 (3)

생의 약동(élan vital)과 함께 그 이면에 드리워져 있는 음산한 생의 그늘을, 나의 굴곡진 삶과 소박한 철학적 성찰을 통하여 조금이나마 알고 느끼고 체험했다면, 그것은 순전히, 의식의 흐름을 헤아리는 깨어 있는 정신과 생의 깊이를 가늠하는 투명한 얼을 어릴 적부터 심어 주신 어머니의 은공입니다. 누구나 그러하듯이 나의 최초의 생의 수업도 어머니의 포근한 젖가슴에서 시작하여 푹신한 무릎으로 순조로이 진행되었지만, 아우가 태어나면서 그 좋은 명당자리를 다 빼앗기고, 네 살이 된 이후의 삶은, 어머니께서 짊어지신 한 많은 질곡의 십자가 위의 모퉁이에 겨우 얹혀서, 어머니의 뼈저린 삶을 가까이 목격하면서 느낀 생생한 삶의 체험들로 이어져 갔습니다.

다섯 살 때 나도 대부분의 동네 아이들처럼 영락없이 홍역을 앓았습니다. 변변한 약도 써보지 못한 채, 다 죽어가는 이 아이를 위해 집 옆 빈터에 정화수 한 사발 떠 놓고 새벽마다 빌고 또 비시던 어머니, 그 정성 지극하여 나는 살아남았습니다. 어머니는 나의 생명의 수호천사요, 끊임없이 타오르는 내 영혼의 불꽃입니다. 어머니도 아름다움을 소망하는 한 잎의 여자이셨을 텐데, 굴곡 많은 격동기를 지나는 성녀 같은 희생의 계절만이 있었을 뿐이었습니다. 그래서 어머니를 생각하면, 늘 가슴 한 쪽이 얼음장처럼 서늘해집니다.

칭찬 대신에 긍정의 눈빛으로, 매서운 회초리 대신에 근심어린 눈초리로, 지팡이 대신에 은근한 인내로, 막대기 대신에 은은한 사랑으로 바른 길을 찾아가도록 우리를 믿고 기다리며 길러주신 어머니, 아, 하늘이 내린 위대한 교육자여. 어머니는 우리의 웃음을 퍽이나 좋아하셨고, 우리의 눈물은 더 아끼고 사랑하셨으며, 매일 설레는 가슴과 경건함으로 새벽을 열고 등잔불 아래서 성경을 읽으시며 우리를 위하여 기나긴 기도를 눈물로 드리셨습니다. 이 세상 그 누구보다도 더 '수고하고 목마른 자'이셨던 어머니에게는 '다 내게로 오라'는 초청은 사막에서 발견한 오아시스였고, 갈급한 어머니의 영혼에 시원한 쉼의 그늘을 제공했습니다. 펼쳐져있는 성경에는 어느 쪽에나 붉은 밑줄이 그어져 있었고 군데군데 눈물 자국으로 흐려져 있었습니다. 예, 나는 믿습니다. 어머니가 울면서 기도하는 자식들은 그 심령이 병드는 법이 없고, 빗나가지 않으며 결코 망가지지도 않습니다.

나에게 최초의 성소는 어머니의 품이었고, 그 품속에서 나는 알에서 깨어 나와 세상을 사는 이치와 하늘을 나는 비상을 배웠습니다. 누구에게나 그러하듯이, 어릴 때 어머니 곁에 누워 팔에 안겨서 그분의 부드러운 젖가슴을 만지면서 잠이 드는 때가 나에겐 가장 행복한 순간이었지요. 이것이 오랜 세월 습관이 되어 대학생 때는 물론 졸업 후 고등학교 교사가 되어서도 방학 때 집에 오면, 으레 그날은 어린 아기로 돌아가 어머니의 젖가슴에 매달려 잠이 드는 것이 애교로 허용되었고 전통으로 묵인되었습니다. 실로 어머니의 젖가슴은 우리 어린 셋 영혼에게는 젖과 꿀이 흐르는 가나안이었습니다. 아, 그때의 행복감. 이 세상에서 만난 사람 가운데 가장 너그럽고 따뜻하고 아름다운 여인이신 우리 어머니, 우리를 세상에 내어 놓으신 존재의 집이시며, 자신의 처절한 삶을 통하여 실존의 의미를 더욱 뼈저리게 각성시키고 강화해 주신 어머니입니다. 하늘로 부터 받은 숱한 선물 중 어머니보다 더 벅찬 선물은 결코 없을 것입니다. 이생에서 마지막으로 부르고 싶은 이름 또한 '어머니'입니다.

한 여인의 삶의 터전은 물론, 생존에의 의욕과 존재의 이유(raison d'être)까지도 가차 없이 뒤흔들어버린 무자비한 전쟁과, 사랑하는 남편과의 비극적인 너무나 비극적인 생이별을 견디어내며, 이후에 이어지는 거의 한계상황에 가까운 생의 아픔들을 줄기차게 참고 극복해온 어머니는, 참으로 비범했던 당신의 삶의 발자취를 영원히 우리의 가슴 속에 위대한 모습으로 남겨주셨습니다. 마치 대지에 깊은 믿음의 뿌리를 박고, 온갖 세파의 모진 비바람과 눈보라를 온 몸으로 다 받으면서도 어린 생명들을 가슴에 품은 채 꿋꿋하게 참고 이겨낸, 그야말로 늠름한 한 그루의 참나무이셨습니다.

나에게 어머니의 따스한 품과 무릎은 안전한 섬이자, 든든한 성이요, 배움의 샘이었습니다. 무릎에 앉아 쳐다보는 어머니의 선한 눈빛과 부드러운 음성만으로도, 나의 어린 영혼은 이미 빛나는 별들로 꽉 차있는 행복한 우주였습니다. 힘들고 팍팍한 삶이지만 그 이면에는, 맑은 정신의 샘이 흐르는 생의 여백이 있다는 것을 가르쳐주셨고, 유난히 하얗고 인자하신 얼굴에, 웃으실 때 볼에 패이는 보조개가 무척이나 귀여웠던 어머니는, 매일매일 천 가닥의 사랑의 명주실로 우리를 알뜰하게 동여매셨지요.

조무래기 우리들이 알몸으로 헤엄치던 맑은 물줄기 금호강에는 많은 물이 유유히 흘러갔고, 표정 없는 시간은 어린 영혼에 애틋한 성장의 흔적을 남기며 스쳐 지나갔습니다. 비록 생존을 위한 물질적 필요와 명령은 추상 같았으나, 생은 반드시 슬픈 일들로만 짜여지거나 고통으로만 엮여지는 것이 아님을 알고부터는 점점 변화에 익숙해지고, 인생길의 굴곡과 높낮이, 양지와 음지, 늪지와 언덕을 동시에 수용하며 그 것들에 적응하면서 적극적으로 소명해 나가는 지혜를 터득해갔습니다.

7

어머니를 그리며 (4)

봄이 되면 어김없이 싹은 트고 새 잎이 돋았으며, 여름에는 영락없이 꽃이 피고 비가 내렸습니다. 가을에는 곱게 산이 물들고 겨울에는 흰 눈이 내렸습니다. 때는 초등학교 4학년, 늦가을입니다. 낮 동안 힘들게 일하시던 어머니는 며칠 전 부터 밤늦도록 한 땀 한 땀 손수 아이의 옷을 지으셨습니다. 아우가 집을 비운 사이 잠시 막내로 행세하던 철없는 나는 그 옷의 크기로 봐서 누구의 옷인지 속으로 대충 짐작하고 있었습니다. 그 당시 어린 막내는 고향에 임시로 맡겨져 있었고, 그래서 어머니의 가슴을 뼈저리도록 사무치게 했던 힘든 시절이었지요. 아무리 발버둥 쳐도 점점 커지는 네 개의 입과, 고등학생인 시동생과 두 아들의 교육비를 감당하기가 너무나 벅찼고, 특히 셋이 모두 학교에 가고나면 일을 하셔야 하는 어머니에게는 막내를 돌보는 것이 당연히 큰 문제가 되었습니다. 이제는 제법 몸도 커져서 업고 일할 수도 없는 노릇이었지요.

　다시금 고민은 깊어지고 엄마로서는 차마 내리기 힘든 중대한 결단을 또 내려야 했습니다. 이 총명하고 어린 '금쪽 같은' 막내를 당분간 고향의 시숙의 작은댁에 맡기고 남아있는 밭뙈기로 보상하는 기발한 생각을 하신 것입니다. 2년 전, 둘째인 나를 고아원에 맡기려다가 천사의 경고를 받고 철회한 가슴 저린 경험을 회상하며 나름 지혜를 짜낸 묘안인 셈이었지요. 그리하여 겨우 젖을 뗀 우리 귀여운 막내는, 한때 따스했던 그러나 지금은 썰렁해진 고향에서, 그 어린것이 눈칫밥을 먹으면서 엄마의 사랑을 애타게 그리며, 외롭고 서러운 날들을 보낸 것입니다. 밤이면 울면서 엄마의 품을 찾으며, 형들의 사랑을 애타게 그리면서 무려 한 해 동안 홀로 가족을 떠나서 어린 육촌 동생과 시골에서 지냈습니다. 막내가 힘들었던 이 기간 동안에 어머니의 흘리신 눈물은 강을 이루었고, 가슴은 다 타버려 소태가 되었습니다.

　지으시던 두툼한 옷이 완성되던 어느 날 어머니는 나를 불러 그 옷을 입히시고는 '잘 맞는구나!' 한 말씀만 하시며 만족해 하셨지요. 며칠 지난 어느 날 오후, 형은 아직 수업중이라, 마침 일찍 학교를 마친 나는 그 두툼하고 따뜻한 새 옷을 입고 엄마의 손에 이끌려 대구역 근처에 있는 시외버스 정류장으로 한 시간을 나란히 걸어갔습니다. 날씨도 으시시 추운데 버스를 타고 갔으면 하는 바람은 입속에서만 맴돌았지요. 그날은 가여운 우리 막내가 고향에서 일 년의 눈물겨운 유배를 마치고 꿈에도 그리던 엄마의 품으로 다시 돌아오는 역사적인 날이었습니다. 이 아이가 지은 죄라고는 고작 두 살도 채 되기 전에 전쟁통에 아버지를 잃어버린 것밖에는 없었는데, 전쟁과 가난은 젖을 갓 뗀 이 사랑스러운 아이를 가족과 엄마의 품으로부터 무려 일 년이나 속절없이 떼어 놓았던 것입니다.

이미 도착한 여러 대의 버스에서는 막내의 얼굴은 보이지 않았고 이제 막차만 남았습니다. 해는 뉘엿뉘엿 서산에 걸려있고 초조해진 어머니는 안절부절 못하시며 버스가 오는 길 쪽만을 목을 빼고 바라보십니다. 드디어 동해여객의 마지막 버스가 도착하고 막내는 연세 많으신 시숙어른의 손을 잡고 두리번두리번 열심히 엄마를 찾으며 버스에서 내렸습니다. 그러고는 두 눈이 마주친 순간, 서럽게 "엄마아!"를 외치며 눈물을 글썽이는 엄마의 품에 뛰어와 안겼습니다. 실로 눈물겨운 장면이었지요. 이 어린 아이는 엄마의 품에 안겨 얼굴을 깊이 파묻은 채, 가슴에 얼굴을 부벼대며, 그의 애틋한 그리움과 외로움의 일 년을 흐르는 눈물로 호소하며 오랫동안 서럽게 흐느꼈습니다.

그 헤어져 있던 애달픈 한 해는 막내와 엄마에게는 5년 10년 아니 영원이었습니다. 저녁때라 날씨가 쌀쌀한데 막내는 아직도 얇은 여름옷을 그대로 입고 있었습니다. 나는 망설이지 않고 그 두툼한 새 옷을 벗어서 떨고 있는 아우에게 눈물을 글썽이며 나의 따스한 체온과 함께 입혔습니다. 아마도 2년 전, 하마터면 고아원에 갈 뻔했던 나의 슬픈 경험과 유사하게 겹쳐진 동병상련의 눈물이었겠지요. 옆에서 어머니는 아우의 눈물을 닦으시며 흐뭇해 하시고 우리 형제를 번갈아 보시면서 대견해 하셨습니다. 나는 말은 안했지만 처음부터 그 옷이 아우의 옷임을 알고 있었지요. 옷을 지으시면서 여러 번 옷을 쓰다

듬거나 가슴에 품고 울먹이시던 어머니의 모습이 이미 모든 것을 나에게 말해주고 있었던 것입니다. 이 극적인 상봉의 광경은 아직도 나의 눈물샘을 자극하여, 이 글을 쓰고 있는 이 순간에도, 나의 의식 깊은 곳으로부터 미안하고 측은한 생각이 가슴을 타고 올라와 두 눈을 물기로 적십니다.

그날 혹시나 떨어질세라 나의 손에 바짝 매달린 아우의 작고 귀여운 손을 잡고 또 다시 먼 길을 걸어 집으로 돌아오면서, 나는 어린 마음에, 다시는 이 아우의 슬픈 손을 놓지 않겠다고 굳게 다짐했습니다. 그 힘든 시절 숨이 턱턱 막히는 가파른 삶의 언덕길에서도, 어머니는 잠시 이처럼 우회는 하셨지만, 한 번도 삶의 목표를 포기하거나 투항의 백기를 들지 아니하셨습니다. 그날 밤 서운하지만 나는 엄마의 따스한 품을 기꺼이 막내에게 도로 내어주고, 또다시 썰렁한 둘째의 본래 자리로 되돌아왔지요.

금강석처럼 빛나는 이름, 사랑의 결정체이신 어머니. 모든 그리움의 대명사이신 어머니는 오늘 이 순간까지도 우리에게는 잔잔한 믿음의 호수요 확실한 소망의 바다요 끝 모르는 사랑의 대양입니다. 영혼으로부터 우러나오는 진정어린 감사를 어머니의 생전에 단 한 번도 드려보지 못했는데, 아, 무심한 하늘이여, 무정한 세월이여, 어느 날 어머니는 너무나 안타깝게도, 너무나 애통하게도, 그리고 너무나 일찍 초저녁에 잠자리에 드신 것입니다. 인생은 생명현상의 도도한 흐름에 순응하여 겸허하게 자리를 내어주고 훌훌 털고 떠나는 것이라지만, 해가 지기 전에 찬란한 석양이 있듯이, 어머니에게도 눈부신 석양의 계절이 있어, 자녀들의 성취와 손주들의 재롱과 성장을 눈부시도록 즐기는 것이라 철석같이 믿고 있었는데, 청천벽력, 어머니께서 위독하시다는 전화를 받고 즉시 귀국하여 어머니 곁으로 달려오기는 했지만 나는 아무것도 할 수가 없는 숙맥이었으며, 송두리째 아우의 효성스런 진료와 기도에만 의존하는 무력한 아들이었습니다. 고작 병상에서 어머니의 희고 작은 손을 붙잡고, 멍청하게 눈물만 흘릴 뿐 어머니의 고통과 깊은 슬픔에 아무런 도움이 되어 드리지 못했습니다.

남편을 향한 한없는 그리움과 애틋한 야속함, 우리 셋의 탄생과 성장의 모든 과정을 아우르는 생의 엄청난 긴장과 생존의 거칠은 저항의 벽이, 고달픈 생의 바퀴 밑에서, 힘겹게 어린 셋 생명을 떠받치며, 자신의 목숨을 걸고 치열하게 싸워 오시는 동안, 어머니의 고귀한 영혼에 서서히 상처가 나고, 지치고 피곤하신 몸에 흠집이 생기더니, 시간의 흐름과 함께 결국은 암으로까지 진행되었던 것입니다. 이토록 무서운 병이 어머니의 연약한 육체를 좀먹고 고귀한 생명을 위협하며 소중한 존재를 무너뜨리고 있었는데도 전혀 의식하지 못한 채, 자신의 삶에만 몰두하여 무심하게 살아온 나의 모습이 몹시도 민망하고 원망스러웠고, 졸지에 나는 어머니의 은혜를 망각한 천하의 불효자라는 자각이 슬프게도 명확해졌습니다.

시어머니의 간병을 위해 홀로 남아, 외국에서 공부하고 있는 맏이, 남편의 몫까지 나오미를 섬기는 룻의 심정으로 눈물겨운 정성을 다한 맏며느리, 그분의 지극한 성심과 효심에도 불구하고, 그 무서운 병은 쉽게 물러서지 않았습니다. 어머니께서 땅에 묻히시던 날, 땅 속으로까지 뛰어 들어가 관을 안고 슬피 우시던 맏며느리의 눈물겨운 사랑도 이 병을 끝내 굴복시키지는 못했습니다. 눈물과 탄원과 배운 의학을 총동원해서도 병세를 잡지 못하고 끝내는 어머니를 놓아드려야 했던 막내의 가슴 아픈 절망과 괴로운 자책은 정말로 눈물겨웠습니다. 얼마나 많은 밤들을 그는 병상에 무릎을 꿇고 엄마의 야윈 손을 붙잡고 울었는지 모릅니다. 의술의 한계를 다른 사람이 아니라 자신을 낳아주고 키워주신, 존재의 샘이신 어머니에게서 뼈저리게 느껴야 했던 막내의 깊은 무력감과 허탈감은 그를 한없이 겸허하게 만들었으며, 그의 삶을 송두리째 흔들어 놓았습니다. 병상의 외로운 어머니를 효성스런 아내와 든든한 막내의 손에 맡겨두고, 고귀한 주의 사업과 학업의 부름을 받아 먼 이국땅으로 떠나 결국 어머니의 임종을 지키지 못한 맏이의 처절한 고뇌와 고통스런 회한의 나날들은 일생을 통하여 천추의 한이 되었으며, 그의 통한의 눈물샘이 되었습니다.

아, 불쌍한 우리 어머니, 눈물로 씨를 뿌린 수고의 보람과 희생의 열매를, 채 거두어들이기도 전에 이토록 서둘러 이른 시간에 홀연히 잠자리에 드신 어머니를 나는 다시 만나야 합니다. 단 한 번뿐인 꽃다운 청춘과 두 번 다시 돌아오지 않을 소중한 삶의 양적 길이와 질적 깊이 모두를 어린 우리를 위하여 고스란히 희생양으로 불살라버리신 살신성인의 어머니입니다. 아, 너무나 서러운 한이 추상같이 이 가슴에 와 꽂힙니다. 그분의 가슴에 안겨 드려야 할 사랑스런 손주들이 있고, 그들의 맑은 애정과 티 없는 존경이 있으며, 고백하지 못한 사랑이 이 세 아들들의 가슴에 흥건히 남아 있습니다. 어머니날에 드려야 할 긴긴 감사의 편지가 있고, 가슴에 달아드려야 할 카네이션이 있으며, 자랑과 보람으로 여기실 조촐한 생의 열매들이 있습니다. 보여 드려야 할 유언의 성취가 있고, 들려 드려야 할 천로역정의 긴 이야기가 있습니다. 오랜 방황 끝에 이제야 어머니의 길로, 가르쳐주신 진리로, 소망의 숲으로, 겸허하신 어머니의 품으로 먼 길을 달려왔는데, 어머니는 '금쪽 같은 내 새끼가 왔구나!'라는 말이 없습니다. 어머니를 만나기 위해 그분이 계신 곳에 나는 기필코 가야 합니다. 부활의 새벽에 그리던 어머니를 만나 부둥켜안고, 이날을 위해 아껴둔 이 세상에서의 마지막 감사의 눈물을 다 흘린 다음에야 구원의 문턱을 넘어 영원의 광채 속으로 손잡고 나란히 걸어 들어갈 것입니다.

어머니는 우리에게 영원한 별이고 또한 무지개이셨습니다. 나는 이 무지개를 좇아 삶의 들판을 마음껏 헤매었고, 밤하늘의 그 별을 바라보며 기나긴 군 생활을 이겨냈고, 타국에서의 디아스포라의 서러움을 견디어냈으며, 일생을 희망의 끈을 놓지 않고 살아왔습니다. 나를 태어나자마자 2등으로 만드셔서 미안해 하셨지만, 그래도 끔찍이 아끼셔서 태어날 때 당신의 생일인 성탄절을 택하여 나를 낳아주신 고마우신 어머니입니다. 어머니의 사랑과 용기와 희생이 없었다면, 지금의 나는 존재하지 못했을 것이고, 따뜻하고, 밝고, 긍정적이며 바르고 정의로우셨던 어머니는, 칸트가 말한 '저 하늘의 반짝이는 별처럼 빛나는 도덕률'을 이 마음에 고이 심어 주셨습니다.

어머니는 나의 가슴을 향해 언제나 열려있는 마음의 성소입니다. 이런 훌륭한 분이 내 어머니라는 사실은 실로 엄청난 행운이며, 하늘을 향해 영원을 통하여 무한한 감사를 드릴 일입니다. 하늘과 자연 앞에 늘 겸손해야 하며, 욕망을 다스릴 줄 알아야 하고, 아량과 열린 마음으로 더불어 사는 법을 행동으로 보여주신 어머니의 고귀한 삶은 내가 평생 배우고 따라야 할 인생의 좌표이자 교과서이며 영혼의 잠언서입니다. 실로 어머니는 영원한 현재(nunc aeternum)로 내 안에 은혜의 강으로 늘 흐르고 계시며, 여기 지금(hic et nunc) 아름다운 기억 속에서 언제나 나와 함께하십니다.

8

어머니를 그리며 (5)

　세계 내의 존재(In-der-Weld-Sein)라는 구체적 삶의 형식을 통하여 인간은 던져진 각자의 세계 안에서 부단히 부딪히고 몸부림치면서 자신의 생을 실존적으로 정의하고 규정하면서 살아간다고 하이데거는 말합니다. 그래서 거칠은 황야와도 같은 이 세계에 던져진 어린 생명의 현존은 우선 그의 주변을 일차적으로 둘러 싸고 있는 원초적 세계, 즉 누구의 품과 무릎에 안겨 삶을 받아들이고, 어떤 눈길 속에서 세상을 바라보며, 어떤 손길로 세계를 느끼고, 어떤 음성을 들으며 삶을 이어 가느냐에 밀접히 연관되어 있습니다. '고고한 품격과 넓은 포용력 외에 병아리를 품는 암탉의 부드러운 성품을 동시에 지니신 어머니'의 품에 던져진 나의 이른 아침은 그런 의미에서 참으로 아늑하고 구김이 없는 평화였습니다. 그러나 성장기에 접어든 철없던 시절의 기억은 무지개 빛깔처럼 한결같이 애틋하고 아름다운 것만은 물론 아니었습니다.

대학원 입학시험에 운이 좋아 등록금의 7할에 해당하는 수업료를 면제받게 되었지요. 경제적으로 어머니에게 큰 도움이 될 수 있어서 기뻤습니다. 그런데 막상 등록을 하려고 가보니 수업료 면제가 취소되어 있었습니다. 황당하기는 했으나 경황중에 전체 등록금을 어렵사리 준비해서 겨우 등록을 마쳤지요. 비록 실망은 컸으나 누군가가 실수로 나의 이름을 처음에 잘못 올렸다가 후에 정정했나 보다 생각하고 말았지요. 반년이 지난 어느 날, 나는 학과장의 호출을 받았습니다. 조심스레 그의 연구실 안으로 들어가니 대뜸, "남군, 내가 오늘 자네에게 사과할 일이 있어서 불렀네." 하시는 것이었습니다. 어안이 벙벙해져 있는 나에게 들려준 그의 이야기는 참으로 뜻밖이었습니다. 대학원 입학 동기 중 하나가 경제적 사정으로 등록을 포기해야 하는 상황을 알게 된 교수님은 자신의 아끼는 제자를 일단 살려놓기 위해 내가 받을 수업료 면제 혜택을 그에게 돌려놓았던 것입니다. 그러고 나서 나를 위해서도 잃어버린 혜택을 보충하려 했으나 때를 놓쳤다는 것입니다. 그러면서 교수님은 내가 찾아와 자초지종을 질문하면 그때 다 설명해주려고 기다렸는데 내가 오질 않아 사과를 못했다며 정중히 사과를 하는 것이었습니다. 나는 오히려 황공하여 몸둘바를 몰랐습니다. 실은 나도 그 친구의 당시 사정을 후에 들어 알고 짐작은 했지만 우정으로 덮고 모른 척하고 있었던 참이었지요. "무언으로 일관된 자네의 이해심과 아량은 참으로 고상하고 훌륭했네."라고 하시면서 대학원장이 면담을 원하고 있으니 지금 곧 가보라는 것이었습니다.

대학원장 실에 갔더니 학문을 통한 사회적 기여(noblesse oblige)를 진지하게 당부하시면서 봉투를 하나 건네주었습니다. 밖에 나와 봉투를 뜯어보니, 전에 취소된 수업료 면제액보다 무려 4배나 많은 당시 인문계 대학원에서 가장 큰 장학금이 들어 있었습니다. 나는 학과장 교수님의 고결한 인품과 섬세한 배려에 진한 감동을 느꼈습니다. 이분이 김형석, 안병욱 교수와 함께 한국의 국민정신을 이끌어 오신 존경하는 김태길 교수입니다.

나는 이 엄청난 장학금이 나를 둘째로 낳으시고 관대한 성품을 물려주신 어머니에게 내리신 하늘의 선물이라 생각되어 당장 집으로 내려가 어머니께 드리고 경제적 부담을 크게 덜어드렸습니다. 어머니께서 자초지종을 다 들으시고 크게 대견해 하셨지요. 둘째로 태어나 받은 혜택은 이것뿐만이 아닙니다. 줄곧 맏이와 막내 사이의 연결고리로 살아온 고유한 위치는 누구와도 잘 어울리는 포용적 성격과, 다소 손해를 보더라도 남을 믿어주고 배려하는 정신을 길러주어 원만한 인간관계를 형성해서 나의 군 생활을 보다 의미 있고 보람 있는 3년으로 만들어준 밑거름이 된 것은 물론입니다.

나라의 부름을 받아 대학원 재학중 늦은 나이에 입영을 위해 집으로 내려갔지요. 나는 어머니를 위해 되도록 태연한 척은 했지만, 정다운 친구들과 소원해지고 가르치는 고등학생들과도 헤어져야 하며 학업의 맥이 끊어지는 것이 무척이나 슬프고 암담했습니다. 애써 담담하시던 어머니는 제가 떠나는 날 아침 기어이 눈물을 보이셨습니다. 제 기억에 어머니의 눈물을 보는 것은 기도하실 때 외에는 아주 드물었지요. 강철 같으신 어머니께서 그 흐르는 눈물로 얼마나 이 둘째를 사랑하시는지를 유감없이 보여주셨던 것이지요. 이 눈물과 어머니의 끊임없는 기도가 저의 군 생활 3년을 버텨준 버팀목과 힘이 된 것은 물론이고, 이 나이에도 어머니를 애타게 그리는 이유입니다.

　6주 훈련을 마친 신병들을 가득히 태운 군 수송 열차는 논산을 출발하여 쉬지 않고 북상하더니, 뜻밖에도 태릉을 거쳐 지나가는 것이었습니다. 아, 저기 보이는 육사 화랑대에는, 이 시간 전방으로 끌려가는 이 아우의 처절한 심정을 아는지 모르는지, 형님은 생도들에게 릴케의 '가을날'을 교재로 아무 일 없다는 듯이 태평하게 독일어를 강의하고 계시겠지. 기차는 계속 달리고 가슴은 떨리며 더욱 설레기 시작합니다. 저 멀리 불암산의 넉넉한 가슴에 포근히 안겨 있는 초록이 무성한 삼육동이 시야에 들어오고, 인근 논둑에 서 있는 키가 큰 낯익은 버드나무들이 보입니다. 정문이 나타나고 'Korean Union College'라고 쓴 차량 정지선이 어렴풋이 보입니다. 아, 저기 보이는 아름다운 동산, 새싹이 움트는 봄과 짙은 녹음의 여름, 화려한 가을 빛깔의 축제와 흰 눈 덮인 겨울의 태곳적 적막, 도무지 아름답지 않은 계절이 없는 저 성스러운 대자연의 품은, 영원을 향한 우리의 꿈이 서려 있는 평화의 동산입니다.

　며칠 전만 해도 나의 젊음이 그곳에서 발랄한 소년소녀들과 함께 웃으며 가르치며 정든 곳. 아, 내 얼마나 그들을 사랑하고 귀여워했던고? 또 그들은 얼마나 나를 친구로 스승으로 따르며 좋아했던고? 나의 첫 열정과 순수한 사랑의 대상이었던 학생들, 그런데 이제는 아무 일도 없었다는 듯이, 하나의 존재가 사라진 것쯤은 아무것도 아니라는 듯이 그들의 삶은 계속 이어지고 나는 북으로 불안한 미지의 세계로 끌려가고 있습니다. 나는 창밖을 향하여 고함을 지르고 나의 존재를 알리고 싶은 충동에 사로잡힙니다. 아, 나는 이제 영원히 이방인이 되는 것인가? 저 모든 것들이 나와는 아무 상관이 없는가?

내가 배치된 부대는 화천 근방 최전방 사단의 통신부대였습니다. 200명의 대원들이 사단본부 옆 산자락에서 진을 치고 생활하는 그야말로 산 높고 물 맑은 경치 좋은 곳이었습니다. 앞에는 폭 넓은 시원한 강줄기가 있어 강원도 험산준령에서 흘러내리는 수정같이 맑은 물을 받아 굽이치며 아래로 흘러 보내고 있었으며, 아침 안개가 낀 산허리는 그림처럼 아름다웠고, 첩첩 산들로 둘러싸여, '운무 데리고 금강에 살고픈' 운치를 문자 그대로 반영하고 있는 곳이었습니다. 살벌해야만 하는 군부대가 이토록 낭만적이고 경개 빼어난 자연에 푸근히 안기어 주둔하다니 도무지 어울리지 않았으나 나에게는 하늘의 배려로 느껴졌고 어쩐지 예감이 좋았습니다.

이 멋진 곳에서 과분하게도 3년을 자연의 일부로서 요산요수하며 벗으로 의지하고 지낼 수 있다는 것은 가히 꿈 같은 행운이었지요. 새로운 군 생활에의 적응과 정착을 위해 힘든 몇 주를 보내고, 우여곡절 끝에 드디어 허락을 받아 교회를 찾아갔습니다. 부대에서 무려 40리쯤이나 멀리 후방으로 떨어져 있는 갓 지은 아담한 교회였지요. 몇 주 전 형님께서 나를 지원 사격하기 위해 위수 지역을 한참이나 벗어나 이 전방에까지 면회 오셨을 때 처음으로 같이 갔던 시골 교회입니다. 바닥은 흙이고 간이식 나무의자 위에 20여 명의 교우들이 목회자 없이 겨우겨우 연명해 가는 약한 교회였지요. 그러나 교우들의 열기는 의외로 진지하고 뜨거웠습니다. 더 놀란 것은 예배 후에 초청된 점심 식사에 나타난 초기교회의 형제애와 강원도 토박이들의 훈훈한 인심이었습니다. 아, 잊을 수가 없습니다. 그들의 팍팍한 살림에도 불구하고 나그네들을 천사들처럼 융숭하게 대접하는 그 순수한 성도의 사랑, 방금 삶은 그 구수한 옥수수의 향과 맛이여! 내가 도시에 살면서 놓치고 살아온 초기교회의 본질적 삶의 모습이여!

이리하여 순수한 믿음과 순진한 사랑에 감동된 나는 다음 주 설교 부탁을 거절할 수가 없었고 이것이 계속 이어져 3년간 지속되었습니다. 전방 군 생활의 살벌함과 끝없는 긴장, 자연의 품에 안긴 풍족한 정서 그리고 이 작은 시골 벽지 교회에서의 영적 축복이 어우러져 나의 3년은 힘들면서도 이처럼 축복 속에 시작하여 서서히 굴러가기 시작했습니다. 매주 토요일에 자리를 비우는 것조차도 아슬아슬한 줄타기인 처지에, 40리밖에 있는 교회에 시간 맞추어 가는 것은 더욱 보장이 없었으며, 이제는 설교까지 맡았으니 한 주일 내내 긴장 상태로 지내야했습니다. 간혹 버스를 놓쳐 40리를 뛰다시피 걸어가기도 하고, 어떤 때는 지나가는 자전거가 태워주기도 하여 가까스로 설교 시간을 맞추기도 했습니다. 아직 까지 궁금한 것은 자갈길을 힘들게 달리면서도 군인인 나를 자전거 뒤에 태워준 분의 그 갸륵한 마음과 정체입니다. 이렇게 하여 설교 시간에 늦지 않도록 배려해준 그 분이 고마움을 넘어 천사로까지 여겨졌습니다. 이렇게 안정감이 없고 힘든 불확실성 속에서도 근근이 군 생활과 신앙생활은 팽팽한 대립과 긴장감 속에서 주 단위로 이어져갔습니다.

9

어머니를 그리며 (6)

　어머니의 잔잔한 미소는 나에게는 신앙의 호수요 평화의 바다입니다. 신앙은 비록 군대라는 폐쇄된 공간에 갇혀있는 외롭고 어두운 밤이라도, 밝은 희망의 아침을 노래하는 용기이며 마음의 평화입니다. 오늘의 아픔과 고통도 영혼을 꽃피우는 내일을 바라보며, 참고 녹여 내는 불굴의 의지입니다. 이 소중한 지혜를 어머니는 삶을 통하여 말없이 아들들에게 보여 주셨고, 나는 지금 어머니를 흉내 내며 겨우 따라가고 있을 뿐입니다. 우리는 깊이 있는 종교적 명상과 신앙적 성찰을 통하여 본래적인 자아와 본질적인 삶의 모습을 발견하고, 처연한 영적 결단을 통하여 영원을 향한 초월을 추구합니다. 그렇다면 나의 군 생활은 내가 딛고 살아가는 이 신앙적 진리와 지성적 가치를 끊임없이 시험하고 침식하며 때로는 도전하는 시험대가 되어 왔고, 어머니의 눈물과 기도는 이 도전이 나의 영혼을 질식시키거나 침몰시키지 못하도록 꾸준히 지켜주었습니다. 이러한 도전과 응전의 긴장과 소용돌이 속에서도 시간은 계곡의 강물을 타고 그렇게 흘러갔습니다.

몇 개월이 지나 새로 부임한 중대장은 육사 출신의 총명하고 선량한 지휘관이었습니다. 어느 한가한 날 오후 우연히 둘만이 부대 본부에 남아있게 되었을 때, 놀랍게도 그는 불쑥 내 친구 이름을 대며 혹시 아느냐고 물었습니다. 깜짝 놀라 대학과 대학원에서 같이 공부한 친구라고 대답했더니 자기는 그의 고등학교 동기동창 친구라고 웃으며 말했습니다. 세상은 좁고, 운명의 조명과 내면의 빛을 따라 만날 사람은 결국 만나게 되나 봅니다. 벽은 허물어지고 다리는 놓아집니다. 갑자기 둘 사이에 연결점이 생기고, 자연스레 학창 시절 이야기가 오가며, 육사 생활과 철학을 거쳐 종교와 신앙 이야기로 이어져 가면서, 이 뜻밖의 긴 대화로 우리는 군의 위계질서 위에 공통의 친구와 함께, 겹치는 지성의 가치를 공유하는 인간적 관계로 발전해 나갔습니다. 때맞추어 우군을 보내주신 하늘의 배려가 너무나 확실한 이때부터 교회 출석과 설교 준비는 더 이상 큰 문제가 되지 않았음은 물론입니다. 그분은 한 치의 부패도 용납하지 않는 청렴한 참된 군인 정신을 실천으로 보여준 멋진 군인이었습니다. 나는 진심을 다해 그의 지휘를 도왔고 그의 빠른 진급을 위해 필요한 치적을 차분히 쌓아가도록 적극 옆에서 응원했습니다. 대한민국의 튼튼한 내일은 이러한 투철한 참된 군 지휘관을 필요로 하고 있다고 굳게 믿었기 때문입니다.

뒷산에서는 울긋불긋 떼 지어 고운 진달래가 피기 시작하고, 앞산 허리에는 아지랑이가 곱게 피어오르는 어느 봄 날, 나는 전혀 뜻밖의 전화를 받았습니다. 일요일은 보통 신병들이 고참병들의 온갖 심부름과 빨래, 기합 등으로 괴로움을 받는 날이므로 나는 같은 신병들을 보호하는 차원에서 그들을 집합시켜 직접 인솔하여 사단 군인교회에 자주 데려가곤 했지요. 전화한 분은 거기서 몇 번 먼발치에서 본 적이 있는 사단 군종참모인 중령이었습니다. 구내 다방에서 만나 차를 마시며 일개 사병이 중령과 대화를 나누면서 깜짝 놀랄만한 제안을 받습니다. 그분은 내가 재림교인인 것을 알면서도, 마침 군종 사병이 공석이라 주일 저녁 예배에 설교자가 필요하니 도와달라는 것이었습니다. 재림신앙에 대해 전혀 편견이 없이 실로 인격적으로 사병과 대화를 나누는 이 경건한 분은 도대체 누구이며, 어떻게 나의 이름을 알았으며 나의 소속을 찾아내고 전화를 했을까, 참으로 궁금했지만, 최선을 다하겠다고 겸손히 대답했습니다.

이리하여 나는 매 주말 두 번의 설교를 하게 되었지요. 한 번은 안식일 설교, 다른 한 번은 15사단 본부 군인교회의 주일 저녁 설교. 그런데 우리 사단장은 보기 드문 열렬한 기독교 신자여서 일요일 낮 예배는 물론 저녁 예배까지도 거의 참석하는 분이었습니다. 나의 설교는 자연히 그분의 임재를 의식하여 성심껏 준비되었고 한없이 겸허하게 제시되었지요. 군의 생리를 아는 사람이면 누구나 짐작하시는 대로, 12,000명 이상의 병력을 호령하는 사단장과 사병의 차이는 하늘과 땅 바로 그 자체입니다. 사단장의 별은 전방에서는 무소불위의 절대성을 의미하지요. 감히 이런 분을 앞에 앉혀 놓고 단 위에서 내려다보며 설교하고 있는 나의 두려움과 긴장은 실로 엄청났으며, 말씀의 능력 외에는 도저히 설명되지 않는 용기였습니다. 일이 이렇게까지 전개되고 판이 커지다니, 아들을 위한 어머니의 기도의 힘은 실로 놀라운 것이었습니다.

두 교회를 섬기는 나의 특수한 목회 생활은 이렇게 시작되었습니다. 이곳에 오기 전까지는 꿈에도 생각하지 못할, 분에 넘치는 기회요 축복이었습니다. 오래 전에 천사가 말해준 '이 아이가 해야 할 일'이 혹시 이것인가도 생각했습니다. 설교 준비는 자료가 전혀 없는데다가 맡고 있는 군 업무의 중요성과 그에 따른 업무량 때문에 시간이 없었지만 주어진 지혜와 은혜로 신명을 다 바쳐 한 주 한 주 꾸려나갔습니다. 첩첩산중의 무관심, 고독, 소외의 벽에 둘러싸여 있었지만, 다행히 이 외로움의 산맥을 뚫고 비춰오는 위안의 빛과 넉넉한 자연의 품, 어머니와 가족들의 간절한 기도, 교우들의 순진한 사랑과 전우들의 진실한 우정이 있어 군 생활이 그토록 외롭지는 않았습니다.

몇 달이 지난 어느 날, 사단장이 여러 참모를 대동하고 직접 우리 부대를 시찰 나와 내가 근무하는 부대 본부에 들이닥쳤습니다. 엄하고 무서운 불시방문입니다. 전방에서 별이 뜨면 모두가 혼비백산 정신이 없지요. 내가 만든 부대 현황 차트가 엉겁결에 설치되고 별 하나와 수많은 참모들 앞에서 불쌍한 우리 중대장 대위는 반 초주검이 되어 겨우 브리핑을 마쳤습니다. 즉석 질문은 명쾌하게 대답되었고 위기는 모면되었습니다. 만족한 사단장이 지휘봉을 왼손 바닥에 탁탁 치면서 밝은 표정으로 나가려는 때, 문간에서 '승리!'라는 큰 소리와 함께 거수경례를 하고 있는 나의 눈과 딱 마주쳤습니다. 나를 알아본 순간 그는 자신도 모르게 눈을 찡긋해 아는 채를 했습니다. 설교자에게 보내는 이 어색한 인사에 모두가 의아해 했지요. 이 일이 있은 후 나의 군 생활은 거의 방해를 받지 않는 본격적인 군 목회로 발전되어 갔습니다. 천사들은 필요하면 자전거를 타고 오기도 하고, 때로는 중대장, 군종참모는 물론 사단장을 통해서도 일하는 것을 알게 되었고, 누군가의 관심과 보호를 이토록 지속적으로 받고 있는 나 자신을 놀라움으로 발견하는 것이었습니다.

굽이쳐 흐르는 맑은 강줄기에는 살얼음이 끼고 들에는 서리가 하얗게 덮여 있습니다. 하루는 교회에 갔다가 토요일 해 질 무렵 귀대해 보니 영 분위기가 날씨보다 더 썰렁해져 있었습니다. 낮 동안에 긴급 사태가 발생하여 문제해결의 정보를 갖고 있는 나의 부재가 문제가 되었다는 것입니다. 그 결과 나 때문에 동료들이 단단히 기합을 받고 시무룩해져 있었던 것입니다. 이런 상황을 예상하고 미리미리 만전을 기하느라 애를 쓰긴 했지만 생각보다 일찍 일이 터진 것입니다. 이러한 책임은 당연히 나한테 물어야 하지만 중대장은 늘 내가 없을 때에만 골라서 훈시와 기합을 통해 필요한 군기를 잡는 것이었습니다. 이토록 그분은 나를 아끼고 지켜주었습니다. 이런 불평을 이미 여러 번 들어서 미안해하고 있던 나는, 다음 주 마음먹고 지휘부를 설득하여, 전부터 요구해 오던, 정보와 업무를 공유할 영특한 조수를 얻을 수 있었고, 위기가 변하여 기회가 되어 나의 업무량과 책임은 줄어들고 설교 준비와 교회 출석은 훨씬 더 자유로워졌습니다.

더 멀리 보기 위해서 더 높이 날아야 하듯이, 반짝이는 보석이 되기 위해서는 더 험한 정련의 과정이 필요한가 봅니다. 군에서 제일 엄중한 때는 비상 경계령이 떨어진 때입니다. 전방 부대라 실탄이 지급되고 완전군장 하에서 군화를 신은 채 잠을 자야 합니다. 모든 외출 외박이 중단되고 전 장병이 영내에서 대기하고 있어야 하는 실로 엄중한 상황이지요. 군 용어로는 DEFCON(Defense Condition) 2호라고 하지요. 1호 단계는 바로 전쟁입니다. 비상 경계령 2호가 내린 어느 토요일 나는 참으로 난감했지요. 아무것도 모르고 목이 빠져라 이 설교자를 기다리고 있을, 순하디 순한 시골 교회의 교우들을 생각하면서 무슨 방법이 없을까 궁리하며 기도하고 있었습니다. 특별 외출증은 끊어 놓았지만 40리를 가야 하는데 버스는 이미 놓쳤습니다. 부대에서는 긴급상황이라 나를 내보내기를 난처해하며 주저했습니다.

그때 전령실에서 긴급 명령 전달을 위한 특별 전령차의 운용증을 발급받기 위해 급히 올라와 나를 찾았습니다. 증을 발급하면서 누가 인솔자인가 물었더니 우물쭈물하며 아직 없다는 것이었습니다. 나는 즉시 자원했고 허락이 떨어졌습니다. 완전군장을 한 채 전령차에 올라탔지요. 교회에 나를 먼저 떨어뜨리기 위해 40리 길을 급히 달려갔습니다. 시간은 이미 한 시간 이상이나 지났는데 교회가 보이는 언덕에 차가 멈추어 섰을 때, 아, 나는 일생 잊지 못할 장면을 목격하게 되었습니다. 온 교우들이 교회 앞에 모여서 내가 차에서 내리는 것을 보고 놀라며 열렬히 박수를 치는 것이었습니다. 시간이 많이 지났는데도 그들은 내가 꼭 올 것을 믿고 차가 오는 쪽을 기도하며 기다리고 있었던 것입니다. 이 특별 전령차는 바로 그들의 기도의 응답이었고, 그들은 박수로 그 응답을 자축하고 있었던 것입니다. 급히 완전군장을 풀고 비록 많이 늦었지만, 평생 잊지 못할 예배를 이토록 아름다운 성도들과 함께 드릴 수 있었습니다. 머지않아 다른 재림군인들이 인근 부대에서 하나씩 둘씩 교회에 출석하기 시작했고 교회는 점점 활기를 띠기 시작합니다.

겨울이 가까워 오자 부하들을 아끼고 지성을 갖춘 중대장의 제안으로, 매 토요일 밤 점호 시간에 전 부대원들을 한 곳에 모아 내가 정신수양 강좌를 하기로 했습니다. 대놓고 신앙 이야기를 할 수도 없고 또 군 분위기에 어울리지 않는 철학 강의도 그러하여 군 생활 3년을 허송세월로 보내지 말고 자신을 단련하는 의미 있는 기간으로 보낼 것과, 사회주의 사상의 허구와 반공의 당위성, 투철한 국가관의 역사적 필요성을 성경 이야기를 토대로 철학적 내용을 섞어 여러 차례 강의했던 기억이 납니다. 그때 나는 이 자리에서 확실한 구원의 진리와 눈부신 재림신앙을 이 단순한 군인들의 마음 밭에 제한 없이 뿌릴 수 있다면 얼마나 좋을까를 생각하며 아쉬워했습니다.

어느덧 군 생활도 점점 익숙해져 가고, 군 목회 생활은 별다른 방해 없이 제자리를 잡아 가던 어느 날 저녁, 우리 부대는 뜻밖의 불시 보안 검열을 받았습니다. 군에서 제일 무서운 것은 보안검열입니다. 사단급의 고급 정보를 유지 전달하는 통신부대는 특히 그러합니다. 순식간에 부대 본부는 쑥밭이 되고 아수라장이 되었습니다. 비상연락망을 통해 중대장 및 영외 거주자들이 소환되고 온 부대를 마치 이를 잡듯 샅샅이 뒤지고 쑤시고 살피고 따지면서 두어 시간 소란을 피운 후 끝이 났지요. 대충 잘 수습되었다고 안도의 숨을 내쉬려는 순간, 부대의 생명인 부대일지가 없어진 것을 깨달았습니다. 그 속에는 부대의 규모와 움직임 및 많은 비밀이 고스란히 담겨져 있고, 실수로 방치되어 있던 것을 지적 사항 증거물로 압수해간 것이지요. 실로 큰일이 발생한 것입니다. 이를 어떻게 수습하나 걱정이 이만저만이 아니었지요. 보안검열에 하자가 있는 지휘관은 우선적으로 진급 대상에서 제외될 만큼 치명적입니다. 다음날 나는 거의 불가능에 가까운 희망을 암시해 주지 않기 위해, 아무에게도 알리지 않고 무작정 보안부대를 찾아갔습니다.

거기에는 전역을 앞둔 대학 후배가 하나 있었습니다. 위병소에 그를 불러내어 이실직고하고 간절한 마음으로 도움을 요청했지요. 알아보기는 하겠다고 말하면서 들어간 그를 기도하면서 한 시간쯤 애타게 기다리고 있는데, 아 그 낯익은 부대일지가 그의 손에 들려있지 않습니까! 나는 고마움에 눈물을 글썽이며 감사의 마음을 표했습니다. "제가 남형을 도와야지. 누가 돕겠습니까?"라며 여유롭게 웃는 그의 얼굴은 바로 천사의 모습이었습니다. 부대에 돌아와 문제의 부대일지를 중대장 이하 모든 본부 요원들 눈앞에 조용히 내어놓았습니다. 진급을 앞두고 있는 중대장의 감격에 찬 안도의 한숨과 동료들의 놀라움의 탄성이 아직도 귀에 생생합니다. 당시 귀신도 한번 들어가면 반 죽어서 나온다는 그 무서운 곳에서 천사를 통해서 부대일지를 무사히 빼내어 나온 나는 일시에 작은 영웅이 되었고, 이리하여 나의 목회는 상관들의 두터운 이해와 동료들의 자발적인 협조로 훨씬 더 자유로워졌고, 영향을 받는 위치에서 이제는 영향을 끼치는 위상으로 발전되어 갔습니다.

군 생활이 물론 언제나 이처럼 심각하고 엄중한 것만은 아닙니다. 우스운 일도 간혹 있지요. 어느 날 사단 지휘관 회의에 참석하고 돌아온 중대장의 손에는 상장과 기념 페넌트가 들려져 있었고 기분이 썩 좋아 보였습니다. 육군 본부가 주최한 전군 교통안전 표어 공모에서 우리 사단의 출품작이 육군 전체에서 2등을 했고 그것이 바로 우리 통신 중대의 작품이라는 것입니다. 전체 지휘관들 앞에서 사단장의 치하를 받고 상장을 받아든 그는 전혀 예기치 못한 이 명예로운 수상에 어리둥절해 하면서 어찌된 일이냐고 나에게 물었습니다. 두 달 전쯤 표어 공모를 알리는 공문이 왔을 때 마침 월동 준비 기간이라 모두가 정신없이 바쁠 때였으므로 내가 대충 머리에 떠오르는 일곱 개의 표어를 지어 일곱 명의 동료들의 이름을 하나씩 붙여 올려 보냈었는데, 전혀 예상 밖에 그 중 하나가 사단, 군단, 1군의 예선을 통과하여 결국 전 육군의 2등이 된 것입니다. 이런 황당한 결과에 나는 물론 중대장도 대원들도 너무나 놀라워했고, 내가 농담으로 "이 당선작은 7개 출품작 중에서도 가장 작품성이 떨어지는 것"이라고 말했을 때, 우리 모두는 어린아이들처럼 한참을 소리 내어 웃었습니다.

물론 이 외에도 많은 군 생활의 체험들이 나의 생을 풍요롭게도 하고, 더 많은 경험들이 나의 사유의 영역과 신앙적 양심을 방해하며 침해했던 것은 두 말할 나위가 없습니다. 그러나 분명한 것은 어머니의 눈물어린 매일의 기도가, 군 생활의 도전이 나의 영혼을 잠식하지 못하도록 줄곧 지켜주었으며, 군의 경험을 통하여 나는, 하나님을 사랑하는 자 곧 그 뜻대로 부르심을 입은 자들에게는 '오직 믿음'(sola fide)의 든든한 동심원을 우리의 삶의 울타리로 삼고 있는 한, 모든 것이 합력하여 선을 이루어, 우리를 보다 높고 고귀한 질서와 빛나는 은혜의 품속으로 한 걸음 한 걸음 이끌어 감을 더욱 확신하게 될 것입니다.

10

어머니를 그리며 (7)

　어머니와 함께 나의 어깨에 날개를 달아준 두 스승님이 계셨습니다. 위대한 스승은 청빈 속에 살면서 고난의 웅덩이에서도 눈부신 꽃을 피워냅니다. 그의 손길이 닿고 눈길이 머무는 곳 마다 어김없이 나의 미래는 조금씩 밝아졌습니다. 진정한 스승이야말로 이 땅에서 영원까지 그 영향을 끼칩니다. 어디서 그 영향이 끝이 날지 제자는 물론 스승 자신도 알 수가 없습니다. 위대한 선각자와 선구자의 탄생 배후에는 어김없이 뛰어난 스승들의 헌신과 희생이 있었으며, 그들의 눈물어린 사랑과 지혜, 정성어린 가르침이 있었습니다.

　이 학교 저 학교로 네 군데나 전학 다니느라 차분하게 마음잡고 공부할 수 없었던 나는, 초등학교 6학년이 되어서야 겨우 정착이 되었습니다. 일학년 때 나의 첫 사랑 '이쁜 소녀'와 같은 반에서 일등을 해

보고는 이때까지 별로 뛰어나게 공부를 잘 해본 적이 없었지만, 이제 권혁진 선생님을 만나고, 인격과 신뢰로 나를 바라보시던 다정한 눈길과 따스한 관심을 마음으로 느끼는 순간, 한 송이 꽃으로 피어날 새로운 움이 나에게 솟아났고, 나의 어깨는 서서히 자신감으로 덮여지더니, 방황하던 자의식은 확고한 중심을 잡게 되었습니다.

중학교 입학 원서를 쓰기 위한 면담에서, "너는 성적이 좀 애매하지만 너의 형이 다니는 학교에 일단 지원해 보자." 하셔서 내심 놀랐지만 고마웠습니다. 시험 치는 날, 형님이 손을 흔들며 응원하는 모습을 시험장 창문을 통하여 내다보면서 든든한 마음으로 차분히 시험을 치렀지요. 시험 복은 있는 편이어서 겨우 턱걸이로 붙기는 했지만, 어머니의 경제 사정은 이야기가 달랐습니다. 시동생과 맏아들의 교육비를 감당하기에도 벅찬데 도저히 나까지는 불가능한 상황이라, 시동생이 고등학교를 졸업하는 다음해까지 나를 집에서 놀릴까 생각하셨지요. 사람들이 부러워하는 학교에 합격은 했지만, 경제적 이유로 아예 진학을 포기한다는 소식을 들으신 담임선생님께서 퍽이나 안타까워하시고 이곳저곳을 수소문하셔서 나를 다른 중학교에 장학생으로 알선해주셨습니다. 참으로 고마우신 스승님이셨습니다.

이 학교는 불교 재단에서 운영하는 역사 깊은 학교였지만, 바로 그 이유 때문에 어머니는 주저하시고 망설였습니다. "자라 보고 놀란 가슴 솥뚜껑 보고 놀란다."는 속담처럼, 어릴 때 나를 고아원에 잠시 보내려다 천사의 질책을 받고 혼이 나신 어머니는 이번에는 이 아들을 불교 스님으로 만드는 것이 아닌가 하고 마음 아파하셨습니다. 드디어 이 기회마저도 포기하시자 스승님은 크게 실망하셨지만, 나의 사정을 간곡한 말로 정리하여 대구시 장학금을 받도록 주선해주셨습니다. 이토록 스승님은 나에겐 특별한 분이셨습니다. 나도 교사 생활을 오래 했지만 이러한 마음으로 학생들을 친 자식 이상으로 보살피고 보듬는 분은 아직까지 본 적이 없습니다.

밤이 제 아무리 어두워도 새벽은 찾아오듯이, 우여곡절 끝에 장학금의 도움과 어머니의 처연한 결심으로, 나는 형의 손에 이끌려 같은 중학교에 다니게 되었습니다. 나보다 4년 후에 입학한 아우와 함께 3형제가 모두 같은 중학교에 진학하게 되어 참으로 기뻤지요. 입학식 날, 정문에는 키도 크고 늠름한 상급생들이 양쪽에 쭉 늘어서서 거수경례를 하면서 환영해주었고, 아름드리 수양버들이 봄바람에 무겁게 춤추며 맞아주었습니다. 본관 앞의 커다란 바위 위에는 "참되이 살고 부지런히 일하여 자주 독립하는 사람이 되자."라는 독특한 교훈이 새겨져 있어, 어머니의 평소의 가르침과 문자 그대로 겹쳐지면서 어린 마음 위에도 깊은 감명으로 새겨졌습니다.

교정의 수양버들에 움이 트고, 훈훈한 바람에 어린 가슴이 설레던 중학교 3학년 봄이 되었습니다. 오래 밀려 있던 기성회비를 재촉하기 위해, 담임선생님은 나의 어머니를 호출하셨습니다. 어느 날 죄스러운 마음으로 주뼛주뼛 교무실에 들어오셔서 엉거주춤 주변을 살피는 허름한 차림의 어머니에게, 머리가 희끗한 매우 인자하게 생긴 선생님 한 분이 멀리서 다가오더니 어떻게 오셨느냐고 정중하게 물으셨습니다. "3학년 8반에 있는 남명극의 어미인데 담임선생님이 보자."고하여 왔다고 하니, 상황을 눈치 챈 그는 짐짓 반갑게 만면에 웃음을 띠며, "아, 명극 군의 어머님이시군요." 하면서 담임선생님에게 모시고 가는 대신, 교무과장인 자신의 자리로 안내하더니, 주눅이 잔뜩 든 어머니를 의자에 앉히고는 장황하게 아들을 칭찬하기 시작하는 것입니다. 그것도 침소봉대하여 거북할 정도로 과찬을 하는 것이었습니다.

진정으로 고결하며 애정 넘치는 교육자가 순진하고 사랑스런 학생의 얼굴에서 찾을 수 있는 모든 미래의 가능성을 현재 진행형으로 쏟아 놓으시는 것이었습니다. 나아가 하나의 증거로 이틀 전에 치른 수학 시험지를 찾아 펴 보이시면서 나를 가히 천재라고까지 과찬하셨습니다. 그러니 기죽지 마시고 담임선생님 앞에서도 떳떳하라는 격려였던 것이지요. 어머니는 처음에는 어리둥절하셨지만, 차차 그의 의도를 짐작하시고는 감동하셨습니다. 얼굴에 감사의 미소를 띠면서, 이 험악한 세태에도 이러한 고귀한 성품의 교사를 만날 수 있음에 놀라워하셨고, 허름한 옷에 야단과 추궁을 받으러 온 가련한 학부모에게 이토록 용기를 주고 기를 펴주시는 분을 깊은 존경의 마음과 물기 어린 눈으로 바라보셨습니다.

일생을 매 순간 "하늘을 우러러 한 점 부끄럼 없기를" 애쓰고 노력하며, 겸허하게 경천애인을 실천하면서 살아오신 두 분의 진실한 삶의 모습과 철학이 여기서 극적으로 만난 것입니다. 그분은 진정으로 모든 아이들을 예외 없이 아끼고 소중히 여기며 거짓 없이 가르치시는 참된 교육자이셨습니다. 이분은 학교의 보배요 자랑이며, 모두에게 존경받고 칭송되는 이길우(李吉雨) 선생님이셨고, 명쾌한 그의 수학 수업은 지고한 존경심으로 절대 정숙 가운데서 경청되었으며, 중간중간 우리가 필기하는 동안은 쉬지 않고 삶의 지혜와 도덕 강의로 어린 영혼을 채워주셨습니다.

이분의 수학 강의는 60여 년이 지난 오늘날까지 나의 머리에 생생한 기억과 확실한 지식으로 박혀 있고, 이분의 지혜의 교훈은 나의 가슴에 명중한 화살로 꽂혀 있습니다. 이분이 어머니를 찾아와서 그렇게 위로하고 용기를 북돋아주시고 과장에 가까운 아들 칭찬을 아끼지 않은 것은 도무지 이상한 일이 아니었습니다. 이분은 내가 일생 동안 만난 어떤 분보다 더 나를 감동시키셨고, 나의 전 생애를 통하여 사표로 삼아 닮으려고 노력하는 목표가 되었습니다. 중학 시절, 이분을 만난 것은 나의 일생에 있어서 가장 의미 있고 보람된 역사적 사건이었으며, 오늘까지도 나는 그분에게서 영감을 받아 그분을 흉내 내며, 필요로 하는 누구에게나 용기를 주고 넘치도록 칭찬하며 좋은 점을 강조하고, 아픈 곳을 싸매주려고 나름대로 애쓰며 살아오고 있습니다. 주님의 발자취를 바짝 밀착하여 따라가는 성도로서, 남을 격려하고, 위로하고, 칭찬하고, 축복하는 따뜻한 말을 해야 하는 명백한 이유입니다. 오늘까지도 내 나름으로 단점과 험담 대신에 장점을 찾아 용기와 칭찬의 말을 하려고 애쓰는 나는, 많은 것을 그분께 빚지고 있음에 틀림없습니다.

한 아이를 제대로 키우기 위해서는 온 마을 전체가 동원되어야 하듯이, 그분들은 초등학교와 중학교의 둥지를 떠나 서투르게나마 힘차게 날아갈 수 있도록 나의 어깨에 비상의 날개를 달아준 스승님들이셨습니다. 사라져가는 용기와 스러져가는 희망을 굳게 붙잡고 놓치지 않도록, 나의 어린 영혼을 다독이며 부추겨주시고, 평생 잊을 수 없는 가르침의 궤적을 이 가슴 위에 남기셨습니다. 정성으로 전수해주신 지식과 학문, 인자하신 지혜의 가르침, 긍정의 눈빛과 암시된 용기는 내면의 붉은 피가 되어 아직까지도 이 몸속을 달리고 있습니다. 곁에서 응원해주시며, 세상을 올곧게 보도록 눈을 뜨게 해주시고, 어린 마음에 영롱한 무지개 색깔을 입혀주셨으며, 다가올 험난한 생의 길잡이가 되어주신 고귀한 분들입니다. 그러나 그들을 태우고자 기다리는 황금마차는 어디에도 없으며, 북한이나 러시아의 장군들처럼 찬란하지만 천박하고 유치한 훈장이 그 가슴을 장식하는 일도 없습니다. 스승님의 사랑은 태산보다 높고, 바다보다 깊습니다. 사랑하는 제자를 눈부시게 만들기 위해 자신은 늘 눈물을 흘리셔야 했던, 참으로 존경하는 두 스승님이셨습니다.

졸업을 앞둔 2월 28일, 교실에 갇혀 있던 우리 중학생들은 바깥에서 고등학생들이 교문으로 뛰쳐나가는 심상찮은 소리를 들었습니다. 한 울타리 안에 있는 고등학교 2학년인 형님도 물론 무리에 끼어 데모하러 뛰어나가셨고, 아시는 대로 그 후에 4·19 학생 의거로까지 발전되었습니다. 초등학교 시절부터 쭉 반장에다가 공부까지도 늘 선두의 위치에서 지도자의 역할을 해 오던 형님 앞에서 어린 나는 줄곧 기를 못 펴고 살았으나, 대신 그는 나의 가슴을 펴게 해주는 자랑이었습니다. 단지 두 살 위이지만, 나는 숙맥처럼 단 한 번도 그의 권위에 도전하지 못했고, 그의 말을 거역하지 못했을 만큼, 그의 카리스마에 눌려 아버지처럼 어려워하고 존경하며 지금까지도 그렇게 살아오고 있습니다. 이렇게 된 배경에는 자녀교육에 있어서의 아버지의 빈 자리를 맏이로 채우려는 어머니의 지혜가 있었습니다. 이리하여 중학 3년은 꿈같이 흘러갔고, 세월이 지나간 그 자리, 고요한 생의 바다 위에는, 이제 저녁노을이 눈부시고, 그때를 애틋해하는 나의 노년의 삶의 물결은 속삭이듯 잔잔하고 허허롭습니다.

참으로 착한 아우였던 것이 억울한 때도 있었던 것은 당연하지요. 내가 형님보다 잘하는 것은 〈유희인〉답게 노는 것밖에 없었습니다. 어쩌다 장기를 두거나, 어머니 몰래 화투를 치거나 혹은 윷놀이를 하면, 영락없이 내가 이겼고 예외가 없었지요. 그런데 대학 1학년 때, 저로서는 실로 통쾌한 일이 있었습니다. 대구에서의 직장생활과 서울에서의 대학 첫 해를 동시에 꾸려 나가던 나는 벅찬 하루하루를 시간과 수면부족에 시달리며 보내던 때였습니다. 드디어 학기말 시험이 다가왔습니다. 형님과 나는 학과도 다르고 학년도 차이가 나지만, 같은 교정에서 나란히 같은 과목을 수강하는 추억을 남기기 위해, 심리학 과목을 같이 듣고 있었지요. 공부할 시간이 절대적으로 부족한 이 아우를 위하여, 시험 전날 형님은 요약하고 간추린 요점 정리를 예상문제 형식으로 만들어 주셨지요. 밤을 새우며 그것만 달달 외워서 시험장에 가서 시험을 보는데, 어느 정도는 적중하여 대충 답은 했지만 약간은 알듯 모를 듯 애매했습니다. 생각나는 몇 개의 중요 단어에다 살짝 군살을 붙여 정성들여 최대한 깨끗한 필체로 써서 제출했지요. 내용이 허술하면 허술할수록 글씨는 더 깔끔해야 하니까요. 옛날의 문리대는 이름 그대로 자유로운 학문 (Liberal Arts and Sciences)의 대학답게 출석과 시험이 자유로웠습니다. 결과는, 대부분의 학생들처럼 형님은 B를 받으셨고, 나는 빛나는 A를 받았습니다. 수업도 제대로 받지 못했고 시험공부도 약식으로 대충했지만,

형님 덕분에, 단정한 글씨 때문에, 아니면 교수의 허술한 채점방식 덕분에 나는 처음이자 마지막으로 형님을 통쾌하게 능가할 수 있었습니다. 이 이야기를 들으신 어머니께서 웃으시며 퍽이나 기뻐해 주셨습니다.

유서 깊은 배움의 공간답게 이 중학교는 〈유희〉를 좋아하는 나에게 두 가지를 제공해 주었지요. 하나는 수영장, 다른 하나는 미니 골프장. 문제는 그림의 떡, 수영복과 골프 공이 없는 것이었습니다. 어린 마음에 나의 신세가 참으로 한심스러웠지요. 방과 후 늦게 남아서 몇몇 학생들이 알몸으로 수영을 하다가 야단맞고 쫓겨나기도 여러 번 했습니다. 미니 골프는 간혹 어울려 나무 작대기로 치곤했지요. 지성이면 감천이라, 하루는 먼 길을 걸어서 집에 오는데, 길 가에 골프 공이 하나 떨어져 있었습니다. 아 얼마나 가슴이 두근거리던지, 말하자면 보물을 발견한 듯한 그런 횡재였습니다. 이리하여 나는 매일 아이들과 학교에서 미니 골프를 쳤고, 이후 골프는 나의 취미가 되었으며, 늘그막에는 건강 유지의 주요 수단이 되었습니다.

생의 가치와 목적 같은, 진지하고 심각한 근본 물음은, 창조주의 계시와 성경을 떠나서는, 과학의 맹목과 철학적 혼돈의 늪에 빠져 결국엔 우리를 익사시키고 맙니다. 미국 정신의 뿌리인 기독교 정신과, 성경 위에 세워진 건국이념 및 창조에 근거한 보편적 가치와 복음 위에 얹혀 있는 인류애가 그래서 더욱 귀하고 소중한 것입니다. 골프는 나에게 이런 깨달음을 강화해준 미학의 한 부분이었습니다. 아울러 그것은 마음을 비워내는 작업의 연속이며, 인생수양과 성찰의 한 방편이 되기도 했지요. 언 땅을 녹이고, 흙더미를 밀치면서 봄은 깨금발

들고 돌아납니다. 해마다 봄부터 가을까지 5개월 간, 매주 수요일에 두 명씩 한 편이 되어 40명의 골퍼들이 매치 플레이로 조촐한 상금과 두둑한 상품을 걸고 팽팽한 경쟁을 합니다. 내가 속해 있는 30년 전통의 오래된 골프 클럽입니다. 40명 중 39명이 백인으로 교사, 변호사, 의사 및 전문직 현역과 은퇴자들입니다. 그 중 유일한 유색인이 재림교인인 한국 사람인데, 믿기지 않겠지만 그가 12년째 회장직을 맡고 있습니다. 〈유희〉를 유난히 좋아하고, 물려받은 포괄적이고 유연한 둘째로서의 성격과, 전도의 기회로 삼으려는 기특한 열심이 이것을 가능케 한 것입니다. 물론 나의 편에서도 많은 시간의 봉사와 얼마의 부담이 있긴 하지만, 나는 정말 많은 것을 여기서 배웁니다.

중산층 미국 시민의 드높은 긍지와 숭고한 기독교 정신은 마땅히 존경을 받아야 하지만, 더 칭찬을 받아야 하는 것은 그들의 순진한 겸손과, 배려하고 협력하는 열린 마음과 아름다운 준법정신입니다. 유일한 유색인으로서, 나는 직책상 각종 회의와 행사를 진행하며, 경기를 기획하고 규칙을 설명하며, 임무를 맡기고, 때로는 명령까지 하지만, 그들은 조금도 어색해 하거나 불쾌감 없이 자연스럽게 순종하고 협력하는 대범하고 성숙한 모습은 나를 한없이 겸허하게 합니다. 기회가 나는 대로 그들의 손에 쥐어주는 건강기별이나 신앙 책자들을 최대의 예의를 갖추어 진정으로 감사하는 마음으로 받는 모습은 퍽이나 품위롭습니다. 이따금 회의 때나 경기 진행 시 불평을 하거나 딴지를 거는 회원들이 물론 있지만, 일단 결정이 되고 나면 다수의 원만한 총화에 금방 묻혀버리고 맙니다. 피부 색깔을 초월하는 공정과 건전한 상식, 이것이 미국의 힘이고 위대함입니다. 이것은 우리 한민족이 반드시 배워야 할 덕목일 것입니다. 골프 유희는 우리를 자연으로 돌아가게 하고, 피부에 색맹이 되게 하며, 서로를 포용하게 하고 마음을 너그럽게 합니다. 어깨에 힘주고 방귀깨나 뀌는 한국인이 먼 작은 나라에서 온 다른 피부색을 회장으로 선출하고 이렇게 12년째 군말 없이 순종하고 따를 수 있을는지는 나도 자신이 없습니다.

초원을 걷는 것은 생의 시초를 찾아가는 일종의 실존적인 유희입니다. 마치 화가가 자연의 특수한 순간을 화폭으로 포착하고, 과학자는 자연 일반으로부터 숨은 법칙을, 철학자는 개념을 추유해내듯이 말입니다. 존재의 태곳적 깊은 웅덩이에서 생명의 근원을 어렴풋한 언어로 캐어내면 시가 되고, 시원의 음으로 표현하면 음악이, 순수한 개념으로 풀어내면 철학이 되며, 신앙의 대상으로 파악하면 종교가 됩니다. 인간의 DNA 그 맨 밑바닥에 수천 년 꽁꽁 묻혀 있는 존재의 비밀, 그 형상화되기 이전의 최초의 언어와 시원적 음율 그리고 개념화 되지 않은 태초의 의지를 예리하고 섬세한 촉으로 깨달은 극소수의 시인과 음악가와 선지자들만이 우리의 의식에 깊이 공명하며, 존재의 현실성에 경외심을 주고, 신적 임재를 인정하게 하며, 그 초월성의 광휘 속으로 접근하게 합니다. 그들의 천재성 덕분에 우리는 새로운 경이로 우주를 바라보고, 생의 약동을 느끼며, 환희와 감동으로 실존을 체험하고, 인간 존재를 가능케 한 최초의 불꽃에 귀의하게 됩니다.

골프는 이처럼 우리가 의식하든 안하든, 존재의 불꽃과 어머니의 품을 찾아 하나의 점으로 돌아가는 본능적 귀향의 원초적 유희입니다. 우리의 생의 모습과 많이도 닮아 있고, 소중한 인간의 삶에 철학적 의미를 담아주는 운동으로서, 우리의 삶을 투영하는 많은 체험들을 그 속에 포함하고 있어 수양과 성찰의 도구가 됩니다. 이것은 나에게 이런 깨달음을 강화해준 미학의 한 부분입니다. 아울러 마음을 비워내는 작업의 연속이며, 인생 수양과 성찰의 한 방편이 되기도 합니다. 같은 맥락과 어쩌면 더 높은 차원에서, 어머니는 어린 생명의 불꽃이자 존재의 샘으로서, 경이의 눈으로 자연을 바라보게 하시고, 사랑을 통하여 심원을 들여다보며, 신앙의 프리즘으로 영원한 빛을 보게 해 주셨습니다. 우리를 이 놀라운 세계 안에 존재하게 하시고, 때로는 작은 시인, 화가, 음악가, 나아가 신앙인으로 웃고 울고 감격하며, 경외심을 가지고 하늘을 우러러보며 한 생을 유감없이 살게해 주신 고마우신 어머니입니다. 나아가 어린 눈을 열게 하셔서, 멀리, 깊이, 높이 보게 하시고, 눈부신 영원의 지평을 흠모하며, 빛나는 생명의 푸른 언덕을 소망으로 바라보게 해주셨습니다.

모진 세월, 무뎌지고 거칠어진 노년의 감성이지만, 아직도 눈부신 석양 앞에 서면 가슴 속에서 어릴 적 바람이 불어옵니다. 별밤에 울려 퍼지는 포레의 저 유혹적인 합창, 〈낙원으로〉(In Paradisum)의 선율처럼, 나를 오라고 부르는 저 빛나는 밤하늘은, 나의 어릴 적 꿈의 여운입니다. 오늘 당장 생을 마감한다 해도 이제는 너무 슬퍼하거나 괴로워하지 않을 자신이 퍽이나 귀엽고 기특합니다. 이 모두가 물질적 삶에 매달려 안달하지 않고, '한 알의 모래에서 세계를 보고, 한 송이 들꽃에서 하늘을 보는' 맑은 정신으로 살아가도록 나를 둘째로 낳아주시고, 자연과 더불어 안연하게 살아가도록 둘째로 키워주시며, 향기로운 숨소리로 늘 곁에 계시는 어머니의 은혜입니다.

11

어머니를 그리며 (8)

    소크라테스는 인간 이성을 향하여 "너 자신을 알라."고 수세기에 걸쳐 지치지도 않고 윽박지르고 있지만, 참으로 알다가도 모르는 것이 인간의 내면이고, 그 의식의 흐름이며, 복합적으로 짜여 있는 불가해한 생명의 그물입니다. 논리적 사유와 신앙적 초월이 우선 그 안에서 가차 없이 대립하고, 예술적 추상과 과학적 구상이 날카롭게 대척하고 있으며, 차가운 이성과 따스한 감성이 첨예하게 대치하고 있는, 말하자면 이념과 지성의 양보 없는 전쟁터를 한 영혼 안에 담고 있는 역설이 너무나 요상하고 신비롭기 만합니다. 그래서 나는 끊임없이 나의 내면을 놀라움으로 들여다보면서, 이 모두를 신앙 안에서 아우르며 진리 속에서 균형을 이루는 접점을 찾으려고 무진 애를 씁니다. 나의 존재의 집에는 늘 두 개 이상의 가치가 서로 아우성치며 충돌하고 있고, 상반된 세계관이 난립하고 있었으나, 어머니와 형님의 확고한 신앙과 삶을 통한 가르침은 나의 젊은 날의 지성적 일탈과 신앙의 파산 및 도덕적 침몰을 조화스럽게 견제해주었습니다.

어머니의 교훈은 엄하거나 살갑거나 간에 긴 산울림처럼 자식들의 기나긴 생의 산맥을 타고 줄기차게 흘러내립니다. 꽃이셨던 당신은 시들고, 자식들이 대신해서 열매를 맺도록 하는 그 거룩한 모성은, 우리 어린 생명이 태어나고 자라난 원초적인 에덴이자, 코끝 시큰한 어린 시절의 향수요, 방황하는 인간의 곤한 영혼이 언제나 돌아가 쉬고 머무를 수 있는 가장 숭고한 품이자 정신의 고향입니다. 초등학교 3학년 여름, 더 나은 교육의 질과 기회를 찾아, 어머니는 또 다른 중대 결심을 하시고 가까운 교육의 도시, 대구로 이사를 하셨습니다. 교육에 관한한 망설임이 없으셨습니다. 나로서는 그간 정이 듬뿍 든 바닷가 마을이긴 했지만, 이 어촌은 아무래도 어머니께서 기대하시는 교육 환경이 아니라고 바르게 판단하셨지요.

자식의 교육 문제라면 금방 처연해지며, 지체하지 않고 결연하게 행동에 옮기시는, 교육에 대한 야심이 남달리 컸던 어머니셨습니다. 다섯 시간이나 버스를 타고 대구에 도착해서 제일 먼저 본 것은 실에 엮여 있는 저 유명한 대구 사과였고, 가장 먼저 들은 말은 나무통을 매고 가는 어린 소년이 외치는 "백운당 아이스께끼"였습니다. 묘한 음향의 "아이스께끼"가 무엇인지 참으로 궁금했지요. 이삿짐을 대충 정리하자마자 일주일 후 어느 날 어머니는 어떻게 아셨는지 평판 높은 소위 일류 초등학교를 우리 둘의 손을 잡고 순서에 따라 순방하는 것이었습니다. 가까이 있는 학교에 전학시켜도 될 텐데, 어떻게 이런 착상을 하셨는지 지금 생각해도 믿기지 않습니다. 거리에 상관없이 최고의 교육을 아이들에게 제공하겠다는 어머니의 남다른 집념의 결과이었을 테지요.

처음 들른 두 학교는 실망스럽게도 정원이 차서 더 이상 자리가 없어서 세 번째 학교에 겨우 전학이 되었지만 집에서의 거리는 꽤나 멀었습니다. 버스를 타고 통학하는 것은 감히 꿈에도 생각하지 못했지요. 엎어지면 코가 닿을 거리에 있는 가까운 학교를 지나쳐서 그 먼 길을 매일 걸어서 통학했지요. 맹모삼천지교(孟母三遷之敎)를 연상케 하는 어머니의 자녀교육에 대한 집념은 정말이지 종교적 열정에 가까웠습니다. 이 학교는 나와 형님에겐 이미 세 번째 초등학교였습니다.

전쟁은 끝나고 휴전은 되었지만 그 상흔은 아직까지도 치유되지 않아, 교실은 목조 가교사로 기다란 낮은 책상에 남녀 따로 여럿이 바닥에 앉아 공부하는 열악한 환경이었습니다. 두 개의 크고 붉은 벽돌 2층 건물은 아직까지 군인들이 사용하고 있었습니다. 초등 3학년인 이 시골 소년은 순진하다 못해 기가 죽어 있었고, 입만 열면 놀려대니 말도 제대로 할 수가 없었지요. 몇 주가 지나서 공책 검사를 받았습니다. 모두가 과목별로 여러 권의 공책들을 자신 있게 내어놓았지만 나는 부끄럽게도 달랑 하나만 내어놓고 꾸중을 각오하며 기다렸습니다. 기대감 없이 시골에서 전학 온 지 얼마 되지 않은 나의 공책을 펴보는 순간 선생님의 눈이 의외라는 듯이 크게 휘둥그레졌습니다. 그러고는 그 공책을 들고 가셨습니다. 며칠 후 그는 나의 공책 정리가 3학년 전체에서 2등을 했다며 아쉬워하면서 돌려주었습니다. 제일 깔끔하고 글씨도 잘 썼지만 하나의 공책에다 전 과목을 다 써놓았기 때문에 아깝게 2등을 했다는 것이었습니다. 나에겐 연필 하나, 공책 하나, 옷 한 벌, 신 한 켤레, 모든 것이 하나 밖에 없던 시절이었습니다. 이번에는 가난 때문에 2등, 이렇게 나는 늘 숙명적인 둘째였습니다. 그래도 나는 이 일로 인해 반에서 제법 말도 하고 손을 뻗고 기지개도 켤 수 있게 되었지요. 신언서판(身言書判)은 어릴 때부터 귀가 따갑도록 어머니께 들어온 터라 글씨부터 정성들여 써야 한다는 가르침을 일찍부터 받아왔던 것입니다.

교실 마룻바닥에는 송판이 엉성하게 깔려 있었고 구멍도 심심찮게 나 있어서 어느 날 나는 하나밖에 없는 몽당연필을 바닥 구멍 속으로 잃어버렸습니다. 얼마나 속이 상했는지 모릅니다. 너무 짧아 대나무 대롱을 끼워서 겨우 글을 써 오긴 했지만 아깝기는 마찬가지였습니다. 하나를 잃어버리면 모두를 잃은 듯, 하늘이 무너지던 힘든 시절이었지요.

어머니는 어릴 때 배우신 대로 선비적인 삶에 대한 긍지를 갖고 살아오셨습니다. 바르고 반듯한 삶의 과정이 결국에는 바람직한 결과로 이어질 것을 확신하고 그렇게 사신 것입니다. 친구도 없이 외톨이로 떠돌던 나에게도 친구가 생겼습니다. 어느 날 이 친구도 하나밖에 없는 연필을 바닥 구멍에 빠트리고 울상이 되었습니다. 그 안타까운 심정을 이해하는 나는, 그것을 찾아야 한다며 하소연하는 그가 몹시도 측은했지만 그에게 줄 수 있는 여분의 연필이 없는 건 당연했지요. 혼자는 무섭다며 어수룩한 나를 데리고 어느 날 오후, 그는 잃어버린 연필을 찾으러 미리 알아둔 멀리 떨어져 있는 구멍으로 같이 기어 들어갔습니다. 처음엔 캄캄하여 아무 것도 보이지 않았으나, 차차 눈이 어둠에 익숙해지자 빛이 들어오는 구멍들이 보이고 그 밑으로 슬슬 기어가보니 연필, 지우개, 자, 연필 깎는 칼은 물론, 꿈에도 탐나던 "No. 2" 연필까지 보이기 시작했습니다. 잘 부러지고 깎기도 힘들며 공책을 무참히 찢어먹는 국산 연필보다, 우리가 "엔 오 이"라고 부르던 구호품 미제 연필을 모두가 선호하던 때였지요.

가슴이 콩당콩당 뛰기 시작합니다. 머리는 이리저리 부딪히고 기어 다니느라 무릎은 아팠으나 주머니마다 가득 연필, 지우개, 자, 칼 등을 닥치는 대로 주어 넣었습니다. 졸지에 부자가 된 듯하여 나중에는 시시하고 짧은 연필은 버리고 길고 좋은 것만 골라 주머니에 넣어, 가난을 향한 통쾌한 보복을 느끼기까지 했습니다. 몽당연필 하나를 투자하여 이토록 부자가 된 것입니다. 밖으로 기어 나와 머리와 온 몸의 먼지를 알뜰하게 다 털어낸 후, 빠른 걸음으로 개선장군이나 된 것처럼 집으로 돌아와, 빵빵한 전리품을 방바닥에 자랑스럽게 펼쳐 놓았지요. 아이들의 기쁜 함성에도 불구하고 어머니의 반응은 너무나 뜻밖이었고 충격이었습니다. 살림도 어려운데 절실하게 필요한 학용품을 돈 한 푼 안 들이고 한 아름 안고 온 나를 엄청 대견해하시고 칭찬하실 줄 알았는데 이게 무슨 날벼락이란 말입니까? 꼿꼿한 선비의 딸답게, 황소 같은 고집의 황씨 가문의 맏딸답게, 깨끗하지 못한 소득은 경멸했으며, 정당성이 없는 이득은 용서하지 않으셨습니다. 비굴함과 편법은 혐오의 대상이었지요.

어머니의 불편한 심기와 분노는 아들을 먼지 구덩이에 기게 만든 자격지심에서 나온 것이긴 했지만, 그분의 고귀한 맑은 영혼의 울림이기도 했습니다. 그래서 이 아들의 요행심과 떳떳하지 못한 성취감을 추상 같은 노여움으로 억제하고 차단하셨던 것입니다. 나의 어린 마음은 전혀 이해가 가지 않아 혼란스러웠습니다. 그렇게 땅바닥을 기면서 쌓인 먼지 흠뻑 덮어쓰고 마시면서, 다른 아이들의 연필을 주어오라고 누가 가르쳤느냐고 추궁하실 때는 정말로 너무 하신다 생각되었지요. 결국, 당장 내다 버리든지 아니면 내일 학교에 가서 있던 자리에 갖다 놓으라는 추상 같은 호통으로 결론이 나고 말았습니다. 부유하면서도 천박한 삶이 있듯이, 가난하면서도 고매한 삶이 있음을 일깨워주신 이 일로, 나의 생에서 비루함과 천박스러움은 단연코 배격되어야 할 무엇이고, 비록 가난하기는 했지만 때 묻지 아니한 깨끗한 양심으로 추구해야 할 고상한 삶의 세계가 따로 있다는 것을 느끼기 시작했습니다.

이런 어머니로부터 나는 부드럽고 아늑한 여성적인 정서와 아울러, 단호하게 호통치고 엄하게 초달하는 남성적인 정서도 유감없이 받고 자랐습니다. 비어 있는 아버지의 훈육의 자리를 메꾸기 위해 깊이 생각하고 배려하신 어머니의 결심이자 지혜였지요. 소월의 시 세계가 엄마와 누나가 있는, 반짝이는 금 모랫빛 강변에 모래탑으로 세워지고, 시인 윤동주는 어머니를 향한 애틋한 그리움의 석탑 주변을 영혼의 나비처럼 맴돌았지만, 인간에게는 마지막까지 기댈 수 있는 든든한 남성적 어깨도 태생적으로 필요한 법이고, 넉넉한 여성적 품과 함께 이 둘을 동시에 추구하는 것은 보편적인 인간의 심리적 본능일 것입니다. 이 아들들에게 부족한 남성적인 훈육의 공간을 어머니는 그분의 여성을 감추기까지 엄숙하게 감당해 주셨습니다. 이때의 어머니는 정말로 무서웠지요. 그래도 어머니의 뱃속에서 한 몸으로 있다가, 밖으로 나오면서 연결고리가 끊어지기는 했지만, 여전히 원초적 기억 속에서 지난날의 한 몸인 관계가 회상되고, DNA를 통하여 생명현상이 연속되고 있는 한 우리는 이토록 아버지보다는 더 어머니를 기리며 그리워하는가 봅니다. 아, 날이 갈수록 더 새로워지는 어머니의 거룩한 가르침과 지혜로운 훈육이여. 산이라도 바다라도 따를 수 없는 어머니의 사랑과 거룩한 희생이 눈물겹습니다.

고요하게 다가와 화사한 모습을 드러내는 봄의 내밀한 소리, 종달새 노래에 꽃망울이 터지고, 아지랑이 피어오르는 언덕 너머로 햇살이 눈부시게 따스한, 찬란한 봄의 소리가 들리는, 초등학교 4학년 봄입니다. 아직까지 고향에는 물려받은 전답들이 남아 있어서 어머니는 그걸 이번에는 과감하게 팔아 아담한 점포를 짓고, 새로 서는 시장에서 과자 도매상을 시작하셨습니다. 야금야금 전답을 팔아서 급한 불만 꺼오시던 어머니는 이번에는 작정하시고 일을 좀 크게 벌리신 것입니다. 선량하시고 목수 일에 능하신 고향의 시삼촌께서 여러 달에 걸쳐 주거형 점포를 아담하게 지어주셨습니다. 나의 기쁨은 이루 말할 수 없었지요. 하루아침에 그 맛있는 과자랑 사탕을 거의 매일 먹을 수 있는 동화 속의 왕자가 된 것이지요. 소박한 어린이가 품을 수 있는 최고의 꿈의 환상적인 실현이었습니다. 학교가 파하면 곧장 집으로 그 먼 길을 뛰다시피 달려와 2층 다락방에서 숙제를 마치면 어머니께서 웃으시며 사탕 하나를 던져주시곤 하던 꿈 같은 소년시절이었습니다. 천천히 입 속에서 녹아내리는 붉고 달달한 사탕처럼, 나의 달콤한 미래도 이제 서서히 붉게 타오르는 듯했습니다.

 늘 심각하고 진지하던 맏이와는 달리 이 둘째는 밝고 명랑하며 놀기를 좋아하는 약간의 장난꾸러기였습니다. 그리하여 이 시절에도 황당한 일은 생기고 위험한 순간은 늘 있었지요. 계절로는 여름, 물에 얽힌 이야기입니다. 이것은 어머니에게는 아직까지도 비밀로 남아있습니다. 초등학교 6학년, 여름 방학은 길고, 산울타리로 둘러싸인 분지인 대구의 찌는 날씨는 시원한 구석이라곤 없어서, 어린 우리를 금호강 물가로 유혹하기에 충분합니다.

 유별나게 무더운 어느 날, 엄마의 당부를 거스르고, 동네 아이들과 어린 아우와 함께 강으로 물놀이를 갔습니다. 물이 줄긴 했으나 아이들이 놀기에는 조심스러웠고, 다리 밑은 여전히 물길이 깊으나 그늘이 시원해서 우리가 즐겨 찾는 곳이었지요. 한참을 신나게 헤엄을 치면서 놀고 있는데, 느닷없이 한 아이가 물속에서 허우적거리며 "사람살려!"라고 외치는 것이었습니다. 아무도 뛰어드는 사람이 없었고 그 아이는 물속에 들어갔다가 나왔다가를 반복합니다. 안타까이 보고 있던 나는 보이지 않는 힘에 떠밀려 자신도 모르게 물에 뛰어 들어갔지요. 나는 가까이 헤엄쳐 가서 그 아이의 손을 잡고 끌고 나올 요량으로, 천천히 접근하여 손을 뻗어서 겨우 그의 작은 손을 잡았는데, 아뿔싸! 그 아이는 죽을힘을 다하여 나의 손을 타고 달려들더니, 순식간에 나의 목에 올라타고는 가쁜 숨을 몰아쉬며 살려달라고 절규하면서 나를 물속으로 몰아넣는 것이었습니다.

물속에 고스란히 잠겨버린 나는 나의 목을 휘감아 옥죄고 있는 어린아이의 두 손을 필사적으로 풀려고 했으나 목숨 걸고 움켜쥐고 있는 그 작은 두 손을 도저히 풀 수가 없었습니다. 가히 '악마적'이라 할 만큼 초자연적인 놀라운 힘이었지요. 나는 물속에서 이제 이렇게 죽는구나 생각이 들자 제일 먼저 어머니의 모습이 떠올랐습니다. 속으로 "어머니 죄송합니다. 정말 죄송합니다."라며 울며 용서를 빌었습니다. 형과 아우의 모습도 떠올랐습니다. 마지막으로 온 느낌은 "이게 바로 죽음이구나."라는 자각이었지요. 물속에서 나의 코는 숨을 쉬는 대신 죽음의 냄새를 맡았으며, 몸에서는 힘이 스르르 빠져나갔습니다. 발버둥치면서도 맥없이 깊은 물속으로 더 잠겨 내려갔습니다.

이때 놀라운 일이 일어났습니다. 나의 목을 졸라 누르고 물 밖에서 열심히 숨을 몰아쉬고 있던 그 아이가 이제는 나와 함께 물속으로 깊숙이 잠겨 들어가자, 고맙게도 혼자 살겠다고 나의 목을 미련 없이 놓아버리고는 물 위로 허우적거리며 올라가는 것이었습니다. 나는 마지막 남은 힘으로 땅을 박차고 수면 위로 솟아 올라와 숨을 몰아 쉰 후, 서서히 물길을 따라 한참을 힘없이 헤엄치며 떠내려갔습니다. 더 이상 힘이 달려 움직일 수 없을 만큼 지쳐있을 때 나는 그 자리에 우뚝 서고 말았습니다. 아, 다행이 물은 나의 허리에서 흘러가고 있었고, 나는 가쁜 숨소리와 심장의 벅찬 박동을 느꼈으며 살아 있음을 알았습니다. 물에 빠진 아이를 구하려는 나의 용기와 되돌려 받은 생명을 경축하는 많은 사람들의 환호와 박수 소리가 다리 위에서 들려왔습니다. 그 아이도 지나가던 어른에 의해 구조되었으며, 잠시 후 모두는 흩어지고 삶은 아무 일도 없었다는 듯이 평상으로 되돌아갔습니다. 그러나 나는 더 이상 조금 전의 그 밝고 천진난만하던 아이가 아니었습니다. 어린 나이에 감히 야릇한 죽음의 언저리를 넘겨다본, 한 순간에 훌쩍 숙성해버린, 동심을 초월한 소년이 되어 있었습니다. 갑자기 나에게 생은 결코 가벼운 어떤 것이 아니라, 애틋하고 눈물겹고 실로 소중한 무엇이었습니다.

모든 생명이 귀하고 아름답고 의미 있는 것임을 나는 평소 어머니에게서 듣고 배웠으나 이 죽음의 경험을 통해서 더 뼈저리게 느끼며 확인할 수 있었습니다. 말할 수 없는 방대한 부피와 의미를 가지고 지금까지의 나의 모든 생의 발자취는 어머니와 연관되어 깊이 얽혀 있었지만, 물에 빠진 아이를 구하려다가 오히려 죽을 뻔한 아들의 이 섬찟한 사건은 차마 어머니께 말씀드릴 수가 없었습니다. 그 때 맡은 죽음의 냄새는 결코 유쾌한 것이 아니었기 때문입니다. 이리하여 나의 조그마한 가슴 속에도 내면의 복합성은 날로 하나씩 더해져갔으며, 생각은 깊어지고, 죽음은 생명의 빈틈을 타고 나의 의식 속으로 스며들어왔습니다. "너 자신을 알라!"는 소크라테스의 충고는 점점 더 따르기가 어려워진 것입니다.

어머니를 그리는 이 둘째의 글은 어느 모로 보나 허술하고 여백과 빈칸이 많습니다. 만약 어머니께서 이 글을 보신다면 웃으시면서, "야야, 그 둘째 타령 이제 그만 좀 하거라. 듣기 민망하구나." 하시면서도, "그런데 둘째 치고는 제법 그를 듯하게 쓰긴 썼구나." 하시며 흐뭇해하실 것 같아 야속은 하지만 기쁘기도 합니다. 나의 좁은 가슴이 어머니의 대양을 다 품지 못하듯이, 나의 글은 그분의 비범한 생애와 고결한 희생, 순수한 사랑과 깊은 뜻을 결코 다 담아내지 못합니다. 맏이와 막내의 더 풍부하고 섬세하며 포괄적인 회고록이 나의 빈칸을 앞뒤로 알차게 메워줄 것이 확실합니다. 비록 이 글은 우리 어머니의 특수한 생의 프리즘을 통하여 보고 체험한 바를 쓴 것이지만, 같은 시대에 비슷한 경험을 하면서 그야말로 눈물겨운 일생을 살아온 동시대의 모든 어머니들에게 드리는 나의 겸허한 헌사이기도 합니다.

어느덧 미시간 날씨는 점점 추워오고, 삶의 흔적을 하얗게 치유하며 소리 없이 쌓이는 눈과 함께 겨울밤은 고요히 깊어갑니다. 어디에선가 어릴 적 어머니께서 구워주시던 구수한 군밤 냄새가 나는 듯하고, 가까운 숲에서는 부엉이의 울음과 날갯짓 소리가 들려옵니다.

VI. A Portrait of My Mother

1

My Mother

Fountain of being,
you have made us
who we are today.

Though not even a span,
your bosom is wide and deep.
Like a clear mountain spring,
it is dazzlingly quaint and rich.

Though a weak and feeble spinning wheel,
with all thy might,
you have spun three silk threads out,

and protects them with flames of love.

With guiding hands
and kind eyes of mercy,
you are the eternal light
who finds the right path for us.

I can't express it all through eternity,
thy grace and noble love
that has no way of repaying it.

You are the beginning
and the last flag of my being.
Love you.
Love you.

2

Yearning for My Mother (1)

Quietly shines the early moonlight through the small window dyed with the lingering sunset. The small forest is sleeping silently holding young trees in her breast as cozy and warm as a mother's which smells like milky fragrance. As time stands still in the hazy sky, the sweet memories fly far on the wings of nostalgia to the days of my dreamy childhood. My mother had been walking through the harsh years of tragic war, bitter loneliness, and severe poverty through cold snow and harsh thorns. Still my mother's deep love is like the blue ocean inside of me, and her grace is the indigo sky outside. The gentle memory that spreads on the edge of my heart like a freshly painted watercolor, that is a clear, tearful portrait of my mother engraved deep in this heart. At this moment, mother's timid image with a clear and gentle smile comes to me like dew drops as a fond longing for her. Love truly seems to raise two twin sisters of longing and sorrow.

As I grow somewhat wiser and older, the luxurious colors and scents are getting more awkward to me, and the dull life of twilight becomes somewhat bleak, and the leaves of those lush memories start to fall one by one with the cool wind to be scattered on the cold ground. As I slowly swim closer towards the entrance of the River of Oblivion (Lethe), I am compelled, before I forget everything, to leave a record of my mother's noble life and the beautiful memories clinging densely to it like seashells, along with the family history of joy and sorrow thereof. I guess I must have had a decent filial heart to think of this. It is because of the majestic life of a great woman that is too precious to be buried under the ground forever with my body when I die, if it is left only to my shabby memory that does come and go moment by moment or at least every day.

On December 25, 1923, my mother was born as the oldest daughter into the noble family of Hwang Se-han, a prominent scholar of Confucian philosophy, and Jeong Do-hae, a daughter of a wealthy farmer. It was a wonderful birthday celebrated by the whole world, but it was only after several years she realized her birthday was on the famous Christmas Day. At the young age of 16, from a quiet seaside village called Giseong nestled at the foot of a gorgeous mountains along the clear waters of the East Sea, to a quieter and cozier village called Onjeong 50 miles away that boasts having natural hot springs, she came to marry a handsome looking student groom of tall stature who were attending a college at the time.

She came to the wedding ceremony riding in a traditional flower wedding carrier. Right after the colorful and luxurious traditional wedding ceremony that was held under the heartwarming blessings of the whole Namm clan. Unfortunately though, way before the newlyweds could fully build their affection and bond intimate relationship during the honeymoon, the husband returned to his school far away and left his beautiful, lonely and young bride behind. She suddenly became the proud head daughter-in-law of the prestigious Namm clan, and was helplessly exposed to the harsh mother-in-law's relentless training and the endless chores of large-scale farming. This was a kind of premonition and symbol that from there on, the tumultuous life of the fateful woman, wife, mother would be unfolded like a tragic panorama throughout her entire life.

③

Yearning for My Mother (2)

Timeless importance of a mother is one reliable constant in this ever changing world. The vague memories of my mother before I grew old is like a bookcover of old Chinese Characters Book that I was inherited to learn and read as a child, with torn edges, blurred and shrouded through the decades. When my father, who was living in Seoul at that time running a family business, came home to see three dear sons, lovely wife and the whole family and relatives, he decided to take some family photos. It was the spring of 1950, a couple months before the outbreak of the Korean War on June 25.

The proud and excited mother was busy figuring out what

clothes to prepare for her children for the photo session. As people gathered, camera was installed, and chairs were placed one after the other in front of the well-lit garden, and all the bustling of the preparations was over. At that moment, the oldest son, who appeared under everyone's attention, was bewildered and perplexed by the admiration and loud applause of the people. He was wearing a child's suit, which was very rare in the countryside at that time, a tidy necktie, and even black-rimmed eyeglasses.

As if she had made up her mind and prepared for this day for a while, his mother was smiling happily following behind him holding a baby in her arms, and his father looked up the sky being puzzled, but he laughed at last. I was always the second child since I was born, of course, and I had to be content with a tiny cute necktie. The difference between the ninth-generation first-born descendant of the family and the second son like me was so cruelly clear and much miserably distinct in this noble class family of Namm. My younger brother was only little over a year old.

Along with family photos, individual photos were taken one by one in turns, family bonds were strengthened, and memories piled up in pleasant laughters. Two days later, my father went back to Seoul. But who would have imagined that this day would be the last of my beautiful memories of my father? Oh, the war! Years of family unity were broken, the nation was divided and the land ravaged, three children lost their father, a young wife lost her husband, the dignity of the family was lost, and the family stumbled with an unbearable blow. The children's dreams shaken, their hopes shattered, and now they were in a crisis of survival where even their lives were threatened.

This was the last time I saw my father when I was four years old, and one of less than five memories of him. After this, my father retired too early from our childhood, leaving a void in our young souls that could not be filled, and became a legendary star that lived only in our memories, thanks to which we had to seek the meaning of life only through sadness and loneliness enduring poverty and suffering, and had to seek and explore it in the shadow of hope for tomorrow.

In this grim situation where her husband who once was a prominent figure, was kidnapped to North Korea and my mother had no idea of life or death of him, all the elders who would have supported her had already passed away. It was painful to see my mother wearing a white towel over her neatly combed hair during the day, working in the field with the long furrows under the sun, and weaving under a dim lamp at night until the first rooster crowed or hanging on a loom to weave burlap. It was the mother who used to take us, who were not yet fully awake early in the morning, hand in hand to the clear stream running behind our house, washed our faces, and wiped them neatly with her apron.

This was the hometown still in my dream, where I fell asleep listening to the rhythm of my mother's pounding sound with two batons as a lullaby or listening to the gentle sound of water flowing along the back wall on a summer day. On a warm day in autumn, picking persimmons from two tall trees in front of the house, picking pears from two pear trees standing side by side in the backyard, or picking chestnuts under many old chestnut trees planted by our ancestors in the nearby family mountain, I used to run into my mother's arms, imagining how proud she would be of the fruits or nuts I picked for her. Just as it has been said to 'have no one to embrace,' a child who does not have mother to run to embrace is always empty and sad.

On a warm autumn day in the mill inside the house, holding mother's hand I used to step on the wooden mill with all my strength with little weight, breaking rices for the Thanksgiving cakes. It was just like a fairy tale on a oriental painting. This daughter-in-law of the Namm clan was by no means adept or quick at work, but she humbled herself saying that she barely escaped scolding from her elders by only diligently serving the so many ancestral memorial rites with food preparations.

My mother cooked rice for the farmers who were planting at the rice pad and my 8-year-old brother, who was two years older than I, had gone out to the fields to feed a cow with the village children who were twice as old, but I stayed home and put my younger brother to bed, guarding the house, feeding the chickens, and playing with wooden sticks alone. Then, suddenly, the red sun would set over the mountains in the west, driving a fully-fed cow, my older brother came home triumphantly with pride, and my mother rushed home with the swollen breasts for the little brother crying for mom's breast feeding. As each day passed by like this, the young body got bigger and the fragile soul grew immaculately like that. It was a typical rural life and a landscape painting before I entered the elementary school, and it was like a dreamy second-movement of the Pastorale Symphony.

To us, mother has always been a fountain of unending love,

a rain shower of grace, and tears of forgiveness. The reason we were able to feel abundance without having much was because our mother's warm arms were always by our side. Mother's wide breast was a great fortress and a safe haven that could withstand any rainstorm or blizzard. There were laughter and happiness, brightness and purity, peace and stability coexisted side by side, and obedience and politeness were breathing together.

On a spring day in March, surrounded by the bright sounds and scents of a new spring, wearing new clothes handmade by my mother, a white handkerchief on my chest, new rubber shoes, with blessings of the full sound of bees buzzing, with my tiny hand in my mother's warm hand, under the fragrance of the rich flowers of cherry blossoms, I will never forget the day I walked along the road to my elementary school for the entrance ceremony. I can't forget the bizarre excitement of walking side by side holding the tiny hand of a pretty girl, who used to smile brightly when we met at the market, after the ceremony. Then we followed our beautiful young teacher with her perm hair blown in the spring breeze, into the new classroom.

My mother, even though young and weak, gave birth to

three sons on the wheel of life with all her strength, and then with all her might raised them. She decided to take responsibility for raising the three of us upright to the level of her husband in prestige and dignity. How can I forget my mother's proud eyes that sparkled with tears when my eyes met hers after I had delivered a cute and clear welcoming speech at the school recital, wearing fresh sailor suits she had made for that occasion, in front of the envious children and parents?

To us, mother's gaze was praise and a rod, and her tears were love and a whip. To me mother's tears were scarier than a few words of rebuke, mother was a living religion for me, a magnificent universe, and Eden, the original hometown to which I should one day return.

4

Yearning for My Mother (3)

The long skirt of Mt. Taebaek flew down, dipped her feet in the blue water of the East Sea, and stopped at the winding beaches that were enveloping gently a village nestled on a clear place of the mountains. My mother was having a last spring outing with the maidens of the neighborhood before her wedding, fluttering her pink skirt in the spring breeze. Forsythias blooming by the waterside were smiling, and azaleas in full bloom on the mountain behind. "What kind of person would the groom be? Will I be able to handle a tall tree like him I can't even look up? Besides, he is the only college student of this province."

Of course she was worried, but the blooming buds and ambitious dreams were burning inside this lovely girl. A beautiful blue dream rushes like a rising tide into this maiden's heart, with anticipation, curiosity, and some fear. Hoping her future life would be like a spring picnic like this in rainbow colors, this young, dreamy girl became a woman without fear at the age of 16. And at the age of 20, she was already a mother, and at 25, she became a proud mother of three choby boys in her full arms.

Oh, the heaven was indifferent and the time was unfavorable this time! At 26, sadly and bitterly, she had already become a young widow! In fact, it was a life-changing twist with a tragic consequence. The bright and warm sunlight turned into cold frost, romance suddenly changed into despair, and the meadow where flowers bloomed and birds singing became wolves in the harsh wilderness where the cold wind was roaring everywhere. The daughter of the nature, who loved stars, flowers, and the blue sky, and loved spring sprouts and soft soil, has now become a warrior who must struggle for survival, holding the lives of four, alone under the wheel of a tormented life.

However, even this loneliness was considered a luxury by my mother, so it was pushed aside and she has fought with her bare spirit and body against odds, like the bamboos that were growing in the corner of her childhood home. Like many cranes who made home on the pine forest of the family mountains, she was still elegant and unobtrusive. She went through the life of adversity day by day with dignity like an orchid, following the wisdom of the Confucian classic books she learned from her father when she was a charming girl.

But, oh poor mother, her bright and free spirit went down gradually by the weight of tough life, and has progressively changed to a shimmering youth, oxidized and exhausted in the fierce battle of life. More than a religious zeal, her everything was poured out relentlessly on the raising of her children. She was a mother who never left a single thread or a grain of rice for herself, with a strong determination of "if I die, I will die" and a noble spirit of sacrifice of "what for if I spare the flesh that rots when I die?"

Life has deceived her so much and drove her into the whirlwind of cold reality, but the unlucky mother could not even afford to be sad or angry other than to endure and sustain. The ruins of war have not yet been restored, and life was fair enough to everyone only to be difficult and miserable everywhere. Born as the oldest daughter to a renowned Confucian scholar, my mother, who was clumsy in calculation of profit and loss in her business. She had only an easy-going sense of life and was unable to afford to feed the four mouths. In a situation where the vitality of the female head of household had reached its limit, she had come to a point where she had to make a grave decision.

Many of the farming fields in the hometown had already been disposed at a low price several times in a hurry. After much thought and hesitation, she closed her eyes once again and decided to send one of her four mouths to an orphanage. She thought, "It would be better to send one to an orphanage than all of us starve." She prayed with tears and cried out to heaven for several nights, but when there was no clear answer, she thought, "Well then, it seems that even heaven has no choice but this. Now, who am I going to send?" Her conscience couldn't allow her young brother-in-law to go away, it was out of shape to her sense of duty towards the Namm family, and she was also conscious of the public eyes.

Then the oldest son? That would not be a choice for every bit of one thousand reasons. Because, in this situation where her husband who had been highly expected of the whole family, was kidnapped and taken to North Korea where his life was uncertain. The oldest son was to inherit the honor and splendor of her husband in the future. Isn't he the new head of the Namm clan, who was destined to restore the splendor of the tilted family? She was supposed to act as the matriarch of this family of dignity, assuming the heavy responsibility towards her husband who was considered as high as heaven. She continued to think. "Then the youngest? How can I live without this precious and cute suckling? Besides, how much this young mouth would eat, and it's absurd and impossible even though the sky splits into two pieces."

My mother opened her eyes after praying, and looked down the white and pale face of her second child, who was sleeping without knowing what's going on. At some point, endless tears welled up in her eyes, her heart ached as if blood was flowing backwards and was filled with bitter pity. "Yes, it is the second. It's a pitiful thing, but I'll leave him there only for a while, so be tough and patient. I will definitely come back to find you." So, the difficult decision was made and solidified. However, the parting procedure between her and the child would be even more difficult. It seems to be more heartbreaking and cruel to part with a living one than parting after death.

The day has finally arrived and the pitiful moment of separation time has come. As a child who did not know fully what was going to happen and how much serious it would be, I was rather calm, but my mother was already crying with regret from the depth of her soul. The guilty feeling of violating the golden rule of humanity and heaven put a strong pressure on the mother's weak heart. Now, when the last hug done, she might never see this son again in her lifetime. It was an uncertain time where the turbulent years could lead this child into a situation that no one could predict. Her face of severe convulsion and agitation overwhelmed her motherhood. "How can I live on with this child buried into my chest for the rest of my life," she moaned.

"Did I lose my mental balance for a moment, what crazy thing am I doing?" And regretting it, she was desperately looking for the last decisive breakthrough to rectify this situation and overcome it. At the crossroads of whether to give up her dear child or to avoid this tragic moment by finding the last reason that could not be resisted, mother eagerly waited for the answer to her long prayer last night. She may have been waiting for some miracle out of the blue or even a voice from heaven.

The final, irreversible moment of decision drew closer to her burning heart. The oldest son was hugging his brother crying bitterly. As the pain and tragedy of the nation were relentlessly replayed here as a miniature version of it, a gloomy time was flowing heavily by. It was then a lady from the church approached cautiously. Then after looking around, she quietly led my mother to the side, telling an incredible story.

While she was praying last night, an angel appeared to her and said, "Somewhere tomorrow, a poor mother will be taking the final steps to take her little one to an orphanage." The angel told her go and stop them, so she came to deliver the angel's message to my mother. The message was that this child has something to do for the Lord later in his life, so the Lord would take care of him.

The mother's heart as she heard this message of wonder was at first unbelievably confused, but slowly a strange confidence rose up, and her face began to glow again with gratitude and determined courage. In an instant, my mother realized that last night's long and mournful prayer had been answered so dramatically without falling to the ground. The excuse came miraculously, the breakthrough opened in time, and the lifeline came down from heaven at the perfect moment. That day I was able to return home safely without losing a single hair out of the lonely and miserable wrestling of Jacob that my mother fought alone. All of these facts I did not realize until after I had grown up when my mother told me everything in detail, and showing me the sorry and miserable feelings she had at that time without any filtering.

Just as the ground hardens after rain, my proud status of 'my golden child' was thus elevated to a new level with the intervention of an angel and reaffirmed by my mother's tears. All of a sudden, I was transformed from my mother's 'golden child' to 'the golden child' of heaven.

The giant wheel of the phenomenon of life has been rolling over the road of hardships, regardless of whether someone's life was crushed under it or not, and the indomitable motherhood of a mother fiercely embraced the children in her bosom and protected them with tears, prayers, sacrifices and life. Calling my mother at this age is like calling a storm, but as 77 years have passed along the river of life, I have matured through the bitter rain and wild wind and blizzard of life. My once closed tear ducts had burst opened, and how to weep softly I have learned. Mother who is synonymous with sacrifice, the sad and noble story of her still wets my eyes even today. Sweet tears of gratitude flows down through this heart as it ripples down through my memory.

(5)

Yearning for My Mother (4)

Along with the spark of life (élan vital) and the simple philosophical reflections, if I sniffed and experienced a little bit of the gloomy shadow that lay on the life, and felt the dynamism of it mirrored upon my curved life, it was purely thanks to my mother. To make it possible, she had planted a transparent reasoning mind in my heart to fathom the depth of life from the early stages of my life.

Like everyone else, my first lesson of life started with mother's warm bosom and progressed smoothly to her soft knees and warm back. But those comfortable places were passed on to my younger brother who was born 3 years later and I was placed barely on the corner of the rough cross my mother was carrying only to see her vivid experiences of life-long struggles closely.

A young mother's determination to educate three precious mementos left by her beloved husband in a way to match with her husband's high level of education and prestige, made her eventually move to a better place for their education. After persuading stubborn family elders, she finally was able to sell a part of the farm land that has been passed down from generation to generation, soaked with blood and sweat of our ancestors. Finally we could move to a seaside village where there was a high school for her brother-in-law. Although it was only 40 miles away from our hometown, it was not easy for her to leave home village as a woman filled with anxiety and fear for the future. It was so hard for her to leave behind the place where her dear husband was born and raised, the land he stepped and played on, his body temperature and breath still vividly felt, the dreams, romance and affection of a young couple, and the sounds of children's innocent laughters.

She was also confused as to whether she had to leave the comfortable home, dear yard and nice fence, and beautiful hometown. Some rightly felt a sense of betrayal, saying that the long agricultural tradition of the noble Namm clan who had lived in the land of their ancestors from generation to generation, was downplayed and cut off by us at the ninth generation of their descendants. But mother's determination was firm and her will steadfast. At last, when the fluffy bus carrying the moving luggages and five of us was leaving the hometown, the tears, words of sympathy and criticism from the neighbors and relatives who came out to see us off, followed the bus for a long time and slowly disappeared into the dust of the dirt road. Looking back at her disappearing hometown through the windows, mother shed tears for a long time, and as I passed my school, I was also sad thinking of my 'Cute Girl.' From this point on, we have to live our whole lives looking at the stars in the night sky as if we are guests from other countries who had left their hometown by fate.

As the bus approached its destination, I looked out pressing my pounding heart. A huge blue sea that I had never seen before, suddenly appeared in front of us like a mirage floating in the air. As if we had seen a signal, the young ones exclaimed, "Wow, it's the sea." The first impressions and shocks that I saw and felt at that time are still fresh in my mind and vivid in my memory even after 70 years. There were white sailboats floating like swans on the sea, and it was infinitely peaceful, countless seagulls flew leisurely over the sea. A fantastic scenery of blue sea constantly hitting the black rugged rocks into white sprays and foams awaited us. I wondered why the sea kept trying to climb over the land. My brother and I fell in love with this village of the blue sea at once, and the next day, we were 2nd and 4th graders of the new elementary school, which is twice the size of the previous one.

In this way, my first love, 'Cute Girl' and I unfortunately were broken up forever. I have long missed and wanted to see this girl, who was kind, bright, pretty, and tall as me. We always stood in the front row and walked hand in hand to the classroom, and was smart and cute enough to compete each other in our studies. Blaming the bizarre fate, I lamented that I was born not to be lucky, that I was always in the second place from the birth, and now even losing my first love. Sometimes I wonder where and what that 'Cute Girl' is doing at the later days of her life.

Our new home was surprisingly a small house directly facing the East Sea. It was a natural fortress with a fantastic view, with the front yard connected to the Pacific Ocean, and huge mountain in the back. As soon as my brother and I had arranged our belongings, we ran straight to the sea in front of us to say hello and then we started catching small crabs. When we turned the slippery black stones over, we could see the strange sight of five or six medium and small crabs crawling under the stone to escape to the neighboring stones. Occasionally, I was bitten by them, but the excitement and joy at that time were indescribable. Not long after, we filled a small bowl with them and showed it to mother. With curiosity she boiled it. They became red and edible, but to our dismay, the taste was not good because they were too small in size and not much to eat inside, and most of it was just a hard shell. It was the first and last time, and since then, we have never caught crabs again.

At night, we went to bed, but no one could sleep soundly because of the excitement and anticipation of the new environment. The sound of the waves was roaring right in front of our noses. It looked like a huge wave was about to come and hit this shabby house. I realized that the romance with the sea was only possible when a certain distance was secured. Still, I liked the sea. It was rich with many flocks of fish, seagulls and boats, and even the sky on the horizon. The blue light of the sea nurtured a rich dream, the horizon seen in the distance awakened the dormant sense, a fishing boat floating on the sea inspired romance, and the cries of seagulls were pleasantly heard. I quickly became a friend of the sea. The blue sea lifted my shoulders when I was in that unfamiliar land and relieved of the tension, gave hope to young souls, nurtured open ambitions beyond painful reality, and made me forget the anxiety of survival.

It was a shabby single house by the sea that was barely obtained in a hurry. Even though it had rather a large room, the obvious owners of that shabby house was poverty and want. In the winter time, mother cooked hot handmade noodles and flour doughs to keep us warm from the skin-biting seashore winter. I still remember the painful days sharing the cold and poverty with each other. The sea wind coming from the East Sea was fierce and bitter, as if it had absorbed all the cold energy from the sea.

It was a time when the whole family to survive the long winter nights with body temperature under a large cotton blanket with few patches on it and filled with rough cotton balls that were handcrafted by mother. It was always a dark room, but in a darker corner, a big black pot was laid to grow bean sprouts all the year round. Despite being disrespected, bean sprouts were always growing happily under the black cloth. Next to it, a fairly large white pot came in silently at night and received our cool pees without resting all night long.

My mother had wider hearts, and her hands were always more

generous than anyone. Our clothes, made of cotton, weaved by her hand at the hometown, were always large and loose, so they could be worn for a long time. Always she put way more water into porridge or soup trying to appease the hungry children's stomachs. There were always lumps of soy bean on the warm lower part of the room being kicked by our feet, and the youngest child sleeping next to them sharing lukewarmness.

By the time when we fell asleep, my mother spent countless nights under a small lantern, writing letters to someone. There were letters of yearning her husband, and calmly wrote a diary of her hard but strong life, she also wrote about the growth of children's bodies and wisdom. Sometimes she became the mouth and hands of all the neighboring wives who did not know how to write, writing many letters for them. Based on the story she heard during the day, she overlaid her own experiences and mobilized her imagination to create a story of the lives of the local women until late at night.

The agonies of living, love letter of filial piety to a sick mother, a boast of the son's birth, joy of having a daughter, the bitterness of living in a difficult situation, and a mournful grieving, a heartbreaking obituary announcing the death of their family, and even a letter to in-laws of which high-class formality and family dignity and honor are at stake. During her writing, mother would read and re-read her writings aloud, lifted her mood, matched her rhyme, and construct out the plot. I couldn't sleep, secretly watching my mother's strange literary night, listening to the entire creation process, and holding my breath, waiting and anticipating what would come next.

As far as I know, my mother was a great writer with an outstanding literary talent in the epistolary genre. The humble reason I can write this memoir now, along with my brother who majored in German literature and active as a poet, and author of so many books, is actually thanks to my mother's literature class like this and her genes given to us. In this way, mother did not let her long, difficult and adventurous life pass by, instead in the midst of that fierce life, she left many tear-filled diaries and memoirs of her husband in a calm and mournful way as a vivid trajectory of her life. Born in the rural cultural climate, where no one sent girls to school at that time, mother was the only school girl in her hometown where she grew up and was also the first female graduate. She learned the value of education from her father through traditional Confucian rituals and studies, knew it from the school education she had received, and was convinced through the character and dignity of her husband who was highly educated. That's why she was able to devote all her wealth and life to her children's education without hesitation.

She loved our laughter, but cherished our tears more, and she welcomed daily dawn with her open heart and reverence that flutter every day, reading the Bible under the lamp and offering long prayers for us in tears. For the mother who was more 'toiling and thirsty' than anyone else in the world, the invitation to 'come all to me' by the Shepherd was an oasis found in the desert, and provided a cool shade of rest for her thirsty soul. Her open Bible was underlined in red on every page and was blurred with tears in some places. Yes, I believe that the children for whom mother weeps and prays, their souls never get sick, never go astray, and never break.

The first sanctuary for me was my mother's bosom, and in that embrace I learned how to break out of an egg and fly high in the sky. As with anyone, the happiest moment for me as a child was when I fell asleep lying next to mother, in her arms touching her tender breasts. This has become a habit for many years, not only to when I was in college, but also as a teacher after graduation. when I came home on vacation, it was customary for me to go back to a little child and fall asleep hanging aroung with mother's breast, which was allowed as a charm and tolerated as a tradition. Ah, the happiness of that time. Our mother, who was the most generous, and warm woman I have ever met in this world, is the home of my being that brought me to this world, and the mother who deeply awakened and strengthened the meaning of our existence through her own miserable life. Among the many gifts from heaven, there is no gifts more daunting than a mother. The last name I want to call in this life is also mother.

So blessed by mother's blessings, this child nurtured his dreams by gazing at the majestic morning sun rising on the horizon of the sea with wonder, and every summer, swimming in the crystal-clear sea. The marvelous view of the sea at the sun rising will not be forgotten even up to this time. Even now, when I listen to Grieg's music <Morning>, the scenes of this time come to mind as a fond nostalgia. The morning stillness of the East Sea was like the deep embrace of mother, my awakening to the mystery, and a premonition of a calm life. For me, rather than 'The Palace of Vibrant Flowers' as we sing, the solemnity of the coastal scenery where the dawn light rises and the evening stars dazzling on the darkened sea is deeply engraved in my heart and soul. I miss the self-portrait of those days when it was as clean and pure as white tablet(Tabula Rasa), painted against the background of the blue sea, where seagulls fly low.

/ 6 \

Yearning for My Mother (5)

After enduring a merciless war that relentlessly has shaken not only a woman's base of life, but also her will to live and the reason for existence (raison d'être). Tragically separated from her beloved husband, my mother, has endured and overcomed the pains of living that pushed her to the limit. She truly has left the footprints of her extraordinary life forever in my heart as an utmost impression. She was like a grand oak tree that had lowered deep roots of faith into the earth. She endured all kinds of harsh rains, winds, snows and blizzards with her whole body while protecting three young lives in her arms.

To me, mother's warm arms and soft knees were a safe island, a strong castle of safety, and a fountain of learning. Just with my mother's kind gaze and gentle voice, my young soul who was sitting on her laps staring her face, was already a happy universe full of shining stars. My mother, who had a hard life, had taught me that there always was a blank space in life where the fountain of the clear mind flowing. Having an exceptionally fair and benevolent face, and deep dimples on her cheeks when she smiled, she was very cute to me. She bound us frugally with the silk thread of love. A lot of clear water had flowed leisurely in Geumho River, where we were swimming naked, and the time passed by leaving a trace of the growth of my young soul. Although the material needs and commands for survival were harsh, life was not necessarily woven only with sad events or pains. While accepting either swamps or hills, sunshine or shade, highs or lows of life at the same time, I have learned the wisdom to actively engage with them while adapting myself to the situations accordingly.

In spring, buds sprouts, new leaves appear, and in summer, flowers bloom and it rains. In autumn, the mountains are colored beautifully, and in winter, white snow falls. I was in the 4th grade of elementary school in late autumn. Since a few days ago, mother, who had worked hard during the days, started making a child's jacket by hand until late at night. While my younger brother was away from home, I acted as the youngest for a while, so I could only guess whose jacket it was by the size of it. Taking care of the youngest became a big problem for mother, who had to work after all big boys had gone to school. Now, his body has grown much that she couldn't work carrying him on her back.

Once again, her troubles deepened and she had to make another important decision that was so difficult for her. She had an ingenious idea this time of entrusting this bright, 'golden' youngest child for a while to a relative in her hometown and rewarding them with a remaining paddy field. Reminded by the incident of two years ago, when she tried to send her second child to an orphanage and was warned of an angel not to do it, It was somewhat a clever idea by her out of the previous heartbreaking experience. Thus, our cute youngest, who was barely weaned, spent lonely and unhappy days in a once warm but now gloomy hometown longing for mother's love. At night, crying for his mother's arms, yearning for the love of older brothers, he left his family and spent a whole year in the countryside with his younger cousin. During this difficult period, mother's tears for her child were shed to flow into a river, and her heart burned to the ground. One day when the thick jacket she had been making was finished, mother called me and put it on me saying "It fits well." One afternoon, a few days later, older brother was still in school which I just finished early, I put on that new thick and warm jacket, and was led by mother walking side by side for an hour to the intercity bus stop near Railroad Station. The weather was also eerie and cold, but the wish to go by bus only lingered in my mouth. It was a historic day when our poor youngest child returned to her dreamy mother's arms after a year of tearful exile at her hometown. The only crime this child committed was that he had lost his father during the war when he was less than one year old, and the war and poverty had separated this lovely, newly weaned child from her family and mother's arms for a year, helplessly.

The youngest's face was not visible from several buses that had already arrived, and only the last bus remained. The sun was slowly sinking down the mountain, and his anxious mother looked at the road with her restless head out of the neck. Finally, the last bus of the Donghae Passenger arrived, and her youngest child got off the bus, holding the hand of an elderly grandpa, looking for his mother. Then, at the moment his eyes met with mother's, he cried out loudly, "Mama!" and jumped into his crying mother's arms and hugged her tightly. It was truly a tearful scene. This little child was placed in his mother's arms and pressed his face deeper against her chest, and pleaded with his year of loneliness in flowing tears. Mother also sobbed bitterly. That painful year of separation was five years, ten years, or eternity for the youngest and mother. It was evening and the weather was quite chilly, but the youngest was still wearing thin summer clothes. Without hesitation, I took off that chunky new jacket and put it on my shivering brother along with my warmth thereof, love and tears.

Perhaps it was the tears that came from the overlapped similarity I experienced two years ago when I was about to go to an orphanage. Next to him, mother looked at us in turn with a great smile wiping away her boy's tears. I didn't say anything, but I knew from the beginning that the jacket was my brother's. On seeing mother stroking the jacket several times while making it, or held it on her chest and wept, I knew to whom did it belong. Mother's strange actions had already told me everything. The spectacle of this dramatic reunion still stirs my tears even as I write this, from the depths of my heart, the emotion of sorry and pity rises through my chest up and tears in my eyes.

As I walked back home holding my brother's cute little hand that was clinging to my hand, I made a firm resolution in my young heart that I would never let go of this brother's sad hand again. Even on the steep hill road of her life in those difficult times, my mother made such a temporary detour for a while, but she never gave up on her life goals nor raised the white flag of surrender. I was sad that night, but gladly returned my mother's arms to my loving younger brother, and returned to the original place of the colorless second child. A name of mother that shines like a diamond and the motherhood is the crystallization of love. Mother, who is synonymous with my longing and childhood memory, is a calm lake of faith, a clear sea of hope, and an endless ocean of love for us even to this very moment. The sincere thanksgiving from the depth of my soul was never offered in her lifetime.

Oh, indifferent skies, and heartless years! One day my poor mother had gone to bed, so sadly, so mournfully, and so early. Life is something like adapting to the lofty flow of the life phenomena and humbly giving up our seats in life when time is up. Even though, I had firmly believed that there surely must be a beautiful period of later age under the evening sunset for my mother to appreciate the achievements of her sons and the growing of the loving grandkids with satisfied heart before closing final chapter of her life. But when I got an urgent phone call saying mother was in critical condition, I immediately returned home from overseas and ran to my mother, but I was unable to do anything more. In the hospital bed, holding mother's small, white hands, and crying stupidly, I could be no help to her physical pain, mental sorrow and spiritual emptiness.

Longing for her husband and facing the fierce wildness of living, the tremendous tension in life that encompassed all stages of 3 sons' birth and growth, the high wall of harsh resistance to survival under the wheel of a torturous life, supporting the three while fighting fiercely for their lives, all these experiences gradually put pressure to hurt my mother's noble soul, damaged her weary and tired body, and eventually progressed to a cancer over the long relentless years. Even though such a terrible disease were eroding my mother's fragile body, threatened her precious life, and was destroying her noble being, I was very embarrassed and resentful at how I was living indifferently, immersing myself in my own life without being conscious of what's going on to her. Sadly, it became clear that I have been living as an infidel son in the world who had forgotten all about dear mother, the very cause of my being. The oldest daughter-in-law who devoted herself to serve mother with Ruth's heart serving Naomi, stayed alone to take care of her mother-in-law for her husband who was studying abroad.

Nobody could bring the disease to an end. The day mother was buried, the tearful love of her oldest daughter-in-law, who jumped down to the ground to mourn as she embraced mother's coffin. This love even could not halt the progress of the disease. The heartbreaking disappointment and painful remorse of her youngest child, who had to let go of his own mother, were truly heartbreaking. He could not catch up her ailment even with all his tears and the medical knowledges and skills he had accumulated. I don't know how many nights he knelt beside her hospital bed, held his mother's lean hands and wept. Facing the limits of his own medical education, training and skills, the youngest child's deep sense of helplessness and despair, which he had to feel deeply from his mother who gave birth and raised him, had made him infinitely humble and shaken up his whole life. For the oldest son, leaving his dearest sick mother in the hands of his filial wife and reliable youngest, he was called to study in a foreign land, and his bitter anguish and painful regret, who could not keep her mother's death bed, became the worst remorse throughout his life. It became the constant source of tears of his deep sorrow.

Oh, my poor mother, I must meet her again who suddenly went to bed so hastily and so early before she even reaped the fruits of the labor and sacrifices she sowed with tears. She was a real saint who burned everything both the quantitative length and the qualitative depth of her precious life and the flowery youth that would never return. Oh, it's so sad that it sticks to my chest like an arrow. There are lovely grandchildren to be cherished in her arms, their pure affection and impeccable respect, and their endless love remains to be presented to her. There is a long letter of thanks to mother on Mother's Day unopened, a carnation to be placed on her chest and the fruits of her sacrificial life for her review. There is a fulfillment of her will to show, and long stories of the journeys of three sons to tell.

After a long wandering, I ran a long way to my mother's path, to the truth she taught, to the green forest of her arms. I must go where she is to meet her. At the dawn of the resurrection, we will meet each other as we have been dreaming of, hold each other's hands tightly, and shed the last tears of gratitude in this world that I have saved for that day, and then we will cross the threshold of salvation and walk hand in hand into the brilliance of eternity.

Mother is the eternal star and rainbow to me. I followed this rainbow and wandered through the fields of life to my heart's content, overcame the challenges of a long military service while looking at the stars in the night sky, endured the agony of the diaspora in a foreign country, and lived my whole life without giving up hope. Sometimes I was not happy you made me a second child, but I still cherish you so much that I was born on your birthday, Christmas, though. Without my mother's love, her courage, and sacrifice, I would not be where I am today, and my mother, who was warm, bright, positive, upright, and just, carefully planted in this heart the moral law that Kant spoke of, shining like the twinkling stars in the sky. Even now, mother is by my side as a companion and a white cloud that envelops my soul, whispering to me with a fragrant breath, always watching me like the stars in the night sky. When needed, like the wind blows quietly, but sternly she rebukes me. Memories of my mother, so faint at the beginning of this humble reminiscence of longing and honoring, have now snowballed and are vivid enough to fill the palace of Alhambra. And in these touching memories, this son is now a little bit happier.

Mother is my heavenly sanctuary that is always open to my heart. It is a great fortune to know that such a wonderful person is my mother, and I would like to give infinite thanks to heaven through eternity. The noble life of my mother, who always showed me how to be humble before the heaven and nature, to be able to control lust, and to live together with generosity and an open mind, is the textbook and proverb of the soul that I must learn and follow throughout my whole life. Indeed, her grace that flows as a river in the form of the eternal present (nunc aeternum), and always with me in my beautiful memories here and now.

7

Yearning for My Mother (6)

According to Heidegger, through the concrete form of existence called being-in-the-world, human beings should live existentially defining their own lives by constant bumping and struggling in the world they were thrown into. So, the existence of a young life is depending on the primordial world that primarily surrounds it. How we feel the world and what kind of voices we hear depend on the first environment he or she faces. In that sense, my early morning was so peaceful in the arms of mother who possessed noble dignity and tender nature of a hen that nurtures chicks. It was truly cozy and wrinkle-free peace.

However, the memories of my immature days were not always as fond as the colors of the rainbow. One thing that comes to my mind is an odd hiccup I've been suffering for a while called Middle Child Syndrome. This is not an ordinary hiccup that suddenly stops one day, but rather the developmental psychological symptoms of a middle child such as sadness, indifference, and alienation that only he could feel. This is a unique sense of loss of having had an unfair and faded childhood that did not receive the attention the oldest and the youngest have enjoyed.

From the time I started learning Korean and arithmetic with Young-i and Chul-su, this hiccup haunted my consciousness for a period of time, but I did not express it. I could not put any more worries on the sacrificial life of my mother, who gave life and made our survival possible. I have been obedient in my own way so as not to cause any issues, and I tried to live an quiet life. However, looking back, unfortunately, unlike the first and the youngest, the birth of the second child was fatally not loud, and the thrill of the mystery of the new life was already halved, let alone the plentiful seaweed soup of cheers. Expectations were also proportionally reduced. I don't remember ever receiving a big birthday celebration or gift, let alone wearing a nice new outfit, or receiving a big compliment. My birthday was sandwiched between the solar and lunar calendars, so it went back and forth from year to year and then slowly disappeared altogether. As far as I can remember, I was always second at home, my clothes came down from my brother, and all the big and small errands were on me. If my mother was not there, of course, I had to cook dinner for them. The older brother was the head of the family with a guaranteed sense of responsibility and autonomy, and the younger brother had strong privileges as the youngest capable of being pampered, and he was still a small child.

From elementary school to middle school, I always lived as the brother of the oldest even in the church, so my name was unfamiliar even to me. As Nietzsche once said, the original driving force of human life is the 'will to power' (Der Wille zur Macht), I have spent a pathetic boyhood without any power. According to the strict family tradition, the mother gave special respect to the oldest son, as a head of the family. He was understood as having a special right, his opinions were always accepted without objection, and most of the coercion was tolerated, and his assertions were carried out without any doubt. I thought it was natural for me to use his old school uniforms and textbooks passed on to me, and furthermore, his leftover notebooks. I grew up as a second in the background where there was no dim lighting.

Heaven was not much indifferent, and a surprising change began to take place in this dull second's consciousness. As my body grew and I was able to reflect, my brain grew wiser and my thoughts deepened, I learned to embrace and accept myself as I was, the wisdom of negotiating with my wounded self, and adapting to circumstances. While growing up with the light and less expectations of the second child, sadness and resentment and grudges slowly retreated from my heart like an ebb and a spirit of concession, understanding and tolerance creeps instead like a tide. Finally I learned to live with the reality (status quo), to get used to sharing and to strive to be fair, to consider the weak. I also acquired an active attitude to appreciate with even small values.

If my character resembles my mother's generous, gentle, and tolerant disposition, it is only because of the grace of the one who gave birth to me as the second child. As I grew older and matured, this wonderful realization came to me, and as a result of trying to live up imitating the life of humility my mother showed me, the hiccup of second-child syndrome suddenly stopped one day.

I was lucky enough to pass the graduate school entrance exam, and I got a tuition fee waiver of 70% of the tuition. I was happy to be of great help to my mother financially. But when I went to register, the tuition waiver was cancelled. I was embarrassed, but somehow I prepared the entire tuition and barely finished the registration. Although it was a big disappointment, I thought that someone mistakenly posted my name at first and corrected it later. 6 months later, I was summoned by the head of the department. As I cautiously entered his office, the first thing he said was, "Mr. Namm, I have something to apologize to you today." The story he told me was truly unexpected. When the professor heard that one of the entering graduate students was to give up enrollment due to financial hardships, he turned my tuition waiver to him in order to save his dear student. Then for me too, he tried to make up for the lost benefits, but it was out of time. He said he waited for me to explain the situation, but I never showed up. In fact, I heard about the circumstances of that friend, but just ignored and covered it up with friendship. He added, "Your unspoken understanding and generosity were truly noble and philanthropic." Then he said the dean of the Graduate School was expecting to see me. When I went to the office of the dean, he emphasized our role of the noble obligation (noblesse oblige) and handed me an envelope.

When I came out and looked in the envelope, it contained the largest scholarship in the liberal arts graduate school at the time, four times as much as the previously canceled tuition waiver. I was deeply moved by the noble character and deep thought of the head of the department. This was the respected Professor Kim Tae-gil who was leading the nation's academic society. I thought this great scholarship was supposed to be a gift from heaven for my mother, who gave birth to me as a second child and gave me a generous disposition. My mother listened to all of this story and was touched and proud. I have been living as a link between the oldest and the youngest all the time to obtain an inclusive personality that goes well with anyone and nurtures a spirit of trust and consideration for others even if it caused a bit of loss to me.

At a later age while attending the graduate school I had a call from my country. In the bus going home to join the army, a music was softly flowing out of the bus radio. Since my heart was young and my blood was hot around 1972, this song grabbed my attention right away by the title and the sweet, melancholy voices carrying it. It happened in a bus home leaving all friends, family and loving students behind, to be trained to be a rough soldier. To a total alien world! At that bleak moment, while I was praying silently, this song flew out from and suddenly my loneliness, emptiness and fear for the unknown future matched with the theme of the Sound of Silence. As I remember now, I felt lots of tears welling up in my eyes while I was listening this entire song. I was totally alone feeling extreme loneliness, deserted by all dear faces. I was so low in spirit, desperate and gloomy due to the unpredictability of the future. I probably tried to find strength, courage, companionship, light and solace in silence seeking my inner voice that no one could take away from me. Ever since, this song has been associated with this lowest point of my life forever.

I pretended to be as carefree as possible for my mother, but it was very sad and gloomy that I had to separate myself from her and had to cut off the pulse of my studies. My mother, who was trying hard not to cry, burst into tears in the morning when I was about to leave home for military training camp. I remember seeing my mother's tears very rarely, except in prayer. She had no regrets showing how much the iron-minded mother loved this second child with her tears. These precious tears and her unwavering prayers have become my support and strength for three years of my military service, and this was the reason why I long for my mother even at this age.

The military transport train, which was loaded with new

soldiers after 6 weeks of training, left the camp and went north without a break, and unexpectedly was passing through Taereung. Oh, there in the Korea Militay Academy, regardless of the desperate feelings of this brother who was being dragged into the northern army camp, my brother must be lecturing German to his cadets with Rilke's Autumn Day as if nothing had happened to his brother. As the train continued to run, my heart trembled more. In the distance, Sahmyook campus, the lush greenery nestled in the bosom of Mt. Buram, came into view along with the tall willow trees standing on the nearby paddy fields. The front entrance appeared and a vehicle stop line that read Korean Union College was looming. Oh, the beautiful garden over there, always scenic with the budding spring and the thick green summer, the splendid autumn and the primordial silence of the snow-covered winter. The sacred space where Mother Nature embraces four beautiful seasons, our dream of eternity and a garden of peace! A place where, just two months ago, my youth was devoted to teaching them English and German. Oh, how I loved them and how much did they like me and follow me as a friend and a teacher. The students who were the objects of my first passion and pure love, but now their lives continued as if nothing had happened. I was being dragged to the unsettled and unknown world to the north. I felt an urge to shout out through the window and make my presence known. Oh would I be a stranger to them forever? Did all this have nothing to do with them?

The unit I was assigned to was a signal company of the front-line division near 38 parallel. It was a beautiful place though, nested on a mountain, where 200 soldiers camped next to the division headquarters. There was a wide, cool river in front, receiving crystal clear water from the high mountain peaks. It didn't make sense to me at all that a rough military unit to be stationed in such a romantic and wonderful natural setting, but I thought it was a blessing from heaven to be able to spend 3 years undeservedly as a part of nature in this wonderful place, being able to depend on it as a friend.

After a difficult few weeks to adjust to and settle in the new military life, after many twists and turns, I finally got permission and went to a church. It was a small, freshly built church, about 30 miles away from the base. It was the rural church I went with my brother a few weeks ago when he came to visit and support me. It was a small church with about 20 members without a pastor. However, the enthusiasm of the members was surprisingly serious and hot. Even more surprising was the ardent brotherhood of the church and the warm hospitality of the natives which showed at the lunch invited after the service. Oh, I can't forget the pure love of the saints who treated strangers like angels in spite of their poor living standards. I will never forget the scent and taste of freshly steamed corn they grew! They were living the essential life of the early church that I missed while living in the city. So much moved by their pure faith and innocent love, I could not refuse the sincere invitation to preach next week, and this continued for coming three years.

The brutality and endless tension of the military life in the front line, the rich emotions in the arms of the nature, and the spiritual blessings of this small rural church were harmonized as time went on. Even leaving the base every Saturday was a tightrope, making it even more difficult to be on time to the church that was far away, and now I even had to preach. So I was in a state of tension all week praying. Occasionally, I missed the bus and a passing bicycle drove me some distance. I thought the person who helped me not to be late for the sermon was regarded as an angel. In spite of this lack of stability and foggy uncertainty, my military and religious life were carried on ice week by week amid tensions.

8

Yearning for My Mother (7)

My mother's gentle smile has been a lake of faith and a sea of peace to me. Faith is courage and calm of the mind to sing a morning of hope, even in lonely and dark night locked in the closed military base. It is an indomitable will that endures and melts the pains and sufferings down while looking forward to tomorrow. This precious wisdom my mother has shown to her sons throughout her life, and I am now barely following it imitating her. We may discover our original selves and the meaning of life through in-depth meditation and religious reflection, and may seek transcendence to eternity through spiritual soulsearching. Then, my military life has been a constant test, eroding and sometimes challenging these religious beliefs and intellectual values I have lived on. My mother's tears and prayers have kept me from being suffocated or sinking of my soul even in the midst of the tension and vortex of the challenges. Silently time has been flowing along the river in the valley near my camp where I was stationed.

A few months later, the new company commander was appointed. He was a true soldier of intelligence, integrity and capacity, who was a graduate of Korean Military Academy where my brother was a professor of German language at that time. When, by chance, on a leisurely afternoon, only two of us left at the unit's headquarters, to my surprise, he called my friend's name and asked if I knew him. Being surprised I replied he was my close friend studied together in college and graduate school. He smiled as if he knew it and said he was his close high school classmate. The world is narrow, and people meet according to the light of fate and the value within. Walls are torn down and bridges are laid out. Suddenly, a connection was made between the two, and stories from school days naturally came out and went through the philosophy, and then into religion and faith. It has developed into a human relationship that shares the value of intellect and friendship. Attending church and preparing for sermons were no longer a big problem from that point on. It was so clear that heaven has sent me a strong ally in time. He was an exceptional soldier who put into practice the spirit of a true soldier with integrity that does not tolerate any compromise or corruption. I wholeheartedly supported him to lead the company and cheered him on to build up his strong career for a quick promotion. I was firmly convinced that our nation'a future would need the firm leadership of integrity and capacity that I found in him.

On a spring day when azaleas began to bloom in clusters in the fields in front, and a haze formed on the waist of the mountains behind, I got an unexpected phone call. Sundays are usually days when new recruits suffer from all kinds of errands, washing laundry, and harassment from veterans, so to protect them, I often gathered them and escorted to the division military church. The caller was a lieutenant colonel, the division's chief of staff of religion whom I had seen several times preaching at the church. A private and a lieutenant colonel met at the on-site tea shop where I received a surprising offer. Even though he knew I was an Adventist, he asked me to preach for the Sunday evening services. Who was this devout man who had a truly genuine conversation with a private without any prejudice in military rank and Adventism? Wondering how he knew my name, found my affiliation to call, I answered humbly to do my very best. So I ended up giving two sermons every weekend. One was a Sabbath sermon, and the other was a Sunday evening sermon at the 15th division military church. However, our division commander was a rare ardent Christian, and he almost always attended Sunday worship services as well as evening services. My sermons were prepared with prayers, naturally conscious of His presence, and presented with infinite humility. As anyone who knows the physiology of the military can guess, the difference between a private soldier and a division commander who commands more than 12,000 troops is the earth and sky itself. The star of the division commander means absolute power in the front. My fear and tension were truly enormous as I stand in front of such a person and preach looking down from the pulpit. It was a courage that could not be explained other than the power of the Word. The impact of a mother's prayer for her son was truly astonishing as things unfolded thus far.

This is how my special pastoral life serving two churches began. It was an abundance of opportunities and blessings that I would never have dreamed of until I came here. I wondered if this was "what this child should do" the angel told my mother a long time ago. I didn't have enough time though to prepare the sermons because of the lack of time and materials because of the importance of my military assignment and the amount of work that came with it. We were not allowed to keep books except a bible in the base. Even though I was surrounded by the walls of indifference, loneliness, and alienation of mountains, but fortunately there was a light of comfort that shines through these ranges of solitude, the bosom of nature, the earnest prayers of mother and brothers, the innocent love of the church members, and the sincere friendship of army comrades. My military life has never been so bright and promising.

Several months later, the division commander, accompanied by several staff members, swarmed into our company. This is an unexpected visit from the division commander who was known to be very strict if not fearful. When one-star commander appears, everyone goes panic. The unit status chart I made was installed in a hurry, and in front of one-star general and numerous staffs, our poor company commander, a captain, became a half-dead corpse and barely finished the status briefing. Impromptu questions were answered and the crisis was barely over. As the satisfied division commander tapping his baton to his left palm, was about to leave with a bright face, he met my eyes as I was saluting at the doorway with a loud 'victory' sound. The moment he recognized me, he smiled winking his eyes. Everyone was puzzled by this awkward greeting to a preacher soldier. After this incident, my military life developed into a full-fledged military ministry with almost no interruptions. I found out that the angels came by bicycle when necessary, and sometimes worked through a new company commander, division staff of religion, as well as division commander.

The clear stream of the river was covered with thin ice, and the fields with white frost. One Saturday, I went to church as usual, and when I returned to the base, the spirit of my fellow comrads was worse than the weather. An emergency situation occurred during my absence who had key information to solve it. As a result, my comrads were punished. Although I anticipated this kind of situations would occur and prepared everything in advance, it happened sooner than I expected. Of course, I should be responsible for this, but the company commander disciplined them when I was not around. That's how he cared for me and protected me. I was sorry to have heard such complaints many times already, so in the following week, I made up my mind to persuade the commanding team to give me a smart assistant to share my heavy work and secret information. The request was granted and sermon preparation and church attendance became much more free.

Just as you have to fly higher to see further, it seems that a more rigorous refining process is necessary to become a shiny gem. The most serious time in the military is when an emergency alert is issued. Because we were in a front-line unit, live ammunitions were distributed, and we must sleep in boots under full heavy military equipment. It is a very serious situation where all outings have been suspended and all soldiers have to wait inside the camp. In military terms, it's called DEFCON (Defense Condition) 2. The number 1 stage is the war itself. One Saturday when Defcon 2 was issued, I was really in panic. Knowing nothing what's going on, the thirsty and sincere members of the rural church would be waiting for this preacher, I was praying and wondering what to do. I had a special pass to go out, but I have to go 30 miles and I have already missed the bus. The unit was hesitant to let me go because it was a serious emergency situation.

At that time, a soldier from the messenger room hurriedly came up to obtain an operating license for a special messenger vehicle to deliver emergency orders. When issuing the special license, I asked who the lead-soldier was, and he hesitated and said no one yet. I volunteered immediately and was given permission. Right away I got into the messenger jeep. We rushed 30 miles to drop me at the church first. More than an hour already had passed from the worship time. When the jeep stopped on a hill overlooking the church, I witnessed a scene I would never forget. All the church members gathered in front of the church and applauded in amazement when they saw me getting out of the jeep. Even though long time had passed, they believed that I would come, and they were praying and waiting for me! This special messenger jeep was the answer to their prayers, and they were celebrating the answer with applause. Although it was very late, we were able to have an unforgettable worship service with these beautiful saints. Before long, other Adventist soldiers began attending church one by one from nearby bases, and the church began to come alive.

With winter approaching, at the suggestion of the intelligent company commander who was caring for his dear soldiers, decided to gather all the unit members around 200 in one place during the roll call every Saturday night and give them a series of military morale training and appointed me to lead the sessions. It was impossible openly to talk about the Christian faith, and it was also true of philosophy lectures that do not fit the atmosphere of the military. Therefore, rather than spending three years of military service in vain, I advised them to have a meaningful period of self-discipline. I also remember giving lectures on strong patriotism and historical necessity of the anti-communism based on Bible messages and philosophical perspectives. At that time, I felt regretful thinking about how great it would be if I could proclaim the sure truth of salvation and the dazzling messages of the three angels to the hearts of these simple soldiers without any restrictions.

While my military life was getting used to and my pastoral effort was taking its place without much hindrance, one evening, our unit underwent an unexpected security inspection. The scariest thing in the military is security inspection. This is especially true of the communications unit that maintains and delivers the division's top secret information. In an instant, the headquarters of the unit became a field of chaos. The company commander and out-of-camp residents were summoned through the emergency contact network, and after a couple of hours of fussing, it was over, scouring the entire unit.

The moment we were about to breathe a sigh of relief we realized that the daily activity record of the unit, the unit log, was gone. The size and movement of the company and many secrets were contained therein, and that had been accidentally left unattended. It was confiscated as evidence of intelligence flaw. A really big thing happened. Commanders with flaws in security inspection are critical enough to be excluded from promotion in the first place. The next day I went to the security intelligence unit without telling anyone, so as not to hint of near-impossible hope. There was a college friend who was about to be discharged from the military. I called him to the guardhouse and asked for help with a sincere and earnest heart. I've been waiting anxiously for about an hour praying. After a long hour, he came back with the familiar our unit log in his hand. With tears in my eyes, I expressed my gratitude. When he said, "If I don't help you, who would?" his smiling face was that of an angel to me. When I returned to my unit, I quietly laid out the unit log in question in front of the company commander and all the headquarters agents. A sigh of relief of the company commander who is about to promote soon and the surprise of my colleagues are still vivid in my memory. With this luck, I became a little hero by coming out safely from the scary security unit where people say even ghosts enter there and come out half-dead.

Military life, of course, is not always so serious. Sometimes funny things happen. One day, returning from a meeting of the division commanders, our company commander held an award certificate and a commemorative pennant in his hand. He looked so pleased. In the all-army traffic safety slogan contest, the work submitted by our division placed second in the entire army, and that was the work of our communications company. After receiving the congratulations and awards from the division commander in front of all commanders of the entire division and staffs, he was puzzled by this unexpected award and asked me what had happened. I remembered that when the official notice announcing the slogan contest came about two months ago, it was the winter preparation period and everyone was so busy, so I made up 7 slogans that came to my mind and submitted. One of them passed the preliminary rounds of division, corps, and eventually became 2nd in the entire army. I was amazed by this result, as well as the company commander and other comrades. When I said jokingly, "This winning work is the least artistic of the seven entries," we all laughed out loud like little children for a long time.

Of course, without doubt many experiences of military service enriched my life, and that more experiences interfered and infringed my realm of thought and religious conscience. However, it was clear that my mother's daily prayers with tears kept me from being engulfed by the challenges of military service. Through my military experience, as long as we take the strong concentric circle of faith(Sola fide) as our fence of life, we are more confident that everything would work together for good, leading us step by step into a higher and nobler order and shining grace.

9

Yearning for My Mother (8)

The Owl of Minerva spreads its wings at dusk and begins to fly when it is getting dark, said Hegel, and when the days of history have passed and evening comes, then the reason begins to analyze, and the wisdom begins to ponder the meaning of history. Likewise after the life of an individual has also ended, we might be able to understand the true historical context of that life and find its noble meaning clearly. My mother had already fallen asleep a long time ago, and I have lived almost all of my life as a son, so only now the great life of my mother is illuminated and reflected in connection with mine, it is shown more meaningfully, is more significantly recalled, and the meaning of her sacrifice is highlighted more clearly.

Finally I grew old to recognize, thank, and miss my mother so much for nurturing my body and soul with everything of her own being.

As the incubator of our existence she ignited the sparks of life in our 3 small hearts. Her holy motherhood protected those weak embers by burning her own self. The mother labored to cross the harsh river of the storm and stress (Strum und Drang) with 3 young souls in her arms. It was her love that endured to protect us to the end. Out of the deep loneliness that ate up her bones, the bitter challenges and despairs that tempted her to surrender, she survived.

As much water flowed down eroding the banks of the river, even more time passed by leaving small and large blemishes on our souls. Morning became evening, spring became autumn, and the boy became now an old man. The young soul who used to sing the dawn then, now enjoys listening to the somber music of <Pathetique> or <Consolations>. The morning turned into the twilight of the lonely evening in life where the cruel truth that humans were destined to death (Sein zum Tode) from the moment they were born, that is felt more deeply as real. Now as mature as I am, I listen to the sound of silence and become more sensitive to the primordial sound of existence.

If the time I thought too late is still the earliest, then before it's really too late, I try to collect and excavate the fragments of my vague memories of mother to connect them, give them life, clothe them with proper language as an archeology of a meaningful biography. It would be the dream of our old age and the reward of twilight. However, my memory is not well-organized in time line, so it is still a bit distracting. The so-called brilliance of my youth slowly disappeared, everything blurs and falters. I think diligently the flow of thought that has been loosened, with sharper sensibility. With admiration for love and gratitude for her sacrifice, I am working so hard to find, recall, and save even one more fragment of the past from the drawer of my memory, but my dulled consciousness cannot discern the ups and downs of time and the perspective of space. It's a pity that it seems like I am just wandering around the lost path of the past.

A cool breeze brushes my forehead like a gentle wave. My heart also rides over the ancient sound made by ten million bare branches shivering with the cold wind. My mind flies over the far blue sky, to my distant childhood. Back to the spring of 1954, the morning hours of my life, full of that dreamy, pure, golden memories. My mother left the hometown for the first time and moved to a cozy seaside town of the East Sea. This was only the beginning of a long, tiring and arduous movings, which had to be carried out dozens of times throughout her life. She sold part of the farms in the hometown where the blood and sweat of our ancestors had been shed for decades. With great determination and tears, she moved to a seaside village where there was a high school for her brother-in-law. It was strange but nice for me to see the sea for the first time, but everything was unfamiliar, the dialect was somewhat different, and the clothes they wore and the way of living were slightly different. Even we youngsters were bewildered at first, but soon got used to it, however, my mother was a completely isolated stranger. This noble lady from a quiet and peaceful rural area opened a small general store in this bustling seaside village to earn a living and took her first step onto a completely unsuitable front of the commercial life. The neat clothes she wore, her intellectual language and her elegant demeanor were all different from those of this fishing village. As anyone could see, my mother was a single magnolia flower from other world, or a white pearl half buried in the ground. One day, my mother met an another stranger she has never seen before. A lady with permed hair dressed in a black velvet came to visit mother's store. Her clothes, her speaking and her attitude were quite different from those around. When their eyes met, they immediately recognized that both of them were strangers in that place, and they must have felt a kind of comradeship. After saying simple greetings and buying a few things needed, she left. My mother looked attentively at the woman of the same age, with a slender, long white face, in black clothes. After that, this woman continued to come and bought somethings she needed, and naturally, their conversations grew longer by time. A few days later, she came with a strange picture book of the size of a palm called <Park's Heart> and left it in the store. As a 2nd grader in elementary school, I quickly picked up this funny picture book and looked into it with curiosity. All the dirty things in Park's heart were drawn in the shape of dreadful beasts, like frog, snake, tiger, tortoise, and goat, and in the middle stood a tall beast with red hair holding a spear. Turning to the next page, there was a brightly shining cross that entered into Park's heart by the hands of a pretty lady with wings, and all those dark beasts crawled out of his heart as if they were too dazzling. It was somewhat absurd and comical like a cartoon that the beautiful things of the world filled Park's heart again. I was disappointed in the thought that if she was going to give me a book, it should have been a longer comic book that was more fun, or a fairy tale book. A few days later, she came back to buy some and left another similar booklet, but this time I didn't even touch it. I noticed my mother sometimes read it. There must have been some similarities in contents between this booklet and Confucian moral books she learned when she was young. It turned out that the lady in the black dress was a female evangelist at a nearby Methodist church. One day the lady came to our store with a man in a suit. He was the pastor of the church. The encounters between these strangers that began in this way continued and studies conducted, books were given as reading material. Eventually, one day, a little New Testament, it's side painted in red, came into my mother's hands and began to be read. My mother, who stood alone in the field of relentless life, was seeking greater values that would make up for her fears and loneliness, and she became more interested in this religion which says there is another eternal life beyond the turmoil of this life. Although the scene of rebuking the storm and calming the raging sea was fresh and triumphant, the gentle language of love spoken in the Bible was somewhat weak, helpless, and irresponsible in the face of the harsh and desperate reality mother was experiencing there and then. Very slowly though, the truth of salvation was opening a horizon to my mother's consciousness, and it wasn't long before her spiritual eyes were widened and the door of her heart was opened, allowing her to grasp the truth of the salvation. In loneliness and hardships of raising her children, she found the gentle hand of heaven to comfort and strengthen her and met the great love of sacrifice on the cross. This was how my mother's lifelong dazzling journey of faith began. I miss the childhood memories of following mother, running breathlessly up the winding hill road to a small church perched on a high hill overlooking the sea in the distance. Soft light, purity and cleanliness, friendly and warm words, innocent hearts and godly worships became parts of my childhood. In a small, quiet room, the sound of praise resounded and mother's blessings fell like dewdrops on our heads. The reason for life became sharper, the way forward became clearer, and the quiet religious life of surrendering oneself to the Lord in a noble light slowly crept into our hearts through mother. As little faith like a mustard seed began to grow, the house of the new being was covered with the thick leaves of the mustard tree, and birds of peace were nestled in it. The value system changed, the interesting things became uninteresting, the consciousness changed to love the persons we did not before, and we started to forgive the persons we hated. A completely new order of the value had begun. Just as the first word we learned when we were born was mother, the Bible words and songs that our mother taught us during these days always flowing in our hearts as a never-drying river.

Like the sea that never sleeps and is always awake, mother's faith gave me dreams, her wisdom became my wings, and on the shoulder of sacrifice I jumped out of the boundaries of the fence. Before graduating from college, I was on vacation, so I went home to see mother. She gave me an urgent task to write a speech for her. Next week, she said, there would be a ceremony for the presentation of the Great Mother Award at the city hall, and she was asked to give an acceptance speech. My mother's sacrificial life and noble character became more and more known thanks to her love for and service to her neighbors. This influence finally crossed the boundaries of the neighborhood and this time, she was awarded the honor of the entire city. My mother had already received this award in the neighborhood, but this time, she was worried because the dimension and level were different.

Although I came home just in time, but was really at a loss as to what to write on it. Noticing my dilemma, mother took a chunky package off her closet and handed it to me as a reference for writing. As soon as I opened it out of curiosity, ah, mother's tumultuous life came pouring out all at once, along with the accumulated dust. Being handed the trajectory of a woman's great life filled with tears and sighs, the threat of survival, the cry of a lonely soul, and the desperate struggle of hope and despair, the son's hands trembled, his mind became cold and clear, and tears welled in his eyes. In the midst of the breathtaking and fierce battle of life, mother left her diary and records of her memoirs like this in her spare time. Fleeing from a sleepy dream of lying by his mother's side and clinging to her breast like a little child, I sat myself humbly at the desk and closed my lapels. Tears began to flow when I read the record of her adventurous life full of tears.

I thought she was born as a mother and has always lived only as a mother, however, she was once a beloved young daughter of a wealthy family, a lively schoolgirl, a young soul thirsty for learning, a dreamy girl, and a newlywed of romance. I was deeply shocked to find my mother, who had always been a fragile and delicate woman. Before she was a mother, she was a woman, before she was a great mother, she was a girl more delicate and slender than a flower to be loved dearly and softly. The natural demands of life according to each stage of her life, which could not be asserted because of her noble motherhood, were buried in each letter with so much sorrow. In addition, there was a desperate sense of urgency for survival, a stream of sad emotions and weeping sighs. Just as a person who has swam against a rough river knows best of the turbulence of the river, and as much as my mother who has lived her entire life against the tsunamis of afflictions, who could more understand the tradegy and desperation of survival during and after a war?

Pain and trials inevitably come to everyone without exception, but while resisting the challenges of fate that come in waves in the field of life, my mother with all her body and soul has endured with patience, constantly expanding her boundaries and sublimating to the aesthetics of suffering. In the mother's writings, I found an image of a great spiritual giant who sought to transcend the struggles and despair of war and its wretched fate beyond the love of fate(Amor Fati) to hope, freedom and peace in heaven. With her slender female body, she overcame all her difficulties one by one with upright conviction and indomitable will. It was vividly reflected well in it. Now mother has become an immortal star in my heart and through these records, her noble name lives forever in my heart. And so, my week of vacation at home, completely immersed in the record of her noble life, was the most meaningful vacation that I will never forget for the rest of my life, writing the speeches of a truly great mother of me.

It is said that we do not grow old every day, but we are ripening little by little everyday. My mother's witty character, who showed me how to serve before making a name in the world, and taught me to be a warm person before being an outstanding person, shines brighter above the red sunset. As my mother showed me, I want to grow old into more generous like a river that flows leisurely. At least I want to copy her life. Just as there is a maiden's prayer, here is a prayer for my old age. I want the rest of my old age to be freedom and peace, and sometimes a shining silence. I want to live with a heart that is as calm and soft as water that permeates, as leisurely as a floating cloud. It is truly a prayer of a humble man standing under the rustic sunset. Birth and death, illness and old age are no longer crises for us, but are just the natural steps of life that everyone must go through, and they will be processes that must be met with dignity and calm. Fortunately, death is not an eternal ending, but a sleep for us. Death is a lullaby for access to eternity. Not a sad demise, but a sleep of rest with the promise of dawn. Soon the universal return to eternal life will be proclaimed to all of us by the Creator of Life. I look forward to the heartbreaking day when I would meet my mother again, and I want to live like that until that day, just like my mother who maintained calm and composure through faith in the midst of strong wind and heavy rain.

This writing, which depicts my mother, is sloppy and has a lot of blanks and rooms. If my mother saw this, she would smile and say, "My dear second son, stop talking about the second child syndrome thing any more. It's embarrassing to hear, but, for a second son, you wrote this memoir quite well." Just as my narrow heart cannot embrace the ocean of my mother, so my writings never fully capture her extraordinary life, noble sacrifice, pure love, and deep will. The richer, more detailed and comprehensive memoirs of the oldest and youngest are sure to fill my voids front and back. Although this article is about what I saw and experienced through the prism of my mother's special life, it is also my humble tribute to all the mothers who have lived a life of tears while having a similar experiences during the same turbulent era.

As the weather in Michigan is getting colder, snowflakes are covering the earth healing the traces of life white, and the winter nights are quietly deepening with the snow silently accumulating. Somewhere, it smells like the sweet chestnuts my mother used to bake when I was little, and from the nearby forest, I can hear the soft cries of owls and the sound of their wings flapping.

⑩ Yearning for My Mother (9)

Socrates has been tirelessly pounding for centuries to "know thyself" toward human beings, but what he did underestimate was the sophiscated inner world of contemporary man, the stream of his consciousness, and the complexly woven incomprehensible networks of life. In the first place, logical thinking and religious transcendence are mercilessly coliding each other, artistic abstraction and scientific concreteness are sharply contradicting, cold reason and warm sensibility are obviously competing. So to speak, a soul is a battlefield of ideology and intellect with no concessions. The paradox contained in human mentality is strange and mysterious. So I constantly look into myself with wonder, trying to find a point of balance in the clear truth, encompassing all of these in one faith. In the house of my being, there were always two or more values clashing each other, and conflicting worldviews competing supremacy over the other.

Like echoes, mother's lessons, whether harsh or sweet, flow down the mountain range of her children's long lives. The holy motherhood allows children to bear fruit on her behalf. In the sweet nostalgia of childhood, it is where the weary souls of human beings would always return to rest and stay.

In the summer of the third year of elementary school, in search of better quality and opportunities for children's education, my mother made an another major decision and moved to Daegu, a city of education. For me, it was a seaside town that I had a lot of affection for, but she correctly judged that this fishing town was not the educational environment she expected. She was a mother who was exceptionally ambitious for the education when it comes to her children's future.

Arriving in Daegu after a five-hour bus ride, the first word I heard was "Ice Cake" shouted by a young boy carrying a wooden box. I was really curious what the ice cake is with a strange sound. The next day, as soon as moving items were sorted out, mother took our hands to tour 3 reputable so-called first-class elementary schools in order. She could transfer us to a nearby school, but I still can't believe how she came up with that idea. This must have been the result of my mother's extraordinary commitment to providing her children with the best possible education, regardless the distance or cost. The first two schools we visited were disappointedly full and there were no more seats for us, so we were transferred to the third school, but it was far from home. I never even dreamed of going to school by bus. We always walked the long way every day to school, past a nearby school that was within nose contact if I fell down. Her dedication to educating children was reminiscent of a famous mother who moved three times for her son's education, and it was really close to a religious passion. This school was already the third elementary school I and my brother had attended so far.

Although the war was over and the ceasefire was reached, the scars were still not healed, and the temporary classrooms had wooden floors. It was a poor environment where boys and girls sat on the floor at a long low desk to study. The two large, red brick two-story buildings were still occupied by the soldiers. This country boy who was in the 3rd grade, was naive and low in spirit, and he was made fun of when he spoke country dialect, so he could not speak freely. A few weeks later, my class had notebooks checked. Everyone brought out several notebooks, but I was embarrassed to put out only one and waited, prepared to be ridiculed. As soon as my teacher opened notebook of me who had just been transferred from the countryside, his eyes widened in surprise. Then he took my notebook with him. A few days later, he returned it with a regret, saying that my notebook received a second place award in all 3rd grade. It was the cleanest and the best writing, but because I wrote all the subjects in one notebook, it was a pity that I ended up in second place. That was the time when I had only one pencil, a notebook, a pair of clothes, a pair of shoes, and one everything. This time I was second because of poverty, so I was always the fatal second. Still, because of my notebook, I was able to speak quite a bit in class, reach out and stretch. Proper behavior, decent wording, clean writing and good judgment were brought to my attention by my mother from an early age, so I had been taught to write neatly and carefully from the early childhood.

The pine boards on the floor of the classroom were sloppy and there were a lot of holes, so one day I lost my one and the only short pencil into the hole of the floor. You can't imagine how sad I was. It was so short that I had to put a bamboo rod at the end to write, but it was still a big loss to me. I thought the sky collapsed down when I lost even one tiny pencil.

As my mother learned when she was young, she lived her life with pride in being a noble scholar. She has lived with the conviction that the upright way of life will eventually lead to a rewarding future. Finally I who was wandering around alone without friends, made a friend. One day, this friend also dropped his one and only pencil into the hole and sobbed. Understanding the plight, I felt very sorry for him who was insisting to find it, because I didn't have an extra pencil for him. One afternoon, fearful of being alone, he took me to crawl together into a hole he found earlier to retrieve his lost pencil. At first it was so dark and I couldn't see anything, but as my eyes got used to the darkness, I saw holes through which light was entering.

My heart started to beat fast, my head hurt and my knees aching from bumping and crawling, but I found pencils, erasers, rulers, and knives and put them in my pockets. Suddenly I became rich, even felt a refreshing revenge towards poverty by throwing away short and ugly pencils and picking only long and good ones in my pocket. I became so rich by investing a single pencil. After crawling out and thoroughly dusting my head and body, hurried back home like a triumphant general. At home I proudly laid the loot on the floor. Despite the joyous shouts of the children, mother's reaction was unexpected and shocking.

Since it was difficult to make a living, I expected that she would be very proud of me and praise me for bringing home some school supplies that we desperately needed without spending a single penny. Like the daughter of an respected scholar, as the oldest daughter of the proud Hwang family with bullish stubbornness, she despised filthy income and did not forgive unjustified gains. Subtlety and expediency were objects of hatred. The mother's uncomfortable disappointment and anger stemmed from her own sorry feeling that made her son crawl into a pit of dust, but it was also the echo of her noble, clean soul. That is why he suppressed and blocked this son's anecdotal spirit and sense of shameful achievement. My childish mind was confused with no understanding at all. I thought it was really too much when she asked who taught me to pick other children's pencils while crawling on the dark ground, soaking up the dust. In the end, it came to the conclusion to throw it away or put it in the place where I found them. Because of this incident, vaguely I realized there was a poor and noble life, just as there was a rich and lowly life with the wretchedness and vulgarity.

From such a mother, I was brought up with a soft and cozy feminine sensitivity, as well as a masculine training that was needed. It was the determination and wisdom of my mother, who thought deeply to fill the void of my father's presence. A strong masculine shoulder is also necessary and it would be a psychological human instinct to pursue both. Mother exercised the masculine discipline that three sons needed, even by hiding her femininity in a solemn manner. At that time, my mother was really scary. Even so, we are so much closer to her than to our father. Oh, Mother's holy teachings and wise discipline, which are renewed in my life day by day. Thinking mother's love and holy sacrifice that cannot be matched by mountains or seas, makes me shed tears.

It was the spring of the 4th grade of the elementary school, when we could hear the inner sound of spring that quietly approached and revealed its brilliance, flower buds bursted with the song of a lark, and the dazzling warmth of the sun shone over the hazy hill. There are still leftover properties in our hometown, so my mother boldly sold them this time, built a small store, and started a candy wholesale store in the new market. My grandfather's brother who was good at carpentry came and built a nice residential store in several months. My joy was indescribable. I thought I became the prince of a fairy tale who could eat those delicious sweets and candies almost every day. It was a fantastic realization of a dream a simple child could have. It was a dreamy boyhood when my mother would smile and throw me a candy after school was over and I would run that long way home and finish my homework in the attic. Like sweet red candy that slowly melted in my mouth, my sweet future seemed to slowly burn red.

Unlike the oldest, who was always serious, this second was bright, cheerful, and a bit of a playful naughty boy. So there have been always absurd things and dangerous moments. The season was summer, and this is a story about water. This incident still remains secret to my mother. To a 6th grader of elementary school, summer vacations are too long, and the sweltering weather of Daegu, a basin surrounded by hedges, is good enough to lure us to the water of the Geumho River. On an unusually hot day, against mother's advice, I went for a swim in the river with some local children and my little brother. Although the water was low, the children must be careful to play and swim, because the water there was still deep under the bridge, but the shade was cool, so it has been our favorite place.

We've been swimming and playing for a while, but suddenly a child was struggling in the water shouting for help. No one jumped in, and the child went in and out of the water again and again. Watching him sadly, I was pushed by an invisible force and unwittingly jumped into the water. I swam close to grab the boy's hand and pull him out, approached slowly to him and stretched out my right arm. When I barely grabbed his little hand, but, alas, he rode over my arm with all his might, and rushed at me, and in an instant he squeezed my neck to keep himself out of water. He was pushing me into the water, breathing heavily, screaming for his life. I was completely submerged in the water, and I desperately tried to release the two hands of a child that wrapped around my neck in vain. It was a supernatural power that was truly demonic. When I thought that I was going to die like this in the water, the first thing that came to my mind was my mother.

"I'm sorry, mother. I'm really sorry." I cried and begged for forgiveness. I also remembered my two brothers. The last feeling that came to me was the realization that this would be the death. Under the water, my nose sniffed the smell of death instead of breathing, and the power drained from my body. Struggling, I kept sinking further into the depths of the water. At this point, something amazing happened. The child, who had been holding my neck and breathing out of the water, now went deep into the water with me, so he let go of my neck without any hesitation. I slammed the ground with my last remaining strength of feet, rose up to the surface, took a deep breath, and slowly swam helplessly along the water for a while. When I was so exhausted that I couldn't move any more, I stood up. Oh, fortunately the water was running down near my waist. I felt my breath and my heart beating, and knew I was alive. I could hear the cheers and applause of many people over the bridge celebrating my courage to save a drowning child and the life I received back from it. The child was also rescued by a passing adult, and after a while everyone dispersed and life returned to normal as if nothing had happened.

But I was no longer the bright and innocent child I used to be. At a young age, I dared to cross the fringes of a strange death, and as a result, has matured to a boy who already transcended his childhood. All of a sudden, life was not something light to me, but something heartbreaking, tearful, and truly precious. I learned from my mother that all lives were precious, beautiful and meaningful, but through this experience of death, I was able to feel it more deeply.

With an indescribable volume and meaning, the footprints

of all my life up to now were deeply intertwined with my mother's, but I couldn't tell my mother about this scary incident of her son who almost died while trying to save a child from drowning. The smell of death at that time was not pleasant at all. In this way, even in my tiny heart, the inner complexity increased day by day, my thoughts deepened, and death entered into my consciousness through the cracks of life. Socrates' advice to know thyself became increasingly difficult to follow.

11

Yearning for My Mother (10)

Speaking of the human being as distinct as other animals, science emphasizes human excellence in intellectual ability with the Wise Man (Homo Sapiens). Sometimes with the Handy Man (Homo Habilis) for his unique ability to use hands so smartly, we also talk about the Maker Man (Homo Faber), who creates a mechanical world using science and technology, and also the Player Man (Homo Ludens) who can enjoy games, sports and art using the physical, mental and emotional abilities. I'm not smart enough and I have very little crafting skills, but I love games and art activities that move my body and mind. It's like being accepted barely as a human by being a Player Man.

I had not been able to study consistently because I had to transfer from one school to another four times, so I finally settled down at 6th grade. So many hardships and challenges of life thus far were piled up with unsatisfied sadness while time flew by. Only when I was in the first grade, I got first place in the class with my first love, 'the Cute Girl,' but I hadn't studied very well since upto that point. In the interview to fill up the middle school application, my teacher suggested, "Your grades are a bit vague and marginal, but let's apply to the school your brother is attending." I felt much relieved and thankful. On the day of the entrance exam, I could take the exam calmly and confidently while seeing my brother waving and cheering me through the windows.

I was lucky in the exam, so I guess I could barely have made it, but my mother's financial situation had a different story. It was too much for her to pay for my tuition in addition to those of my uncle and old brother. I was accepted into a school that everyone envied, but when he heard that I was giving up going to the middle school for the financial reason, my teacher placed me as a scholarship student to another middle school. He was truly an exceptional teacher. It was a historical school run by a Buddhist foundation, but for that very reason my mother was hesitant. Remembering old scar of her trying to send me to an orphanage 3 years ago, as the saying goes, "surprised by Terrapin, surprised to see the lid of the cooker," my mother was afraid if this might turn her son to a Buddhist monk. Hearing she had to finally give up even this great opportunity, my teacher was very disappointed, but he fervently arranged my circumstances so that I could receive a scholarship from the city. He was such a special teacher to me. I have been a teacher myself for a long time, but I have never seen anyone who was taking care of and nurtured students like his very own kids with such a passionate heart.

As the dawn breaks no matter how dark the night might be, with my mother's determination after a long period of twists and turns, I was led by my older brother to the same middle school. Four years later, my mother was really happy that all of her three sons went through the same middle school including the last one, who entered with excellent grades. On the day of the entrance ceremony, tall upperclass students lined up on either side of the school entrance to greet us with salutes, and beautiful weeping willows danced heavily in the spring breeze. On a large rock in front of the main building, the school motto, "Strive to be independent by living truly and working diligently" was engraved on it. That motto was truly matched word by word with my mother's teaching to make it more meaningful to be engraved even on my heart.

This middle school provided two things especially to me who liked to play as Homo Ludens. One was a swimming pool and the other was a mini golf course. The problem was that I had no swimsuits and no golf balls. Indeed, my condition was pathetic. There were many times when we were scolded and kicked out while swimming naked after school. We used to play mini golf sometimes with a wooden stick. "Heaven helps those who help themselves." One day I was walking a long way home, found a golf ball on the side of the road. Oh, how my heart was pounding, so to speak, it was such a treasure to me. From then on, I played mini golf with the kids almost every day at lunchtime. With this as an incentive, golf has become my hobby and the main means of maintaining health after I retired early long time later.

On retiring, even though I had a lot of time, I hesitated to start golfing again because I thought it was a luxury to my lifestyle, but my children pushed me. Once started, I played hard by joining the city-hosted golf leagues and private club. After a certain degree of swing form was balanced, the beautiful scenery around began to catch my eyes. I particularly liked the fresh air, the warm sunlight, and the green scenery with the blue sky in the background. The ponds filled with clear water were surrounded by green pastures, and it was so peaceful. The leisurely movements and flight of the stingy squirrels and flocks of ducks, geese and herons were enough to remind me of the calm waters and green pastures of the Psalms. Although I usually lose when I play with my wife, the joy of running or walking on the green grass in leisurely pace, enjoying the cool breeze for a long time, is a great joy that cannot be compared to golf itself. Just as each moment becomes a part of life, these little joys in the moment became the total happiness of the retired life.

It was the spring of the third year of middle school, when the weeping willows on the campus were budding and the warm wind made my heart flutter. To expedite the overdued tuition, the homeroom teacher oneday summoned my mother. She came into the school office with an uncomfortable heart looking around timidly. A very kind-looking teacher with gray hair approached from a distance and politely asked why she got there. She said she was the mother of me in the 3rd grade, class 8, and his homeroom teacher had summoned her. Noticing the situation, he smiled warmly and said, "Oh, you are the mother of Myung-geuk," and instead of taking her to the homeroom teacher, led her to the office of the head of the school affairs department. After guiding her to a seat, he began to talk about me, her son, at length.

It was so exaggerated to hear. A truly noble and affectionate educator was pouring all future possibilities that could be found in the face of an naive and loving student in the present progressive form. Furthermore, as a proof, he said I was almost a gifted genius showing the math exam paper I took two days ago. So, it was an encouragement to not be discouraged in front of the homeroom teacher. My mother was bewildered at first, but she was moved when she understood his noble intention. With a smile of gratitude on her face, she was surprised to be able to meet such a noble minded teacher even in this twisted world, and deeply respected the person who gave so much courage and support to the poor parent who came to be scolded and squeezed for her financial status. She looked at him with her touched heart and watered eyes.

The true life and philosophy of two people who have lived their lives to "look up to the sky and have no shame" everyday and humbly practice honoring the heaven and loving fellow humans, met here dramatically. This teacher was the treasure and pride of this school, deeply respected and loved by all of us, his clear math lectures were listened to in absolute silence with supreme respect. He has filled our minds with the wisdom and moral lectures also. His math lectures remain still as engraved in my head with vivid memories and solid knowledge to this day, after more than 60 years, and the lessons of this man's wisdom had pierced like arrows that hit my heart.

It was no wonder that this man came to my mother that day, comforted her, encouraged her, and praised her son. This person moved me more than anyone I've ever met in my life, and has become a goal I've been trying to emulatee throughout my life as my role model. Meeting this person in middle school was the most meaningful and rewarding historical event of my life, and to this day, I still imitate him, giving courage to anyone in need, praising abundantly, emphasizing the good, and healing the sore spots. I've been trying my best to make a difference to others.

As Adventists who closely follow in the footsteps of the Lord, this is the obvious reason for encouraging, comforting, praising, and blessing others. Even to this day, I owe him a lot, as I try to find the strength instead of shortcomings of others, and to speak words of courage and praise. Also, when I came to the United States and enrolled in the graduate school computer science classes, I had to complete 3 very difficult high-level mathematics courses. During this difficult time, I really thought about him who had taught me to love math deep inside my heart when I was in the middle school, and it certainly helped me a lot.

It is no wonder that there were times when it was thought to be unfair to be a really good younger brother. The only thing I could do better than my brother was playing games as a Homo Ludens. Occasionally, if we played Korean chess or card game when mother was not around, or played Stick Yoot Game, I won mostly. However, when I was in my freshman year of college, something really refreshing happened for me. As I was managing my work life in Daegu and my first year of college in Seoul at the same time, it was a time when I suffered from lack of time and sleep every day.

Finally, the end-of-semester exams have arrived. My brother and I were taking the same psychology course. For this younger brother who absolutely did not have enough time to study, he made a summary note in the form of an anticipated questions. I stayed up all night and memorized only that, and I went to the test room. I got half of the answers right, but the rest were not sure. So I added some clothes to some key words and filled the exam paper with my utmost clean writing. The more sparse the content, the clearer the writing should be. As the name suggests, college of liberal arts and sciences of that time gave us more freedom in attendance and taking exams. As a result, like most students who did really good at the exam, my brother got a B, and I got a shiny A. I didn't attend most classes and studied less for the exam, but thanks to my brother, my neat handwriting, or because of the professor's bizarre grading method, I was able to outperform my brother with joy for the first and last time. When my mother heard this funny story, she laughed and was very happy for me, too.

I still believe in the American value of universal love for humanity based on her founding ideology on the Bible. Golf was part of the aesthetics that reinforced this realization for me. For five months from spring to fall, on every Wednesday, paired by two, about 40 golfers compete for some money and prizes. This is an old golf club with a 30-year tradition to which I belong. 39 out of 40 are white with teachers, lawyers, doctors, and active and retired professionals. The only person of color among them is a Korean, and, as you may not believe, he has been president for 12 years. It is the inclusive and flexible personality that I have inherited from my mother, which made this possible. Of course there are many hours of service and some burden on my part, but I really learn a lot here. The high pride and sublime Christian spirit of middle-class American citizens deserve respect of course, but they deserve more praise for their naive humility, caring and cooperative heart, and beautiful law-abiding spirit.

As the only person of color, I hold meetings in my position, plan and explain, direct, and sometimes even command, but their bona-fide natural obedience and cooperation without the slightest awkwardness or offence, humbles me most. There are, of course, members who occasionally complain or slander during meetings or the games, but once a decision was made, it was quickly buried into a harmony of amicable majority. Fairness that transcends skin color, and their sound common senses are the strength and greatness of this country. This must be a virtue that we Korean people must learn. The game of golf brings us back to nature, makes our eyes colorblind, embraces each other and makes us tolerant. I'm not sure if 39 Koreans who live with their shoulders high would be able to follow a president of different color from a far country for 12 years without saying a complaint. All of these are the blessings of my mother, who gave birth to me as the second child and nurtured me to have perseverance and an harmonized character.

A painter captures a special moment of nature on his canvas, but a scientist infers hidden general laws from nature, and a philosopher extracts a pure concept. If you dig out the source of life from the primordial deep puddle of existence, it becomes poetry, if you express it with the sound of the beginning, it becomes a music of soul, if you filter it out as a pure concept, it becomes philosophy, and if you grasp it as an object of faith, it becomes religion. The very few poets, musicians and prophets who have realized, with a sharp and delicate touch, the secret of eternal existence buried in the very bottom of human DNA for thousands of years. They alone resonate deeply with our consciousness, in awe of the reality of being, acknowledging the divine presence, and bringing us into the splendor of its transcendence. Thanks to their genius, we see the universe in renewed wonders, feel the wonderful dynamism of life, experience the existence of life with joy and emotion, and turn to the first spark that made human existence possible.

In the same vein of context, my mother thus became the spark of my life, the fountain of being, who made me look at the nature through the eyes of wonder, look into the depths through love, and see the eternal light through the prism of faith. She was a grateful mother, who brought me into this wonderful world, and gave me a life, raised me to be sometimes a little poet, painter, musician, rarely a philosopher, often a firm believer, laughing, crying and thrilled, looking up to heaven in awe, and living a life with no regrets. And she has opened my little eyes to see far, deep, and high, to adore the dazzling radiance of eternity, and to gaze with hope the green hills of shining life beyond.

Now looking at the evening of my life where the storms have swept on the sea of my life, the evening sunset is now dazzling and the calm sound of the waves is as peaceful as a whisper. It is the dull sensibility of my old age, but still, when I stand in front of the dazzling sunset, the wind of my childhood blows in my heart. Like the melody of Faure's seductive chorus, <To Paradise> resounding on a starry night, calling me to come to the starry heaven, I have a very sincere and mature term with myself when I accept with awe that even if I die right now, I would not be too sad anymore. My mother gave me a blessed chance so that I could live with a clear mind that sees the world from a grain of sand and the sky from a single wild flower. Rather than clinging to material life, she nurtured me to live peacefully with nature. It is the grace of my mother, who is always by my side here and now, with the sound of fragrant breath.

12

What Happened at the Mission Field? My Daughter Is Strange!

When we step into the lonely evening scenery of the snow-covered fields, the chilly silence of the winter forest seeps into our heart. Darkness descends silently, and envelops us in its primordial stillness, then we are drawn as a dot of still life onto a canvas of white snow. When a friendly darkness surrounds us, the soul permeates into the darkness, and the perimeter of existence slowly settles into a part of nature, approaching in search of the very root of being.

My oldest daughter, who had devoted twelve years of her strength and youth to serving in Guam as a medical missionary, returned to her mother's arms as a mature woman from a child. Looking into the lives of the poor and difficult indigenous people to the bottom, sharing their physical and mental sufferings on both shoulders, unable to shake off their appeals and screams for years, she finally returned after spending 12 years of youth with them.

Now, I feel relieved for my daughter who is trying to open up a new horizon of career, leaving behind her breathless years as a medical missionary, noble experiences and precious memories. For the past 12 years, this daughter has been looking a little bit strange to us year after year and she's now visibly different. In the meantime, while pursuing a minimal life in line with the lives of the indigenous people in the barren mission field, she tried to live a life of free and simple service, practicing "less is more" in her own way. Eventually, she came back as a thorough minimalist.

As soon as she returned, she was joined by a semi-minimalist, my second daughter, and mercilessly started to clean my whole house from the basement to the garage. They pulled out a mountain of old furniture and household items that were collecting dust, and through the Internet, those precious items and fond memories of the past attached to them were disposed free of charge to those who really needed them. There were so many items piled up in front of the house that the neighbors came out to say hello, thinking we were moving in a hurry. I was comforted that owning fewer things would make life simpler and my life would be richer as my mind and thoughts get used to. But it was still regretful and sad for things I'll probably need tomorrow. However, I couldn't say anything to my daughter who had barely returned from her missionary service.

In the face of the ideal life ideology of two daughters, irresistibly just and worthy of respect, I who still have the least of the conscience of noble responsibility (noblesse oblige), I was totally helpless to stop them. They were saying, "Life is short, there is no need, time, or justification to live as a slave to things."

That's right. Our generation has been living like that throughout our entire lives. A slave to work, house and property, a slave to the will to power (Der Wille zur Macht) and honor, a servant of prestige and status. We've been working so hard, at times ruthlessly, sometimes too much, mostly competitively to get things we don't really need. While living in such a hustle and bustle, we have lost that precious youth, dazzling beauty, tender innocence, and pure love. Our faith and conscience have been dulled, and the value of the shining life of Adventists has faded. This is the undeniable, pitiful portrait of us in the mirror of conscience.

For me, two months of many thoughts, realizations, and reflections passed quickly, and today I have a dazzling morning. The life of a slave until yesterday is edited and buried as a chapter of history, and the new dream of 'minimum life' will stretch out into tomorrow.

Like my daughters, I want to live by confessing, "I have abandoned and emptied then my life has become brighter." I like a life that pursues beauty that stems from simplicity. Sooner or later, I found myself imitating a minimalist life. It is one of the most precious gifts my daughter has given me on the mission field. So, "The child is the parent of the adult" (Wordsworth). I hear the sound of a heavy burden that had been on my shoulder all my life falling to the ground.

(13)

In the Morning of the New Year

Yesterday, on the eve of the last month, at the invitation of my second daughter, came to a white house on a hill, a quiet country home surrounded by a farm. It is a decent country house where we can see the morning sun rising from the east with hope and the peaceful setting of the sun in the west all in one place. As a pastor's wife, mother of three sons, and living with her mother-in-law who is alone, she is a dedicated teacher at a school. Truly, she is a determined and proud daughter who lives a bright and busy life. It is admirable how much sincere and generous a daughter who is living with her mother-in-law happily respecting and smiling like this would be.

On a spacious two-acre blueberry farm, which she named 'Grace Orchard' after her mother's name, she has a great passion and energy to build a vegetable garden as well as a chicken coop, raising chickens and even bees. She surely looks like an energetic and passionate child even to her father. It is a farm where numerous flowering trees planted in the front and back yards grow in competition, and Korean pear, apple, mulberry, cherry and pear trees grow together. I opened the window and breathed in fresh, cold air deep into my lungs. The fresh morning air of the new year. The innocent laughter of two sisters who met after a long time can be heard through the music below, and the children who used to follow their aunt with laughter are now smiling as teenagers. A great amount of water has flowed across the bank of time, and a new year has dawned.

It seems that yesterday's sun poured out all the last light and oxidized into a chapter of history. This New Year's morning, at the sharp crowing of a rooster I had used to hear when I was a child, I woke up early, inspiring everyone to welcome the new rising sun with a clear mind. The regretful life until yesterday is edited and buried as a piece of history, and the new dreams I dream today will stretch out for a long time toward future.

I looked at the dazzling morning sun rising, with a refined hope and reverence. Above the new blue dream, if I light the candle of godliness and open the window of my heart, the bell of love rings in my heart and the prayer of peace rises up through the air and ascends to the sky. In the humble mother tongue of heaven, I would like to speak heavenly wisdom instead of my knowledge. A song of pure faith would be added to my poem written in piety and a feast of humble prayer would be ascending to the throne.

In order for a new day to be new, I have to be fresh first. So I wipe the inside with tears of remorse so that there is not even an inch of shame left facing all living beings with large and small faces. Starting from the new year, I think about how wonderful it would be to keep a clean soul by starting every morning with a prayer of hope and ending with a prayer of penance with the faith of a simple child.

Thus, with the utmost honesty and sincerity, I adore the Heaven, fear life, and cherish nature as it is, and live the rest of my life in peace with them. I want to live putting a smile on every face I meet, giving them beautiful dreams and the gift of hope, and proving that the right path is sometimes difficult, but there is true happiness in it. In the new year, I pray that every day of the year would be a new day and a new heart. This morning, the prayer of a pious poet whom I always admire becomes my prayer. "In the new year, let me live each day as if this year is the last year of history, and lead me to complete all the tasks to be done in time before entering eternity."